Tout sur mon Galaxy POUR LES NULS

Patrick Beuzit

FIRST
> Interactive

Tout sur mon Galaxy SIII pour les Nuls

© Éditions First-Gründ, Paris, 2012.
Publié en accord avec Wiley Publishing, Inc.
« Pour les Nuls » est une marque déposée de Wiley Publishing, Inc.
« For Dummies » est une marque déposée de Wiley Publishing, Inc.

Éditions First-Gründ
60, rue Mazarine
75006 Paris - France
Tél. 01 45 49 60 00
Fax 01 45 49 60 01
Courriel : firstinfo@efirst.com
Internet : www.editionsfirst.fr

ISBN : 978-2-7540-4186-7
Dépôt légal : septembre 2012
Mise en page : Catherine Kédémos
Imprimé en France par IME, 3 rue de l'Industrie, 25112 Baume-Les-Dames

Sommaire

Chapitre 4 : Maîtriser les réglages importants **67**

Chapitre 5 : Maîtriser le clavier....................................**99**

Chapitre 6 : La connectivité 117

Chapitre 7 : Gérer ses contacts 143

Chapitre 8 : Téléphoner et envoyer des SMS 161

Présentation

Bienvenue dans *Tout sur mon Galaxy SIII pour les Nuls* ! Grâce à cet ouvrage, vous saurez tout sur votre Galaxy SIII sous Ice Cream Sandwich (ICS), aussi connu sous le nom d'Android 4.0 !

Tout savoir pour devenir un pro du Galaxy SIII

Que vous soyez débutant ou déjà un utilisateur expérimenté, l'objectif de cet ouvrage est de répondre à toutes les questions que vous vous posez sur votre Galaxy SIII : bien démarrer, connaître sur le bout des doigts les manipulations quotidiennes ou plus avancées, personnaliser et protéger votre Galaxy SIII, naviguer sur Internet et sur les réseaux sociaux, écouter de la musique et lire des vidéos, maîtriser les applications et le Google Play Store, la boutique en ligne de Google où vous pouvez vous procurer des milliers d'applications !

Des questions sur tout et... toutes les réponses

Cet ouvrage vous apportera toutes les réponses aux questions que vous n'aviez jamais osé poser ! Présenté sous la forme de tâches ou de questions-réponses, il vous apportera précisément les informations dont vous avez besoin, quand vous en avez besoin.

Des étapes simples et illustrées

Pour chaque thème abordé et chaque problème solutionné, *Tout sur mon Galaxy SIII pour les Nuls* offre une réponse ou une procédure claire, précise et sans détour.

Grâce aux écrans illustrant chaque manipulation, aucune chance de vous perdre ou de vous tromper : pas à pas, vous êtes guidé dans la mise en œuvre des solutions proposées, en toute simplicité et en toute sécurité.

Organisation de l'ouvrage

Cet ouvrage est structuré sous la forme de questions-réponses. Les réponses correspondent à des procédures faciles à mettre en œuvre pour réaliser une tâche, effectuer un réglage ou résoudre un problème. Ces questions-réponses sont elles-mêmes organisées en chapitres.

Le premier chapitre synthétise un ensemble de manipulations à savoir absolument, que vous soyez novice ou utilisateur expérimenté d'Android.

Dans le deuxième chapitre, vous apprendrez à bien utiliser le bureau, créerez des raccourcis et dossiers, et personnaliserez la barre de lancement rapide.

Le troisième chapitre est consacré à la personnalisation du Galaxy SIII, et le quatrième, aux réglages importants, parmi lesquels les comptes de synchronisation.

Le chapitre 5 est exclusivement dédié au clavier Android. Vous apprendrez aussi à en installer de nouveaux, téléchargeables sur le Play Store, et découvrirez S-Voix, la reconnaissance vocale de Samsung.

Toutes les questions de connectivité sont traitées au chapitre 6 : Wi-Fi, Wi-Fi Direct, EAP-SIM, Bluetooth, modem attaché, NFC, S-Beam, *etc.*, n'auront plus de secret pour vous. Enfin, vous apprendrez à imprimer à partir du Galaxy SIII.

Au chapitre 7, vous découvrirez comment gérer vos contacts et bien utiliser le carnet d'adresses Google.

Le chapitre 8 est relatif à tout ce qui concerne la téléphonie et les SMS, tandis que le chapitre 9 parle de Gmail, la messagerie de Google.

Le chapitre 10 est entièrement dédié au navigateur Web. Vous apprendrez à synchroniser vos favoris Google Chrome de votre ordinateur sur le Galaxy SIII.

Le chapitre 11 est consacré au multimédia : photographie, vidéo, musique, Picasa, DNLA… Aucun des sujets essentiels ne fera défaut !

Dans le chapitre 12, vous explorerez Google Play Store, la boutique en ligne de Google : acheter des applications, les mettre à jour, se faire rembourser, interdire l'achat, filtrer les applications selon leur contenu…

Pour compléter cet ouvrage, nous vous proposons au chapitre 13 une sélection des meilleures applications Android, et au chapitre 14 une présentation des applications Google telles que Google Maps, Google Talk, Google Drive, *etc.*

Bonne lecture !

Patrick BEUZIT

patrick.beuzit@gmail.com

Qu'est-ce qu'Android exactement ?

Vous venez d'acquérir votre Galaxy SIII avec Android 4.0, qui porte le doux nom d'**Ice Cream Sandwich** (ICS).

Avec votre Galaxy SIII sous **Ice Cream Sandwich**, vous vous hissez à la pointe de la technologie en matière de téléphonie. Le vaste catalogue d'applications, accessible depuis Google Play Store, contribue en grande partie au succès d'Android.

Mais qu'est-ce que Android exactement ?

Android est un système d'exploitation pour smartphones, tablettes et terminaux mobiles conçu par la société Android, puis racheté par Google en 2005. Android existe en plusieurs versions, toutes commencent par une lettre alphabétique croissante et se réfèrent à un nom de dessert : **Froyo**

(Android 2.2), **Gingerbread** (Android 2.3.x), **Honeycomb** (Android 3.x), **Ice Cream Sandwich** (Android 4.0.x) et **Jelly Bean** (Android 4.1) pour la toute dernière version d'Android dont bénéficiera dans les prochains mois le Galaxy SIII. Le nom commercial est tout aussi important que le numéro de version qui lui est associé, il n'est en effet pas rare de parler dans la littérature ou sur Internet de Gingerbread ou d'Ice Cream Sandwich plutôt que d'Android 3.x ou d'Android 4.x.

 NOTE Le système d'exploitation, abrégé SE (en anglais, *operating system*, abrégé OS), est l'ensemble des programmes centraux d'un appareil informatique qui sert d'interface entre le matériel et les logiciels applicatifs.

Qu'est-ce que TouchWiz ?

Nombre de constructeurs de smartphones, parmi lesquels Samsung, ont intégré à leur téléphone Android une surcouche logicielle (*HTC Sense de HTC, MotoBlur* de Motorola ou encore *TouchWiz* de Samsung). Le Samsung Galaxy SIII est doté de la surcouche Samsung TouchWiz dans sa version 4.

Cette surcouche apporte de nouvelles fonctionnalités par rapport à un smartphone Android de base : page d'accueil optimisée,

widgets redimensionnables, arrière-plans personnalisés. *TouchWiz* enrichit l'expérience utilisateur et apporte aussi un vaste catalogue d'applications propres à Samsung.

Aussi, dans cet ouvrage, nous serons amenés à vous présenter des fonctionnalités ou applications qui ne sont propres qu'à votre téléphone, le Galaxy SIII sous Ice Cream Sandwich !

Le Galaxy SIII d'un coup d'œil

Le boîtier en carton du Samsung Galaxy SIII comprend, outre le smartphone, un chargeur, un câble USB, un kit mains libres, une batterie, des notices d'utilisation.

❶ Témoin lumineux LED.

❷ Écouteurs.

❸ Capteur de luminosité et de proximité.

❹ Caméra frontale.

❺ Volume.

❻ Bouton de marche/arrêt et verrouillage du téléphone. Une pression longue sur ce bouton permet d'accéder à des options du téléphone.

❼ Bouton sensitif **Menu**.

❽ Bouton physique **Accueil** et déverrouillage du téléphone.

❾ Micro.

❿ Bouton sensitif **Retour**.

❶ Microphone.

❷ Prise casque jack 3,5 mm.

❸ Antenne GPS (sous le capot)

❹ Flash.

❺ Caméra arrière.

❻ Haut-parleur

❼ Antenne réseau (sous le capot).

❽ Prise chargement de batterie et port MHL permettant de relier le téléphone à un ordinateur, mais aussi à un téléviseur moyennant l'achat d'un adaptateur spécifique doté d'une sortie HDMI.

 NOTE L'interface MHL (*Mobile High-Definition Link* ou, en français, interface mobile haute définition) permet de relier des téléphones mobiles à des téléviseurs et moniteurs haute définition (voir chapitre 11, « Diffuser une vidéo sur un téléviseur »).

Gestes à connaître

Toucher ou **appuyer** : touchez la surface de l'écran du bout du doigt pour lancer une application, sélectionner une option, enfoncer un bouton ou une touche du clavier.

Pincer : à l'aide du pouce et de l'index simultanément, touchez l'écran et écartez les doigts. La partie d'écran située entre les deux doigts s'agrandit. À l'inverse, rapprochez les doigts sans relâcher pour effectuer un zoom arrière.

Faire glisser ou **défiler** : touchez l'écran avec un doigt et faites glisser dans une direction donnée, pour vous déplacer dans un écran ou parcourir les pages d'un livre.

Feuilleter : faites glisser le doigt d'un geste rapide dans la direction souhaitée et lâchez l'écran en fin de course pour défiler plus rapidement. Attendez que le défilement s'arrête ou touchez n'importe quel endroit de l'écran pour l'arrêter immédiatement.

Chapitre 1

À savoir absolument !

Dans ce chapitre, vous découvrirez tout ce que l'utilisateur, nouveau ou confirmé, doit savoir sur Android en général, et sur le Galaxy SIII en particulier. De l'initialisation au premier démarrage, aux configurations de base, vous apprendrez à maîtriser les réglages et contrôles les plus importants et incontournables et déchiffrerez les icônes mystérieuses de la barre de statuts.

Premier démarrage du Galaxy SIII

❶ Assurez-vous au préalable que votre téléphone est bien éteint. Ôtez le capot du Galaxy SIII et placez votre carte SIM à l'emplacement prévu à cet effet, en tenant compte du biseau de cette dernière.

❷ Profitez-en pour observer l'emplacement de la carte mémoire SD additionnelle (et facultative). Vous verrez plus en détail à quoi elle sert dans ce chapitre.

❸ Attention ! Certains opérateurs téléphoniques, tels que Free Mobile, déclinent la carte SIM en deux formats au sein du même support : Mini-SIM et Micro SIM. Détachez la carte SIM de son support plastique de sorte à conserver une carte SIM au format **micro-SIM**, c'est-à-dire le format le plus petit.

❹ Allumez le Galaxy SIII en maintenant le bouton **On/Off** enfoncé moins d'une seconde environ. Après chargement du système, saisissez le code PIN de votre carte SIM.

Configurer le compte Google

Android et Google sont intimement liés. Aussi, l'une des tâches fondamentales à effectuer dès le premier lancement du Galaxy SIII est de créer et configurer un compte Google. Votre téléphone sera ainsi directement lié au compte Google que vous lui aurez associé. La synchronisation des e-mails, de l'agenda, des contacts se fera avec le compte Google ainsi configuré.

❶ Au lancement du Galaxy SIII, il vous est proposé de saisir le mot de passe de votre réseau Wi-Fi. Si vous vous trouvez chez vous ou proche d'une borne Wi-Fi dont vous connaissez le mot de passe, appuyez sur **Suivant**, sinon sur **Ignorer**.

❷ Il vous est ensuite demandé de créer un compte Samsung. Si vous en possédez déjà un, appuyez sur **Créer un compte**, sinon sur **Ignorer**. Nous reviendrons sur création du compte Samsung dans cet ouvrage.

❸ L'étape suivante, et non la moindre, vous propose de créer ou de saisir votre mot de passe Google. Appuyez sur **Connexion** pour vous connecter à un compte Google déjà existant, ou bien sur **Créer un compte Google** si vous n'en disposez pas déjà d'un. Suivez ensuite la procédure pas à pas.

❹ Il vous est ensuite proposé de sauvegarder les paramètres et applications Android au sein de votre compte Google. Ainsi, si vous réinstallez votre téléphone ou si vous en changez, la plupart des paramètres essentiels seront déjà configurés. Cochez **Restaurer** si vous souhaitez récupérer les paramètres et applications de votre précédent smartphone Android.

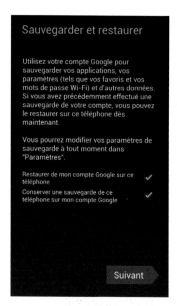

⑤ L'une des nouveautés d'Ice Cream Sandwich est la possibilité d'activer son compte **Google Portefeuille** au moment du paramétrage du compte Google. **Google Portefeuille** est un portefeuille virtuel qui vous permet de stocker vos informations de paiement de façon sécurisée, ainsi que d'effectuer rapidement des achats en magasin et en ligne. Il vous servira notamment pour acheter des applications. Vous n'êtes pas tenu de créer votre compte **Google Portefeuille** immédiatement, appuyez sur **Pas maintenant** pour sauter cette étape. Si vous disposez déjà d'un compte Google Portefeuille, cette étape ne vous est pas proposée !

⑥ La dernière étape consiste à sélectionner les types de données à synchroniser sur votre téléphone. Cochez toutes les options, vous verrez au chapitre 4 à quoi elles servent et comment modifier ces choix.

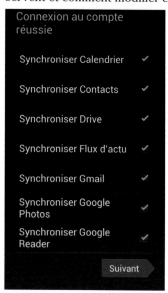

Vous pouvez paramétrer plusieurs comptes Google au sein de votre smartphone Android ! Il est ainsi aisé de se constituer plusieurs « univers », professionnel et personnel par exemple, avec des contacts, un agenda et des e-mails distincts.

Configurer Android en français

❶ Le Galaxy SIII est normalement configuré en langue française. Si tel n'est pas le cas ou si vous souhaitez le paramétrer dans une autre langue : appuyez sur le bouton **Menu** du téléphone ▶ **Paramètres** (ou **Settings**) ▶ **Langue et Saisie** (ou **Language & input**).

❷ Appuyez sur **Langue** (ou **Language**) et choisissez la langue de votre choix.

Verrouiller l'orientation de l'écran

Lorsque vous orientez le téléphone, l'écran s'adapte alors automatiquement en mode portrait ou paysage. Notez que l'orientation est fonction de l'application utilisée, le bureau quant à lui, reste toujours dans la même position, verticale. Vous pouvez bloquer l'orientation automatique du téléphone.

❶ Appuyez sur le bouton **Menu** du téléphone ▶ **Paramètres** ▶ **Affichage** ▶ puis cochez ou décochez **Rotation autom. écran**.

❷ La rotation automatique peut aussi être activée ou désactivée depuis les notifications Android, *via* l'icône **Rotation Auto.**

Qu'est-ce que le « bureau » ?

Décrivons l'apparence de l'interface utilisateur, en partant du haut vers le bas. Nous reviendrons plus en détail sur l'ensemble de ces fonctionnalités, mais il convient dans un premier temps de bien définir leur emplacement.

❶ **La barre de statuts.** La barre de statuts est une zone située tout en haut de tous les téléphones et qui est utilisée par Android pour vous informer, *via* des icônes spécifiques, de l'heure, du niveau de charge de la batterie, d'un appel manqué, du type de connexion (Wi-Fi, EDGE, 3G) ou de l'arrivée d'un nouveau SMS, *etc*. C'est depuis la barre de statuts que vous pourrez dérouler la « barre de notifications Android ». Touchez la barre de statuts et déroulez vers le bas la barre de notifications. Ce menu, accessible depuis les 7 bureaux, comporte toutes sortes de notifications : extrait de nouveaux e-mails, appels en absence, actualités, *etc*.

❷ **Le bureau.** La Galaxy SIII est composé de sept bureaux (aussi appelé *home* ou *écran d'accueil*) sur lesquels organiser vos icônes, raccourcis, horloge, météo, widgets, *etc*. Pour passer d'un bureau à l'autre, touchez l'écran et glissez-le vers la droite ou la gauche, selon le bureau que vous souhaitez afficher.

❸ **La barre de recherche Google.** La barre de recherche permet de rechercher une application, un contact, un favori,

23

etc. Le type de document recherché (contact, application, musique, SMS, *etc.*) est paramétrable dans les options de l'application.

❹ **La barre de lancement rapide.** La barre de lancement rapide, présente sur l'ensemble des écrans, vous permet d'accéder aux applications que vous utilisez régulièrement. L'icône la plus à droite, **Applis**, vous permet d'accéder au « lanceur d'applications » qui liste l'ensemble des applications installées sur le téléphone.

À quoi servent les boutons sensitifs ?

La face avant du Samsung Galaxy SIII est dotée de trois boutons qui permettent de naviguer dans le téléphone. Décrivons-les, de gauche à droite :

❶ **Accueil** (bouton sensitif rectangulaire) : il permet de revenir à l'écran d'accueil par défaut de votre téléphone, celui du milieu. Au sein d'une application, le bouton **Accueil** vous donne la possibilité de revenir à votre bureau, sans pour autant quitter l'application en cours d'exécution.

❷ **Multitâche** (bouton physique) : permet justement d'accéder aux applications en cours d'exécution ou aux applications récemment ouvertes.

❸ **Retour** (bouton sensitif représenté en forme de flèche) : permet de revenir en arrière au sein d'une application et/ou de quitter l'application en cours d'exécution.

La barre de notifications

La barre de notifications est utilisée par le système Android et par les applications pour vous informer de l'arrivée d'un événement particulier (un nouveau message, l'échéance d'un événement dans l'agenda, un appel manqué, un message système, le téléchargement en cours d'une application, *etc.*).

La réception d'une nouvelle notification se traduit par l'affichage éphémère d'un court message dans la barre de statuts, ainsi qu'un message plus long dans la zone des notifications. Glissez à l'aide du doigt la barre de notifications vers le bas pour l'ouvrir en plein écran.

À l'arrivée d'une nouvelle notification, un son est émis. Vous pouvez supprimer ou modifier le son associé à la notification dans le paramétrage d'Android (voir, au chapitre 3, « Changer la sonnerie des notifications »).

D'autre part, la zone des notifications Android vous permet d'activer ou de désactiver certains paramètres du téléphone. Toutes ces fonctions vous seront présentées en détail dans cet ouvrage.

- **Wi-Fi** : active ou désactive le Wi-Fi (voir, au chapitre 6, « Se connecter à un réseau Wi-Fi »).

- **GPS** : active ou désactive le GSP (voir, au chapitre 14 « Activer le GPS »).

- **Son** : active le son, passe en mode vibreur ou discret (voir, au chapitre 3, « Qu'est-ce que le profil discret ? »).

- **Rotation écran** : active ou désactive la rotation automatique de l'écran.

- **Eco. énergie** : active ou désactive le mode d'économie d'énergie (voir, au chapitre 3, « Régler le mode d'économie d'énergie »).

Déplacez cette barre vers la gauche pour faire apparaître davantage de raccourcis :

- **Notification** : désactive le son émis par les notifications. Elles ne sont pas perdues pour autant : vous y aurez accès en réactivant la fonction.

- **Données mobiles** : active ou désactive les connexions *data* (voir, au chapitre 6, « Activer les connexions data »).

- **Bluetooth** : active ou désactive le Bluetooth (voir, au chapitre 6, « Échanger des fichiers en Bluetooth »).

- **Profil voiture** : active ou désactive le profil voiture (voir, au chapitre 5, « Utiliser la reconnaissance vocale »).

- **Synchro.** : active ou désactive la synchronisation automatique (voir , au chapitre 4, « Synchroniser les comptes manuellement »)

Supprimer une notification Android

Il n'y a pas d'historique des notifications reçues : toute notification effacée sera définitivement perdue !

❶ Ouvrez la barre de notifications et glissez vers la droite ou la gauche la notification à supprimer.

❷ Vous pouvez aussi appuyer sur le bouton **Effacer** pour supprimer l'ensemble des notifications.

On ne peut pas nécessairement supprimer toutes les notifications, certaines sont conçues pour rester toujours affichées !

Comment faire une capture d'écran ?

Vous avez la possibilité de faire une capture d'écran de votre Galaxy SIII, ce qui peut s'avérer utile pour immortaliser les scores d'un jeu, une page Web, une photo, une carte Google Maps, *etc.*

❶ Appuyez simultanément sur le bouton physique **Multitâche** du téléphone et le bouton **Marche/arrêt**. Maintenez ces deux boutons enfoncés une demi-seconde environ.

❷ La photo de l'écran est alors sauvegardée sur la carte mémoire du téléphone (**/sdcard/pictures/screenshots**) Ouvrez alors la barre de notifications et appuyez sur la miniature pour ouvrir en plein écran la capture, depuis l'application **Galerie**.

❸ Notez que la capture est aussi stockée dans le presse-papiers d'Android (pour que vous puissiez la coller dans un MMS, par exemple). Lisez, au chapitre 5, « Utiliser le copier-coller » pour de plus amples informations à ce sujet.

 NOTE Nous verrons au chapitre 3, à la rubrique « Activer la reconnaissance de mouve- ment » comment réaliser une capture d'écran en effectuant un geste de la main.

Les icônes de la barre de statuts

La barre de statuts est une zone située en haut de tous les téléphones et qui est utilisée par Android pour vous informer de l'heure, du niveau de charge de la batterie ou de l'arrivée d'une notification. Elle propose également toutes sortes d'icônes indiquant le type de connexion (GPRS, EDGDE, 3G, Wi-Fi, Bluetooth), le mode vibreur ou silencieux, l'utilisation du GPS, *etc.*

indique une connexion GPRS. Lorsque les flèches sont blanches, cela indique que des données sont reçues et/ou transmises.

indique une connexion EDGE. La coloration des flèches indique si les données sont reçues et/ou transmises.

indique une connexion 3G. La coloration des flèches indique si les données sont reçues et/ou transmises. Selon votre opérateur téléphonique, la 3G est aussi représentée par un H (sans le plus).

indique une connexion 3G+ (représentée par un H+ pour HSDPA).

indique la force du signal. Plus le nombre de barres est élevé, meilleure est la force du signal.

indique l'absence de signal (le téléphone ne capte pas).

indique une connexion Wi-Fi à portée.

indique une connexion à un réseau Wi-Fi. La coloration des flèches indique si les données sont reçues et/ou transmises.

indique une connexion Wi-Fi Direct activée.

indique une connexion Bluetooth.

indique que le mode avion est activé.

indique que l'alarme est programmée.

indique une connexion *roaming international* (itinérance des données).

indique que le téléphone est en mode vibreur.

indique que le téléphone est en mode silencieux.

indique le niveau de charge de la batterie.

indique que la batterie est en charge.

indique que le GPS est utilisé et reçoit des données.

indique qu'une capture d'écran vient d'être faite.

indique que la fonction « modem-attaché » est activée.

indique que la fonction de « point d'accès Wi-Fi » est activée.

indique l'écoute d'une radio en cours *via* le tuner FM intégré.

indique que les écouteurs sont branchés.

indique l'arrivée d'un nouvel e-mail Gmail.

indique l'arrivée d'un nouveau SMS ou MMS.

représente l'accusé de réception d'un SMS.

indique une conversation Google Talk en cours.

indique la présence d'un message sur le répondeur.

indique que le téléphone est connecté à un ordinateur *via* l'USB.

indique un appel téléphonique en cours.

indique un appel en absence.

indique que la fonction de transfert d'appels est activée.

indique une musique en cours d'écoute *via* le lecteur audio natif.

indique un téléchargement ascendant en cours (*upload*).

indique un téléchargement descendant en cours (*download*).

indique un problème avec la carte SIM.

indique une synchronisation en cours (e-mail, contacts, météo…).

indique la recherche de mise à jour logicielle du Galaxy SIII.

indique que l'application **AllShare** est utilisée.

indique qu'une mise à jour des applications est disponible.

Comment fonctionne la mémoire ?

Le Galaxy SIII dispose d'une mémoire dite « interne » qui permet de stocker le système Android en tant que tel, mais aussi vos différents comptes, paramètres et les applications que vous téléchargez.

❶ Le dossier **/sdcard** de cette mémoire interne joue un rôle particulier dans la mesure où il contient vos données personnelles : musiques, photos, vidéos, PDF... ainsi que tout autre fichier nécessaire au bon fonctionnement des applications.

Ce dossier **/sdcard** est appelé « stockage USB » dans la mesure où vous pouvez accéder à ce dossier, et uniquement à ce dossier, lorsque vous connectez votre téléphone à un ordinateur *via* un câble USB. Dans cet ouvrage, nous appellerons « carte mémoire » le dossier **/sdcard.**

❷ Nous avons vu précédemment que vous pouviez ajouter une carte micro SD additionnelle, et facultative, pour étendre les capacités de stockage de la mémoire interne du téléphone. Nous appellerons cette carte « carte SD additionnelle » dans cet ouvrage. Nous verrons au chapitre 4 comment parcourir la carte mémoire additionnelle.

 Le Galaxy SIII reconnaît en fait plusieurs types de cartes Micro SD : **Micro-SD** (1 à 4 Go) et **Micro-SDHC** (de 8 à 32 Go). Une carte mémoire appartient aussi à une « classe » donnée, qui définit la vitesse d'écriture, exprimée en Mo/s. Plus la classe est élevée, plus la carte bénéficie de performances accrues (classe 2, 4, 6 ou 10). Aussi, si vous souhaitez acquérir une carte micro SD, votre critère de sélection portera sur la capacité de stockage (2, 4, 8, 16 et 32 Go au maximum), ainsi que sur le type de classe souhaité. Le Galaxy SIII n'accepte que des cartes mémoires formatées en FAT 32, et non en NTFS ni extFAT (voir, au chapitre 4, « Formater le carte mémoire additionnelle »).

Accéder aux paramètres d'Android

Tout au long de' cet ouvrage, vous serez amené à accéder très régulièrement au paramétrage d'Android et à ses différents menus.

❶ Le paramétrage d'Android est accessible depuis le bouton **Accueil** du téléphone ▶ **Paramètres**.

❷ Vous accédez aussi aux paramètres d'Android depuis la barre de notification, *via* l'icône ⚙.

Connaître la version d'Android

Ice Cream Sandwich existe actuellement en version 4.0, 4.0.1, 4.0.2, 4.0.3 et 4.0.4, mais rassurez-vous, les évolutions sont mineures et sont plutôt relatives à l'optimisation du système qu'à l'ajout de nouvelles fonctionnalités.

❶ Appuyez sur le bouton **Menu** du téléphone ▸ **Paramètres** ▸ **À propos du téléphone** puis consultez la rubrique **Version d'Android**.

Version Android
4.0.4

Éteindre le Galaxy SIII

Maintenez enfoncé le bouton physique **Marche/Arrêt** situé sur le côté droit du téléphone, et sélectionnez l'option appropriée :

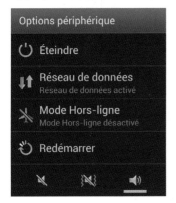

• **Éteindre** : éteint le téléphone complètement.

• **Réseau de données** : active ou désactive les connexions *data* (voir, au chapitre 6, « Activer les connexions data »).

• **Mode Hors-ligne** : active ou désactive le mode *avion*, par lequel aucune connexion de données n'est possible (voir, au chapitre 6, « Activer le mode avion »).

• **Redémarrer** : relance le téléphone.

 Si vous n'avez pas mis à jour votre Galaxy SIII ou si aucune mise à jour ne vous a été encore proposée, il est alors possible que vous ne disposiez pas exactement du même écran que celui présenté ci-dessus ! Consultez au chapitre 4 la rubrique « Comment mettre à jour Android ? ».

Qu'est-ce que le Google Play Store ?

Google Play Store est la boutique en ligne de Google pour le système d'exploitation Android. Une application est préinstallée sur chaque téléphone Android, permettant de télécharger les applications gratuites ou payantes.

La boutique est aussi accessible depuis un navigateur Web à l'adresse `https://play.google.com`

L'intérêt d'un smartphone réside dans la qualité, l'originalité et l'utilité (ou non !) des applications disponibles. Sans doute l'un des premiers réflexes des utilisateurs consiste-t-il à télécharger un grand nombre d'applications, de jeux ou d'utilitaires en vue d'agrémenter leur nouveau Galaxy SIII fraîchement acquis.

Nous vous invitons à consulter le chapitre 12 dès à présent pour plus d'informations sur le Google Play Store.

Chapitre 2

Maîtriser le bureau

*V*ous apprendrez dans ce chapitre à bien maîtriser le « bureau » d'Android, c'est-à-dire l'espace sur lequel placer vos raccourcis d'applications. Vous verrez comment organiser votre bureau, créer des dossiers, redimensionner des widgets, personnaliser l'interface utilisateur de sorte que vos applications les plus utiles soient toujours accessibles !

Qu'est-ce que « le bureau » ?

L'interface utilisateur, plus couramment appelée « bureau », est composée de sept écrans personnalisables, sur lesquels vous placez vos icônes, vos raccourcis d'applications, vos favoris Web, l'horloge, vos widgets, *etc.*

Le passage d'un bureau à l'autre s'effectue en effleurant l'écran tactile du smartphone dans la direction souhaitée ou en appuyant directement sur l'un des sept points blancs représentant respectivement les sept bureaux. Vous pouvez aussi naviguer d'écran en écran en maintenant une pression longue sur l'un de ces sept points, puis en déplaçant votre doigt dans une direction donnée.

Pour afficher une miniature de l'ensemble des bureaux disponibles, pincez l'écran, c'est-à-dire posez le pouce et l'index respectivement sur les bords latéraux de l'écran, puis rapprochez-les. Vous pouvez aussi afficher les miniatures des sept bureaux en appuyant sur le bouton **Menu** du téléphone ▶ **Modifier**.

Sous les sept points blancs figurent quatre raccourcis accessibles depuis n'importe

lequel des sept écrans que compose le bureau. Ces quatre raccourcis représentent la « barre de lancement rapide ».

Nous verrons un peu plus loin comment personnaliser ces raccourcis de sorte à y placer les applications les plus utilisées.

Réorganiser les bureaux

Android offre la possibilité de réorganiser les sept bureaux de votre téléphone, c'est-à-dire de les faire apparaître dans l'ordre qui vous convient :

❶ Appuyez sur le bouton **Menu** du téléphone ▶ **Modifier**.

② Pour supprimer l'un des sept bureaux, maintenez une pression dessus et glissez-le vers la poubelle. La suppression d'un bureau ne supprime pas pour autant les applications, mais seulement les raccourcis qui avaient été créés dessus.

③ Pour réorganiser l'ordre des bureaux selon votre convenance, maintenez une pression longue sur l'un des bureaux et intercalez-le à l'endroit désiré.

④ Pour définir le bureau par défaut, c'est-à-dire celui à afficher lorsque vous appuyez sur le bouton **Multitâche** du téléphone (bouton physique au centre), appuyez sur l'icône 🏠.

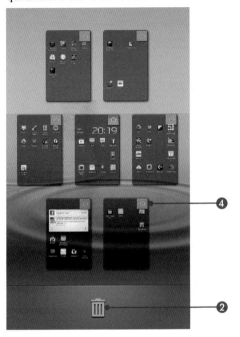

Lancer une application

Le « lanceur d'applications » répertorie l'ensemble des applications installées sur le Galaxy SIII. Bien que l'intérêt en soit très limité, vous pourriez imaginer n'avoir qu'un seul bureau, vide de surcroît, et lancer vos applications uniquement depuis le lanceur d'applications !

① Ouvrez le lanceur d'applications nommé **Applis** et symbolisé par une icône bleue composée de seize carrés blancs :

❷ Parcourez les différentes applications du téléphone en faisant défiler les écrans de la gauche vers la droite ou inversement. Les points en bas de l'écran symbolisent les différents écrans du lanceur d'applications. Appuyez sur un point donné pour accéder directement à une page donnée.

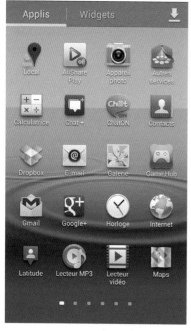

❸ L'onglet **Applis** répertorie l'ensemble des applications du téléphone, c'est-à-dire celles qui sont installées nativement avec le téléphone, ainsi que celles que vous avez téléchargées sur le Google Play Store (voir chapitre 12). L'onglet **Widgets** répertorie les widgets, tandis que l'icône ⬇ permet d'accéder aux seules applications que vous avez installées depuis le Play Store (hors application système).

❹ Appuyez sur le bouton **Menu** du téléphone pour afficher davantage d'options :

- **Play Store** : permet d'accéder à la boutique Google Play Store.

- **Modifier** : permet de personnaliser le lanceur d'applications (voir « Personnaliser le lanceur d'applications »).

- **Désinstaller** : permet de désinstaller une application (voir chapitre 12 « Désinstaller une application depuis le lanceur d'application »).

- **Applications téléchargées** : permet d'accéder aux seules applications installées depuis le Play Store.

- **Type d'affichage** : permet de modifier l'affichage des applications en liste ou en grille (voir « Personnaliser le lanceur d'applications »).

- **Partager applications** : permet de partager une application. Voir « Partager une application ».

- **Masquer les applications** : permet de masquer une application. Voir « Masquer une application ».

- **Afficher les applications** : permet d'accéder aux applications masquées.

5 Comme avec le bureau, pincez l'écran de l'extérieur vers l'intérieur pour obtenir une vision globale des différents écrans du lanceur d'applications. Réorganisez les pages selon l'ordre qui vous convient.

6 Enfin, pour lancer une application depuis le lanceur d'applications, appuyez simplement sur son icône.

Personnaliser le lanceur d'applications

Par défaut, le lanceur d'applications liste les applications en fonction de leur date d'installation. Les applications les plus récentes figureront donc sur le dernier écran (le plus à droite), symbolisé par le tout dernier point blanc. Contrairement aux bureaux, vous n'êtes fort heureusement pas limité à sept écrans : ils s'ajoutent à mesure que vous téléchargez des applications. Rien ne vous interdit d'organiser les applications du lanceur d'applications autrement que par date d'installation.

1 Ouvrez le lanceur d'applications, puis appuyez sur le bouton **Menu** du téléphone ▶ **Type d'affichage** et sélectionnez **Grille personnalisable**.

- **Grille personnalisable** : permet de personnaliser l'affichage des applications du lanceur d'applications.

- **Grille alphabétique** : présente les applications par ordre alphabétique.

- **Liste alphabétique** : présente les applications sous forme de liste triée par ordre alphabétique.

2 Appuyez maintenant sur le bouton **Menu** du téléphone ▶ **Modifier**.

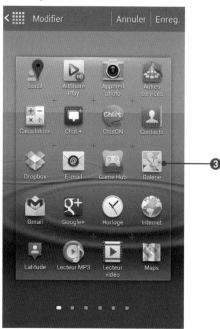

3 Maintenez une pression longue sur une application pour afficher une barre d'outils en bas de l'écran.

• Déplacez l'application sur l'icône 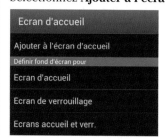 pour créer un dossier dans lequel placer l'application. Il est ainsi possible de regrouper plusieurs applications dans un même dossier afin d'organiser ces dernières par catégories, par exemple (jeux, outils, réseaux sociaux, *etc.*).

• Déplacez une application sur [+] pour créer une nouvelle page.

• Déplacez une application sur [i] pour accéder au *Gestionnaire d'applications* d'Android (voir, au chapitre 12, « Désinstaller une application depuis Android »).

• Déplacez l'application sur [x] pour la désinstaller du téléphone. Notez qu'il s'agit bien de désinstaller l'application : elle ne sera plus disponible à moins que vous ne la réinstalliez depuis Google Play Store ! Si l'icône [x] est grisée, c'est qu'il s'agit d'une application système, indispensable au bon fonctionnement de votre smartphone. Ces applications ne peuvent donc pas être désinstallées.

Vos sept écrans d'accueil et les écrans du lanceur d'applications sont très similaires. Il n'est pas rare de les confondre !

Créer un raccourci d'application

Un raccourci permet de lancer une application directement depuis le bureau, sans avoir à rechercher ladite application dans le lanceur d'applications. Au fur et à mesure que vous téléchargerez des applications, vous aurez le réflexe de placer leur raccourci sur le bureau. Vous pouvez créer un raccourci sur le bureau de plusieurs façons :

1 Maintenez une pression longue sur un emplacement vide de votre bureau. Sélectionnez **Ajouter à l'écran d'accueil.**

2 Appuyez ensuite sur **Applis**..

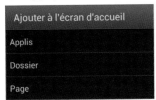

3 Parcourez la liste des applications (ou des widgets) installées sur votre téléphone et maintenez une pression longue sur celle (ou celui) pour laquelle (ou lequel) vous désirez créer un raccourci. Ce dernier sera alors automatiquement créé à l'endroit où vous aviez cliqué sur le bureau.

4 Si vous le désirez, déplacez le raccourci ainsi créé vers un autre endroit du bureau : maintenez une pression longue sur un raccourci puis déplacez-vous à droite ou à gauche pour basculer vers un autre bureau.

5 Si vous avez activé la reconnaissance de mouvements (voir chapitre 3 « Qu'est-ce que la reconnaissance de mouvement »), vous pourrez déplacer un raccourci sur un autre bureau en maintenant une pression

longue sur ledit raccourci et en faisant pivoter le Galaxy SIII sur son axe vertical. Sinon, déplacez le raccourci sur les bords du second bureau pour le faire passer à l'écran suivant.

6 Notez en bas de l'écran l'icône **Supprimer** qui apparaît lorsque l'on déplace un raccourci. Placer le raccourci sur la poubelle le supprime.

> **NOTE** Supprimer un raccourci ne désinstalle pas pour autant l'application. Le principe est le même que sur les ordinateurs de type Windows, Linux ou Mac OS. La suppression d'un raccourci (ou d'une icône) ne fait que supprimer le lien qui permettait d'accéder à l'application, mais cette dernière est toujours accessible à travers le lanceur d'applications.

Créer un raccourci de favoris

Un raccourci n'est pas seulement un lien vers une application, c'est aussi un lien vers un favori Web. Ce type de raccourci permet d'accéder à un site Web *via* un raccourci sur le bureau, sans devoir ouvrir le navigateur ni saisir l'adresse manuellement.

1 Maintenez une pression longue à un endroit vide du bureau puis sélectionnez **Ajouter à l'écran d'accueil ▶ Applis.**

2 Sélectionnez l'onglet **Widgets** et recherchez le widget nommé *Favori 1x1*.

3 Maintenez une pression longue sur le widget de sorte à le placer sur le bureau. Sélectionnez ensuite le favori à associer au raccourci. Nous vous invitons à parcourir le chapitre 10 « Créer des favoris » pour plus ample information à ce sujet.

37

L'application Android Google Chrome dispose de son propre widget pour les raccourcis de favoris.

Créer un raccourci de contact

Lorsque vous appuyez sur ce type de raccourci, vous ouvrez la fiche Contact de la personne concernée et êtes, de fait, en mesure d'initier un appel téléphonique, de créer un nouvel SMS ou un nouvel e-mail.

❶ Maintenez une pression longue à un endroit vide du bureau, puis sélectionnez **Ajouter à l'écran d'accueil ▸ Applis.**

❷ Sélectionnez l'onglet **Widgets** et recherchez le widget nommé *Contact 4x1* ou *Contact 1x1.*

❸ Maintenez une pression longue sur le widget de façon à le placer sur le bureau. Sélectionnez ensuite le contact à associer au raccourci.

 La taille qu'occupent les widgets est fonction du nombre d'icônes qu'ils représentent. Par exemple, un widget 4x1 occupe la place de quatre icônes sur une seule rangée.

Créer un raccourci de SMS

Lorsque vous appuyez sur ce type de raccourci, un nouvel SMS vierge est créé avec le nom du destinataire pré rempli.

❶ Maintenez une pression longue à un endroit vide du bureau, puis sélectionnez **Ajouter à l'écran d'accueil ▸ Applis.**

❷ Sélectionnez l'onglet **Widgets** et recherchez le widget nommé *Message direct 1x1.*

❸ Maintenez une pression longue sur le widget de façon à le placer sur le bureau. Sélectionnez ensuite le contact à associer au raccourci.

Créer un raccourci de numérotation

Lorsque vous appuyez sur ce type de raccourci, le Galaxy SIII compose directement le numéro de téléphone du contact en question.

❶ Maintenez une pression longue à un endroit vide du bureau puis sélectionnez **Ajouter à l'écran d'accueil ▸ Applis.**

❷ Sélectionnez l'onglet **Widgets** et recherchez le widget nommé *Numérotation directe 1x1*.

❸ Maintenez une pression longue sur le widget de façon à le placer sur le bureau. Sélectionnez ensuite le contact à associer au raccourci.

Créer un raccourci de paramétrage d'Android

Il s'agit d'un raccourci vers l'un des nombreux menus de paramétrage d'Android, qui vous seront présentés tout au long de cet ouvrage.

❶ Maintenez une pression longue à un endroit vide du bureau puis sélectionnez **Ajouter à l'écran d'accueil ▸ Applis.**

❷ Sélectionnez l'onglet **Widgets** et recherchez le widget nommé *Raccourci paramètres 1x1*.

❸ Maintenez une pression longue sur le widget de façon à le placer sur le bureau. Sélectionnez ensuite le paramètre à associer au raccourci.

 Plus vous installerez d'applications, plus le nombre de raccourcis diffé-rents que vous pourrez créer aug-mentera. Il convient donc de regarder régu-lièrement les différents raccourcis qui s'offrent à vous et qui dépendent, de fait, des applications installées.

Qu'est-ce qu'un widget ?

Un widget est une application que vous pouvez installer directement sur le bureau et qui permet d'obtenir des informations diverses, telles que l'heure, la météo, les actualités, un dictionnaire, un pense-bête, *etc.*

Un widget n'est pas le raccourci d'une application, mais l'application elle-même,

en cours de fonctionnement. Un widget peut par exemple rapatrier d'Internet, de façon transparente, les dernières actualités, les derniers *tweets* postés, les derniers bulletins météo, *etc.* Certains développeurs d'applications proposent donc, en plus de leur application en tant que telle, un widget.

39

L'application officielle **Facebook** dispose d'un widget qui permet de suivre l'actualité du mur de vos amis directement depuis le bureau de votre smartphone. Cette actualité se met à jour automatiquement, sans intervention de l'utilisateur.

Créer et supprimer un widget

La création d'un widget sur le bureau (il s'agit en fait plus de « placer » le widget que de le « créer »), s'effectue de la même façon que la création d'un raccourci :

❶ Maintenez une pression longue à un endroit vide du bureau, puis sélectionnez **Ajouter à l'écran d'accueil ▶ Applis.**

❷ Sélectionnez l'onglet **Widgets** et déplacez-vous de gauche à droite pour faire défiler les widgets disponibles. Maintenez une pression longue sur le widget pour l'installer sur le bureau.

❸ Vous supprimez un widget de la même façon qu'un raccourci, c'est-à-dire en maintenant une pression longue sur le widget et en le déplaçant vers **Supprimer**.

 Rappelons qu'un widget est généralement livré en sus d'une application, mais il est possible de télécharger des widgets directement depuis le Google Play Store – une rubrique leur est d'ailleurs exclusivement consacrée. Notez enfin qu'une application proposant un widget ne doit pas être installée sur la carte mémoire additionnelle : cette dernière n'étant pas disponible au lancement du téléphone, le widget ne pourrait s'initialiser.

Redimensionner un widget

Notez dès à présent que tous les widgets ne sont pas redimensionnables ! Pour redimensionner un widget, il convient dans un premier temps de l'installer sur le bureau (voir précédemment). Prenons l'exemple du widget *Cadre photo 2x2* :

❶ Maintenez ensuite une pression longue sur ce widget puis relâchez votre doigt. Si le widget est redimensionnable, il sera entouré d'un cadre jaune composé de quatre boutons de redimensionnement.

❷ Étirez alors le widget jusqu'à obtenir la forme désirée. Dans l'exemple précédent, il est possible de redimensionner le widget de façon plus ou moins rectangulaire.

Partager une application

Le partage d'application permet de faire connaître à un ami une application de votre téléphone. Par « faire connaître une application », nous entendons envoyer le lien qui permet de trouver l'application sur Google Play Store. Il ne s'agit nullement de lui envoyer l'application en tant que telle !

❶ Appuyez sur le lanceur d'applications, sélectionnez l'onglet **Applis** puis appuyez sur le bouton **Menu** du téléphone ▸ **Partager applications**.

❷ Cochez la ou les applications que vous souhaitez faire connaître à votre ami puis appuyez sur **OK** pour valider.

❸ Sélectionnez enfin le mode de partage par lequel vous enverrez les liens, à savoir SMS, e-mail, Facebook, *etc.*

Masquer une application

Vous ne souhaitez pas nécessairement afficher à la vue de tous les applications du lanceur d'applications, surtout si vous prêtez votre Galaxy SIII à une tierce personne.

❶ Ouvrez le lanceur d'applications et appuyez sur le bouton **Menu** du téléphone ▸ **Masquer les applications**.

❷ Sélectionnez la (ou les) application(s) que vous souhaitez masquer dans le lanceur d'applications. Appuyez sur **OK** pour confirmer.

❸ Pour accéder malgré tout à ces applications (bien qu'elles n'apparaissent plus dans le lanceur d'applications), appuyez sur le bouton **Menu** du téléphone ▸ **Afficher les applications** (au lieu de **Masquer**).

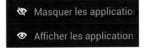

> **NOTE** Cette protection est somme toute relative, n'importe qui pouvant en effet accéder aux applications « masquées » (dès lors qu'il a accès à votre Galaxy SIII). Cela vous mettra surtout à l'abri des regards indiscrets !

Créer et supprimer des dossiers

Bien que le Galaxy SIII dispose de suffisamment de bureaux pour y placer vos raccourcis, il peut être souhaitable de les organiser par catégories. Aussi, Android propose-t-il la création de *dossiers* dans lesquels placer des raccourcis. Vous pourrez ainsi créer un dossier *Jeux, Utilitaires, Multimédia, Annuaires, Outils…* qui contiendront les raccourcis des applications de même catégorie (de préférence !). Notez qu'il n'est pas possible de placer un widget à l'intérieur d'un dossier, l'intérêt en serait d'ailleurs limité !

❶ Maintenez une pression longue à un endroit vide du bureau, puis sélectionnez **Ajouter à l'écran d'accueil ▶ Dossier**.

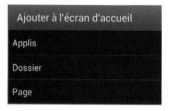

❷ Par défaut, un dossier n'a pas de nom mais vous pouvez le renommer en le touchant.

❸ Une fois le dossier créé, vous pouvez alors placer vos différents raccourcis à l'intérieur, en les déposant sur le dossier fraîchement créé.

Contrairement aux dossiers de votre ordinateur, il n'est pas possible sous Android d'y placer des documents (PDF, MP3, photos, *etc.*). Les dossiers ne peuvent accueillir que des raccourcis et non les documents eux-mêmes !

Pour supprimer un dossier (et les éventuels raccourcis y figurant), maintenez une pression longue sur ce dernier et glissez-le vers la poubelle.

 Touchwizz, la surcouche logicielle de Samsung, ne permet pas de créer de dossiers en superposant les raccourcis des applications sur uns sur les autres !

Personnaliser la barre de lancement rapide

Le Galaxy SIII dispose d'une barre de lancement rapide composée de quatre raccourcis. Placez-y les raccourcis des applications que vous utilisez le plus fréquemment, de sorte qu'elles soient accessibles depuis vos sept bureaux.

Seuls les quatre premiers raccourcis peuvent être personnalisés, le cinquième, **Applis**, restant inamovible, car il s'agit du lanceur d'applications vu précédemment.

❶ Pour personnaliser les applications de la barre de lancement rapide, maintenez une pression longue sur l'un des 4 raccourcis et déplacez-le vers un endroit libre du bureau.

La barre de lancement rapide n'est alors plus composée que de trois raccourcis, une place étant, de fait, vacante.

② Si cela vous convient, vous pouvez quitter l'écran actuel. Sinon, déplacez un raccourci du bureau à l'endroit libre de la barre de lancement rapide.

Passer d'une application à une autre

Imaginez que vous soyez en train de jouer à un jeu passionnant, mais deviez envoyer un SMS... Appuyez sur le bouton **Multitâche** du téléphone (bouton physique situé au centre du téléphone) pour revenir au bureau principal. L'application en cours d'exécution (le jeu) disparaît alors, mais continue de fonctionner en « arrière-plan ». Il est donc possible d'utiliser plusieurs applications en même temps sur un système Android ; c'est que l'on appelle couramment le *multitâche,* et ce qui fait la force d'Android.

Pour revenir à une application mise en arrière-plan, procédez ainsi :

① Maintenez une pression longue sur le bouton **Multitâche** du Galaxy SIII pour afficher les applications en cours d'exécution ou récemment utilisées. Le gestionnaire multitâche s'ouvre et présente une miniature des applications en cours d'exécution ou récemment utilisées.

② Appuyez sur l'une des applications pour la réactiver, ou au contraire, faites-la glisser vers la gauche (ou vers la droite) pour la supprimer de la mémoire. Cette opération « tue » l'application, c'est-à-dire que vous forcez sa fermeture et accessoirement l'apparition de sa miniature dans le gestionnaire multitâche. En aucun cas cette action ne désinstalle l'application du téléphone.

③ Le bouton **Gest. tâches** permet d'ouvrir le **Gestionnaire de tâches**. Cette application Android, installée par défaut sur le Galaxy SIII, permet de visualiser les applications actives, de les arrêter, de contrôler l'utilisation de la mémoire, *etc.*

Chapitre 3

Personnaliser le Galaxy SIII

*V*ous apprendrez dans ce chapitre à régler et personnaliser votre Galaxy SIII : réglage de l'heure et des alarmes, personnalisation de l'arrière-plan, de la luminosité, des sonneries et notifications, du mode vibreur et du mode silencieux, *etc.* Nous vous proposons pas moins de 30 réglages et personnalisations essentiels, de façon à rendre votre Galaxy SIII à la fois unique et entièrement à votre image !

Régler la date et l'heure

1 Appuyez sur le bouton **Menu** du
téléphone ▸ **Paramètres** ▸ **Date et heure**.

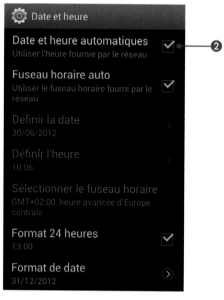

2 Cochez l'option **Date et heure
automatiques** pour que l'heure soit définie
automatiquement à l'aide du réseau de
votre opérateur téléphonique. Le passage de
l'heure d'été à l'heure d'hiver, par exemple,
sera automatique.

3 Vous pouvez néanmoins vous abstenir
d'un réglage automatique en décochant
ladite option et définir ainsi vous-même
l'heure et le fuseau horaire auquel vous
êtes soumis. Parcourez les autres options
et sélectionnez-les selon la façon dont vous
souhaiter personnaliser l'heure.

> **NOTE** Si les messages de vos interlocu-
> teurs Google Talk (ou vos SMS)
> viennent se placer en amont des
> vôtres dans le fil de la conversation, assurez-
> vous alors d'avoir coché l'option Date/Heure
> automatique.

Régler l'alarme

Le Galaxy SIII peut faire office d'alarme, de
réveille-matin, de minuteur, de chronomètre.
Notez que pour l'alarme, vous devez
conserver votre téléphone allumé (ou en
veille) pour qu'elle se déclenche !

1 Recherchez et lancez l'application
Horloge représentée par l'icône suivante :

2 L'application **Horloge** est composée de
cinq menus horizontaux que l'on peut faire
défiler de gauche à droite et inversement :
**Alarme, Horloge mondiale, Chronomètre,
Minuteur** et **Horloge bureau**.

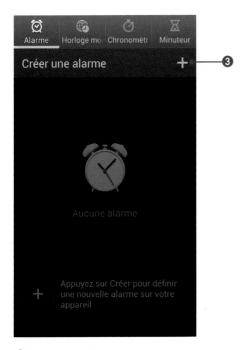

❸ Sélectionnez l'onglet **Alarme** et appuyez sur ➕ pour paramétrer une alarme.

- Sélectionnez l'heure à laquelle l'alarme doit se déclencher.

- **Répéter l'alarme :** permet de définir la fréquence de répétition de l'alarme (les jours de la semaine).

- **Type d'alarme :** permet de définir le type d'alarme à utiliser, c'est-à-dire une **mélodie**, le **vibreur**, **vibreur et mélodie** ou **Briefing** (une synthèse vocale annonce l'heure).

- **Tonalité :** permet de définir la mélodie à utiliser.

- **Répéter :** activez l'option puis appuyez sur le mot **Répéter** pour sélectionner le nombre de fois que l'alarme doit sonner.

- **Alarme intelligente :** activez l'option pour qu'une alarme « douce » se déclenche avant que l'alarme officielle que vous avez définie ne sonne. Cochez l'option puis appuyez sur le mot **Alarme intelligente** pour faire sonner l'alarme douce *x* minutes avant l'alarme officielle. Choisissez enfin le type de sonnerie à appliquer (bruits d'eau de mer, de forêt, de pluie, d'oiseaux…).

❹ Enfin, donnez un nom à votre alarme, dans la mesure où vous pouvez en programmer plusieurs.

❺ De retour à l'onglet **Alarme** du menu principal de l'application **Horloge**, maintenez une pression longue sur l'alarme ainsi définie si vous souhaitez la modifier ou la supprimer.

NOTE Lorsque qu'une alarme est définie, l'icône 🔘 apparaît dans la barre de statuts, vous permettant ainsi de ne pas oublier qu'une alarme est activée !

Définir des horloges mondiales

L'application **Horloge** autorise la création de plusieurs horloges associées à des fuseaux horaires distincts.

❶ Ouvrez l'application **Horloge** et sélectionnez l'onglet **Horloge mondiale**.

❷ Appuyez sur **Ajouter une ville** puis sur l'icône 🌐 pour visualiser les fuseaux horaires sur le globe terrestre plutôt que sous forme de liste.

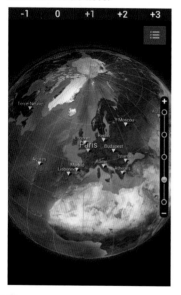

❸ Appuyez sur l'une des villes du globe pour visualiser les pays concernés par un fuseau horaire donné ; ajoutez une ville si vous le souhaitez.

❹ Vous disposez ainsi de l'heure dans différentes parties du monde !

 NOTE Appuyez sur le bouton **Menu** du téléphone pour supprimer ou modifier l'ordre d'affichage des horloges définies.

Définir une horloge de bureau

Le dernier onglet de l'application **Horloge** permet d'utiliser son téléphone en tant qu'horloge de bureau.

❶ Ouvrez l'application **Horloge** et sélectionnez l'onglet **Horloge bureau**.

❷ Appuyez sur l'icône 🔲 pour passer en plein écran. Une barre de menus en bas de l'écran accueille les applications les plus utilisées, de manière que vous puissiez y accéder rapidement.

❸ Le bouton **Menu** permet d'afficher, de masquer ou de paramétrer la barre de menus. Il est également possible de paramétrer l'utilisation d'un *dock* dans les options de l'application (station d'accueil).

> **NOTE** Un *dock* est une station d'accueil qui permet notamment de recharger son téléphone. À cet égard, si vous disposez d'une station d'accueil, nous nous invitons à parcourir le paramétrage d'Android du même nom (bouton **Menu** du téléphone ▶ **Paramétrage** ▶ **Station d'accueil**).

Personnaliser le fond d'écran

Le fond d'écran de votre smartphone peut être personnalisé à l'aide d'un *papier peint*. Un papier peint est une photo ou un fond animé. Différents types de papiers peints ou de fonds d'écran animés sont proposés par défaut sur votre smartphone Android, mais vous pouvez également utiliser une photo issue de l'application **Galerie**.

Notez que le Galaxy SIII offre également la possibilité de personnaliser le fond d'écran qui s'affiche lorsque votre téléphone est verrouillé.

➊ Maintenez une pression longue à un endroit libre du bureau.

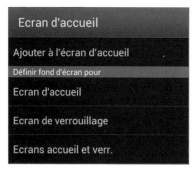

• **Écran d'accueil** permet de définir le fond d'écran du bureau.

• **Écran de verrouillage** permet de définir le fond d'écran affiché lorsque le téléphone est verrouillé.

• La troisième option permet de définir le même fond d'écran d'accueil et de verrouillage.

➋ Sélectionnez un type de fond d'écran : normal, animé ou issu de la de l'application **Galerie** (pour sélectionner une photo issue de votre téléphone). Selon les applications installées sur votre Galaxy SIII, vous pouvez avoir plus ou moins d'options que dans l'écran ci-dessous.

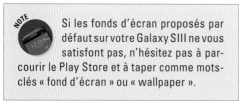

Si les fonds d'écran proposés par défaut sur votre Galaxy SIII ne vous satisfont pas, n'hésitez pas à parcourir le Play Store et à taper comme mots-clés « fond d'écran » ou « wallpaper ».

➌ Parmi les différents papiers peints proposés, sélectionnez celui qui vous convient. Si nécessaire, retaillez l'image pour ne conserver que la partie qui vous intéresse.

Afficher un message de bienvenue sur l'écran de verrouillage

Vous pouvez personnaliser davantage votre téléphone en affichant un petit message de bienvenue sur l'écran de déverrouillage.

❶ Appuyez sur le bouton **Menu** du téléphone ▶ **Paramètres** ▶ **Sécurité** ▶ **Infos Propriétaire**.

❷ Saisissez un petit texte vous concernant, un message de bienvenue ou un texte quelconque. Appuyez sur le bouton **Retour** du téléphone pour valider.

❸ Votre message apparaîtra alors sur l'écran de déverrouillage (si le téléphone est en charge, ce message n'apparaît pas !).

Personnaliser le témoin lumineux LED

Le Galaxy SIII dispose, contrairement à son petit frère le SII, d'un témoin lumineux LED qui s'allume lorsque le téléphone est en chargement, que la batterie est pleine, que vous avez manqué un appel ou que vous recevez des notifications.

❶ Appuyez sur le bouton **Menu** du téléphone ▶ **Paramètres** ▶ **Voyant**.

❷ Cochez les options pour lesquelles vous souhaitez que le voyant d'allume.

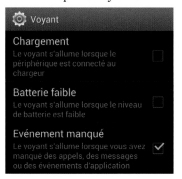

Régler la luminosité

Android permet de régler la luminosité de l'écran de sorte à l'adapter aux conditions d'éclairage.

1 Appuyez sur le bouton **Menu** du téléphone ▸ **Paramètres** ▸ **Affichage**.

2 Sélectionnez l'option **Luminosité** puis adaptez la luminosité en fonction de l'éclairage ambiant.

3 Cochez l'option **Luminosité automatique** pour autoriser Android à régler la luminosité de l'écran automatiquement, grâce au capteur de luminosité situé à droite des haut-parleurs du téléphone.

Régler l'intensité des couleurs

Les options de paramétrage d'Android permettent de régler l'intensité des couleurs, grâce à trois réglages prédéfinis :

1 Appuyez sur le bouton **Menu** du téléphone ▸ **Paramètres** ▸ **Affichage** ▸ **Mode d'écran**.

2 Choisissez l'un des quatre modes proposés, à savoir *Dynamique, Standard, Naturel* ou *Vidéo.*

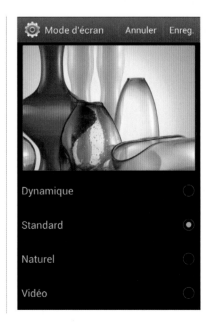

Régler le rétroéclairage des blancs

L'écran 4,8 pouces Super AMOLED HD dont dispose le Galaxy SIII est particulièrement gourmand en batterie, notamment pour l'affichage des blancs. Aussi, vous pouvez mettre en œuvre un mode d'économie d'énergie qui consiste à diminuer le rétroéclairage des blancs. Vous économiserez ainsi un peu de batterie ; en contrepartie, les blancs seront moins intenses :

❶ Appuyez sur le bouton **Menu** du téléphone ▶ **Paramètres** ▶ **Affichage**.

❷ Cochez l'option **Ajustement auto. écran** pour autoriser le système à adapter le rétroéclairage automatiquement.

 Le Super AMOLED est lumineux et plus énergivore que l'AMOLED. Les écrans Super AMOLED sont plus facilement lisibles sous le soleil que les écrans AMOLED.

Régler le délai de mise en veille de l'écran

De sorte à économiser la batterie, il est conseillé de régler votre Galaxy SIII de sorte que l'écran s'éteigne automatiquement après une période d'inactivité. Vous pouvez définir le délai après lequel l'écran se met en veille :

❶ Appuyez sur le bouton **Menu** du téléphone ▶ **Paramètres** ▶ **Affichage**.

❷ Sélectionnez l'option **Mise en veille de l'écran** puis choisissez le délai d'extinction.

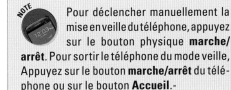 Pour déclencher manuellement la mise en veille du téléphone, appuyez sur le bouton physique **marche/arrêt**. Pour sortir le téléphone du mode veille, Appuyez sur le bouton **marche/arrêt** du téléphone ou sur le bouton **Accueil**.-

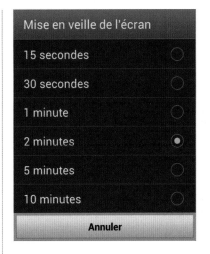

Activer la veille intelligente

En veille dite « intelligente » (*Smart stay*), le Galaxy SIII détecte automatiquement si l'utilisateur à les yeux fixés sur son écran ou non, afin que le téléphone ne bascule pas en veille.

❶ Appuyez sur le bouton **Menu** du téléphone ▶ **Paramètres** ▶ **Affichage**.

❷ Cochez l'option **Veille intelligente**.

Veille intelligente
Désactive le délai d'expiration de l'écran si l'appareil détecte votre visage lorsqu'il regarde l'écran ☑

❸ Le Galaxy SIII détecte vos yeux à intervalles réguliers, une notification est affichée brièvement dans la barre d'état 👁.

Régler la durée d'éclairage des touches sensitives

La durée du rétroéclairage des touches sensitives peut être diminuée ou augmentée, à votre convenance.

❶ Appuyez sur le bouton **Menu** du téléphone ▶ **Paramètres** ▶ **Affichage**.

❷ Sélectionnez l'option **Durée de l'éclairage des touches** pour définir le laps de temps durant lequel les touches sont rétroéclairées.

Durée de l'éclairage des touches
1,5 seconde ⦿
6 secondes ○
Toujours désactivé ○
Toujours activé ○
Annuler

Modifier la police de caractères

La police de caractère des menus Android peut être modifiée.

❶ Appuyez sur le bouton **Menu** du téléphone ▶ **Paramètres** ▶ **Affichage**.

❷ Sélectionnez l'option **Police** puis sélectionnez l'une des polices proposées.

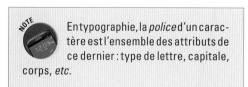

NOTE
En typographie, la *police* d'un caractère est l'ensemble des attributs de ce dernier : type de lettre, capitale, corps, *etc*.

Sélectionner une nouvelle police
Police par défaut ⦿
Choco cooky ○
Helvetica S ○
Rosemary ○
Annuler | **Obtenir des polices en ligne**

Afficher le pourcentage de batterie restante

❶ Appuyez sur le bouton **Menu** du téléphone ▸ **Paramètres** ▸ **Affichage** .

❷ Cochez l'option **Affich. pourcentage batterie** pour que le pourcentage de batterie restante soit affiché dans la barre de statut.

Mesurer le taux d'utilisation de la batterie

Android permet de savoir quelle application ou quelle fonctionnalité du téléphone utilise le plus de batterie.

❶ Appuyez sur le bouton **Menu** du téléphone ▸ **Paramètres** ▸ **Batterie**.

❷ Consultez la liste des applications les plus gourmandes. Touchez l'une des applications ou fonctionnalités pour accéder aux détails.

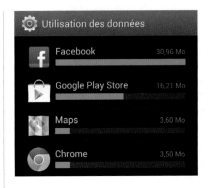

Régler le mode d'économie d'énergie

Économiser sa batterie a toujours été une préoccupation essentielle pour tout détenteur de smartphone. Aussi le Galaxy SIII dispose-t-il d'un mode d'économie d'énergie qui règle certains paramètres du Galaxy SIII de façon à privilégier la batterie aux dépens de fonctionnalités pas toujours très utiles.

❶ Appuyez sur le bouton **Menu** du téléphone ▸ **Paramètres** et activez le mode **Économie d'énergie**.

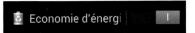

❷ Appuyez sur le mot **Économie d'énergie** pour accéder au paramétrage. Cochez les options d'économie d'énergie à appliquer.

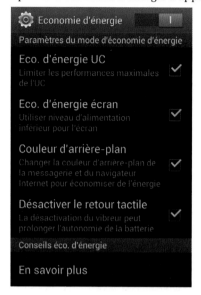

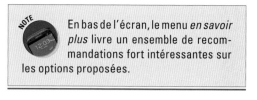

En bas de l'écran, le menu *en savoir plus* livre un ensemble de recommandations fort intéressantes sur les options proposées.

Qu'est-ce que le profil discret ?

Une option du téléphone, appelée *profil discret*, permet de couper tous les sons (sonnerie du téléphone, notifications Android et sons systèmes), à l'exception de ceux des médias (lecteur MP3, vidéos, *etc.*) et des alarmes.

❶ Le profil discret s'active et se désactive en maintenant une pression longue sur le bouton **Marche/Arrêt** du téléphone puis en sélectionnant **Profil Discret** (cet écran peut différer sur votre Galaxy SIII).

❷ Le profil discret est paramétrable depuis les réglages d'Android. Appuyez sur le bouton **Menu** du téléphone ▸ **Paramètres** ▸ **Son** ▸ **Mode Discret**.

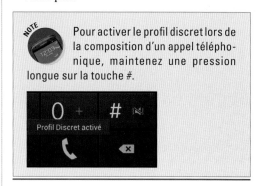

- **Désactiver** : désactive le mode discret. Tous les sons sont audibles, dans la mesure où leur volume n'est pas réglé au minium !

- **Vibreur** : fait vibrer le téléphone (appels, notifications).

- **Discret** : Le téléphone reste muet et ne vibre pas.

Modifier le volume du téléphone

Android distingue quatre types de sonneries, pour lesquels il est donc possible de définir séparément le volume.

❶ Appuyez sur le bouton **Menu** du téléphone ▶ **Paramètres** ▶ **Son** ▶ **Volume**.

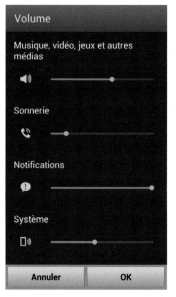

❷ Réglez les quatre volumes. Confirmez par **OK** pour valider votre choix.

❸ Si les icônes des volumes **Sonnerie**, **Notifications** et **Système** sont barrées, assurez-vous que vous n'avez pas activé le profil discret (voir ci-dessus). En barrant ces icônes, Android vous informe que vous êtes en mode discret et que, par conséquent, ces sons ne seront pas entendus !

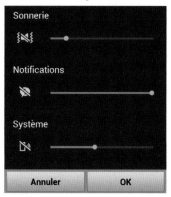

NOTE Le réglage du vibreur et du mode silencieux s'effectue depuis les boutons physiques **Volume haut** et **Volume bas** situés sur le côté gauche du Galaxy SIII.

Régler l'intensité des vibrations

Si vous avez configuré votre téléphone pour qu'il vibre à la réception d'un appel ou lorsque vous êtres en profil discret, vous pouvez régler l'intensité des vibrations.

❶ Appuyez sur le bouton **Menu** du téléphone ▶ **Paramètres** ▶ **Son** ▶ **Intensité des vibrations**.

❷ Réglez la vibration relative à la sonnerie, aux notifications et au retour tactile (voir « Comment faire vibrer les touches sensitives du téléphone ? »).

Changer la sonnerie du téléphone

Android propose par défaut un large choix de sonneries de téléphone. Vous pouvez également utiliser une sonnerie ou une chanson issue de la carte mémoire du téléphone (un fichier MP3). Notez que ce réglage permet de définir la sonnerie par défaut ; nous verrons au chapitre 7 (à la section « Créer un nouveau contact ») comment associer à un contact une sonnerie personnalisée.

❶ Appuyez sur le bouton **Menu** du téléphone ▶ **Paramètres** ▶ **Son**.

❷ Ouvrez le menu **Sonnerie de l'appareil** et sélectionnez une sonnerie. Cette dernière est jouée brièvement lorsqu'elle est sélectionnée. Attention ! La sonnerie **Discret** n'émet aucun son : veillez à utiliser cette option avec parcimonie !

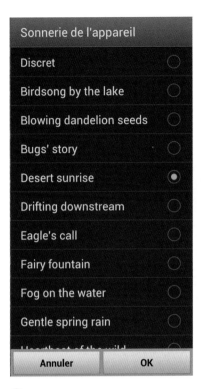

3 Appuyez sur **OK** pour confirmer votre choix.

4 Les sonneries proposées par défaut sont stockées dans la mémoire interne du téléphone, elles sont de ce fait non modifiables. Copiez vos propres fichiers MP3, ou plutôt des extraits, sur la carte mémoire, dans */ringtones* (en minuscules).

Vous pourrez alors les utiliser en tant que sonneries par défaut. Si l'un des dossiers n'existe pas, créez-le. Nous verrons comment parcourir la carte mémoire, créer des répertoires et déplacer des fichiers au chapitre 4.

Emplacement carte mémoire	Description
/ringtones	Copiez dans ce dossier vos sonneries de téléphone personnalisées.
/notifications	Copiez dans ce dossier vos sons de notifications personnalisés.
/alarms	Copiez dans ce dossier vos sonneries d'alarmes personnalisées.

NOTE L'application **Ringtone Maker** (Big Bang Inc.) permet de créer vos propres sonneries (appels, notifications, alarmes) en éditant vos MP3 ou enregistrements sonores. Il est ainsi proposé de couper/coller/rogner les musiques au format MP3, WAV, AAC et AMR pour en faire de courts extraits, par exemple. Sauvegardez ensuite votre création en tant que musique, alarme, notification ou sonnerie.

Comment faire vibrer le téléphone à la réception d'un appel ?

1 Appuyez sur le bouton **Menu** du téléphone ▶ **Paramètres** ▶ **Son**.

2 Cochez l'option **Son et vibreur** pour que le téléphone sonne et vibre à la réception d'un appel.

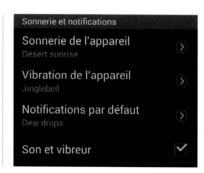

Modifier le style des vibrations

Si vous avez configuré le téléphone pour qu'il vibre à la réception d'un appel, Android vous permet de modifier le type des vibrations.

1 Appuyez sur le bouton **Menu** du téléphone ▶ **Paramètres** ▶ **Son** ▶ **Vibration de l'appareil**.

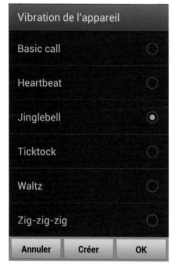

2 Testez les différentes vibrations proposées, ou mieux, créez vos propres vibration en appuyant sur **Créer**. Touchez alors l'écran lorsque vous le souhaitez pour générer une vibration !

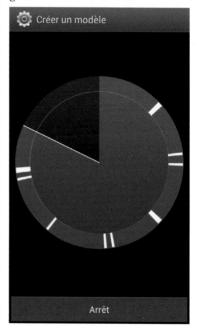

Changer la sonnerie des notifications

La sonnerie relative aux notifications Android est paramétrable de la même façon que la sonnerie des appels téléphoniques. Il s'agit là encore des notifications par défaut, mais rien ne vous interdit de modifier les notifications Gmail, SMS, Google Talk, Facebook, *etc.* Il convient de parcourir le paramétrage de ces différentes applications pour personnaliser les notifications qu'elles émettent.

1 Appuyez sur le bouton **Menu** du téléphone ▶ **Paramètres** ▶ **Notifications par défaut**.

2 Sélectionnez la notification qui vous convient et confirmez votre choix en appuyant sur **OK**.

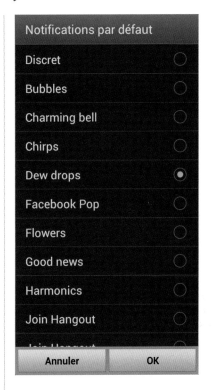

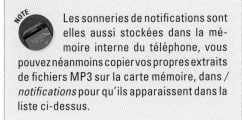 Les sonneries de notifications sont elles aussi stockées dans la mémoire interne du téléphone, vous pouvez néanmoins copier vos propres extraits de fichiers MP3 sur la carte mémoire, dans /*notifications* pour qu'ils apparaissent dans la liste ci-dessus.

Émettre un son lors de l'utilisation du clavier

Si vous souhaitez émettre un son lorsque vous composez un appel téléphonique ou lorsque vous utilisez le clavier Samsung, procédez comme suit :

❶ Appuyez sur le bouton **Menu** du téléphone ▸ **Paramètres** ▸ **Sons**

❷ Cochez la première option, **Sons**, pour émettre un son lors de l'utilisation du clavier Samsung et/ou du numéroteur téléphonique.

Sons
Lire les tonalités lorsque vous utilisez le clavier

Émettre un son lorsque vous touchez l'écran

❶ Appuyez sur le bouton **Menu** du téléphone ▸ **Paramètres** ▸ **Sons** et cochez l'option **Totalité des touches.**

Si vous décochez l'option, vous n'entendrez plus le fameux « bruit d'eau » qui est joué

chaque fois que l'on sélectionne un menu du Galaxy SIII !

Tonalité des touches
Lire les sons pendant la sélection à l'écran

Déclencher un son lors du verrouillage du téléphone

❶ Appuyez sur le bouton **Menu** du téléphone ▶ **Paramètres** puis cochez l'option **Son verrouillage écran**.

Faire vibrer les touches sensitives du téléphone

Le retour tactile consiste à faire vibrer le téléphone lorsque vous appuyez sur les boutons sensitifs **Menu** ou **Retour**.

❶ Appuyez sur le bouton **Menu** du téléphone ▶ **Paramètres** ▶ **Son** puis cochez l'option **Retour tactile**.

Activer la reconnaissance de mouvement

Le Galaxy SIII offre une fonctionnalité intéressante de reconnaissance de mouvement. Il est ainsi possible de contrôler certaines actions ou fonctionnalités du téléphone par une simple gestuelle prédéfinie, telle que retourner le téléphone, l'incliner, appuyer sur l'écran tout en inclinant le smartphone dans un sens précis, *etc.*

❶ Appuyez sur le bouton **Menu** du téléphone ▶ **Paramètres** ▶ **Mouvement**.

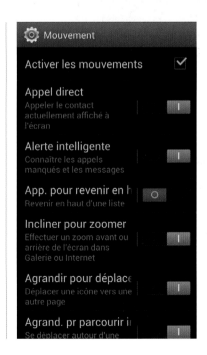

❷ Cochez l'option **Activation de mouvement** pour utiliser la fonctionnalité. Activez les mouvements que vous souhaitez utiliser. Appuyez sur le nom du mouvement (par exemple **Appel Direct**) pour en savoir plus sur ledit mouvement.

- **Appel direct** (*Direct Call*). Vous consultez la fiche contact de l'un de vos contacts ou êtes en train de lui écrire un texto ; pour appeler ce contact, portez le Galaxy SIII à votre oreille, le numéro de téléphone sera alors automatiquement composé. Le téléphone vibre légèrement pour vous indiquer que l'appel est en cours. Si votre contact dispose de plusieurs numéros de téléphone, préciser celui par défaut (voir, au chapitre 7, « Définir un numéro par défaut »).

- **Alerte intelligente** (*Smart Alert*). Votre téléphone est posé sur une table. Si vous avez reçu des appels manqués ou des messages, le téléphone vibrera lorsque vous le prendrez en main ou le mettrez dans votre poche, vous avertissant ainsi desdits messages, sans même allumer l'écran de veille.

- **App. pour revenir en haut** (*tap to top*). Lorsque vous parcourez la liste des contacts de l'application **Contacts**, appuyez deux fois sur le dessus du Galaxy SIII (là où se branchent les écouteurs) pour revenir en début de liste.

- **Incliner pour zoomer** (*tilt to zoom*). Cette option vous permet de zoomer dans l'application **Galerie** ou lors de la visualisation d'une page Web en maintenant deux doigts appuyés sur l'écran et en inclinant le téléphone vers l'avant ou l'arrière, pour zoomer en avant ou en arrière.

- **Agrandir pour déplacer** (*pan to move icon*). Cette option permet de déplacer un raccourci d'un bureau à l'autre en maintenant une pression longue sur le raccourci et en faisant pivoter le téléphone sur son axe vertical, vers la gauche ou la droite. Réglez la sensibilité du mouvement dans les options ; sinon, les bureaux défilent trop vite !

- **Agrandir pour parcourir** (*pan to move images*). Lorsque vous zoomez sur une image dans l'application **Galerie**, vous pouvez la déplacer en maintenant le doigt appuyé sur l'écran et en déplaçant le téléphone dans une direction donnée. Réglez la sensibilité du mouvement dans les options.

- **Secouer pour mettre à jour les périphériques** (*shake to update*). Secouez votre Galaxy SIII pour rafraîchir la liste des réseaux Wi-fi à proximité, les appareils Bluetooth, Kies Air, *etc.*

- **Retourner pour désactiver le son** (*turn over to mute*). Cette option permet de couper le son des appels entrants, des alarmes, du lecteur multimédia, de la radio FM en retournant le téléphone (c'est-à-dire en posant le téléphone sur sa face avant).

Faire une capture d'écran avec la tranche de la main

La reconnaissance de mouvement permet de faire une capture d'écran avec la tranche de la main.

❶ Appuyez sur le bouton **Menu** du téléphone ▸ **Paramètres** ▸ **Mouvement** et assurez-vous que l'option **Activer les mouvements** est cochée.

❷ Cochez **Glissem. paume pr capture**.

❸ Désormais, pour faire une capture de l'écran, posez la tranche (et non la paume) de votre main sur le bord gauche du téléphone, et glissez-la vers le bord droit, comme si vous vouliez nettoyer l'écran avec la tranche de la main. En fait, le geste de votre main imite quelque peu un « scanner » qui parcourrait l'écran.

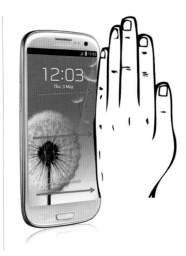

Couper les sons avec la paume de la main

La reconnaissance de mouvement permet de couper les sons multimédias en posant la paume de la main sur la face avant du téléphone.

❶ Appuyez sur le bouton **Menu** du téléphone ▸ **Paramètres** ▸ **Mouvement** et assurez-vous que l'option **Activer les mouvements** est bien cochée.

❷ Cochez **Utiliser l'écran tactile pour désactiver les sons.**

Utilisez l'écran tactile pour dé

Désactivez ou mettez les sons sur pause en couvrant l'écran de votre main lorsque vous lisez des médias

Chapitre 4

Maîtriser les réglages importants

Ce chapitre traite de tous les réglages importants et indispensables à connaître pour bien maîtriser son Galaxy SIII. La synchronisation de votre compte Google n'aura plus aucun secret, vous apprendrez à modifier votre code PIN, à verrouiller l'écran, à contrôler le téléphone à distance, et aussi et surtout à parcourir les données sauvegardées sur la carte mémoire : photos, vidéos, musiques… Enfin, vous découvrirez Kies et apprendrez à mettre à jour votre version d'Android !

Pourquoi créer un compte Google ?

Votre smartphone Android fonctionne conjointement avec un compte Google. Lorsque vous avez acquis votre téléphone, la première étape a été de créer ou de saisir l'identifiant de votre compte Google si vous en disposiez déjà d'un. Votre téléphone est ainsi directement lié au compte Google que vous lui avez associé, la synchronisation des e-mails, de l'agenda, des contacts est alors automatique. Tous les services offerts par Google sont directement liés à votre compte Google ; citons à titre d'exemple Gmail, Maps, Latitude, YouTube, Google +, l'Agenda Google, Picasa, Google Drive, *etc.*

Vous pouvez paramétrer plusieurs comptes Google au sein de votre Galaxy SIII ! Il est ainsi aisé de se constituer, par exemple, deux « univers », un professionnel et un personnel, avec des e-mails, des contacts et un agenda distincts.

Créer ou ajouter un compte Google

Lors du premier allumage de votre Galaxy SIII, vous avez créé ou saisi votre e-mail Google et le mot de passe associé. Il est donc probable qu'à la lecture de ces lignes, vous ayez déjà un compte Google configuré dans votre téléphone (voir chapitre 1).

Si vous souhaitez ajouter un second compte Google ou si vous avez réinitialisé votre téléphone et comptez réinstaller votre compte Google, la procédure est simple.

❶ Appuyez sur le bouton **Menu** du téléphone ▸ **Paramètres** ▸ **Comptes et synchro**.

❷ Il vous est alors présenté les comptes déjà créés sur votre Galaxy SIII. Cette liste dépend des applications installées dans votre téléphone. Aussi, est-il fort possible que vous n'ayez pas nécessairement les mêmes comptes que dans l'exemple ci-après.

❸ Si vous n'avez pas installé l'application **Hotmail**, vous ne verrez pas le compte de synchronisation Hotmail !

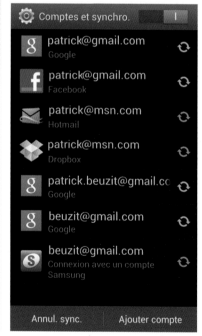

Dans cet exemple, il a été créé trois comptes **Gmail**, un compte **Samsung**, un compte **Hotmail** et un compte **DropBox**. Certains comptes se créent automatiquement à l'installation des applications (cas de **DropBox** et **Hotmail**, par exemple) alors que d'autres requièrent votre intervention (cas de **Hotmail** et **Samsung**, par exemple).

❹ Appuyez sur **Ajouter compte**, puis sélectionnez 8 Google pour créer un nouveau compte Google.

❺ Appuyez sur **Compte existant** pour vous connecter à un compte Google déjà existant, ou bien appuyez sur **Nouveau** si vous ne disposez pas encore de compte Google. Suivez ensuite la procédure pas à pas.

❻ Il vous est proposé de rejoindre la communauté Google+, le réseau social de Google. Si vous décidez de créer dès à présent votre compte Google+, il vous sera demandé de saisir vos nom et prénom. Sinon, ignorez cette étape. Si vous êtes déjà inscrit à Google+, cette étape ne vous est pas présentée.

❼ Si vous créez un nouveau compte, Google vous demande, pour des raisons de sécurité, de saisir un *captcha*. Un *captcha* consiste à saisir du texte volontairement déformé, voire difficilement lisible, de sorte à différencier la visite sur un site Web d'un humain de celle d'un ordinateur voulant se faire passer pour un humain.

❽ L'une des nouveautés d'Ice Cream Sandwich est la possibilité d'activer son compte **Google Portefeuille** au moment de la création du compte Google. **Google Portefeuille** est un portefeuille virtuel qui vous permet de stocker vos informations de paiement de façon sécurisée, ainsi que d'effectuer rapidement des achats en ligne. Il vous servira pour acheter des applications Android sur Google Play Store. Vous n'êtes pas obligé de créer votre compte **Google Portefeuille** immédiatement. Nous verrons au chapitre 12, consacré à Google Play Store, comment le créer *a posteriori*. Appuyez sur **Ignorer.** Notez que la création d'un compte Google Portefeuille ne vous est présentée que si vous n'en possédez pas.

❾ La dernière étape consiste à sélectionner les types de données à synchroniser sur votre téléphone. Cochez toutes les options, nous verrons ci-après à quoi elles servent et comment modifier ces choix.

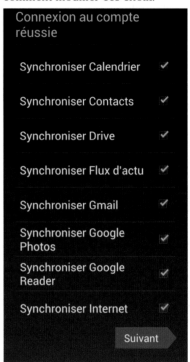

❿ Votre nouveau compte Google est maintenant configuré, vous recevrez désormais les e-mails de ce nouveau compte *via* l'application Gmail et ce, sans aucun paramétrage particulier !

À quoi servent les données de synchronisation ?

Nous l'avons vu précédemment, Google propose différents types de données à synchroniser. Les données disponibles dépendent en fait des applications Google déjà installées sur votre téléphone, et il se peut que vous ne disposiez pas de tous les comptes présentés ci-dessous :

- **Calendrier :** permet de synchroniser l'Agenda Google. Les événements ajoutés, modifiés ou supprimés dans Google Agenda seront automatiquement mis à jour sur votre téléphone et réciproquement (https://www.google.com/calendar).

- **Contacts :** permet de synchroniser les contacts du carnet d'adresses Google. Tout contact ajouté, modifié ou supprimé sur Gmail sera automatiquement mis à jour sur le téléphone et réciproquement (https://www.google.com/contacts).

- **Drive :** permet de stocker vos fichiers dans le « cloud » et d'y accéder où que vous soyez : sur le Web, depuis votre disque dur ou depuis votre Galaxy SIII (https://drive.google.com/).

- **Flux d'actu :** Flux est un agrégateur de contenu et de flux RSS (nécessite l'application Google Flux).

- **Gmail :** permet de synchroniser (envoyer et recevoir) les e-mails de votre adresse GMail (https://mail.google.com/).

- **Google Photos :** permet de synchroniser les photos de votre compte Picasa (http://picasa.google.com/).

- **Google Reader :** permet de synchroniser les flux RSS de votre compte google Reader (http://www.google.com/reader).

- **Internet :** permet de synchroniser les favoris Web du navigateur Google Chrome avec le navigateur Android installé par défaut sur le Galaxy SIII.

Il n'est pas nécessaire de cocher toutes les données de synchronisation ! À quoi bon synchroniser l'Agenda Google si vous ne l'utilisez pas ?

❶ Appuyez sur le bouton **Menu** du téléphone ▸ **Paramètres** ▸ **Comptes et synchro**.

❷ Assurez-vous que la synchronisation de vos comptes est automatique : **Comptes et synchro.** doit être sur **I**.

❸ Appuyez sur le compte Google à modifier et décochez les données de synchronisation que nous n'utilisons pas, par exemple **Calendrier**, **Drive** et **Flux** dans cet exemple.

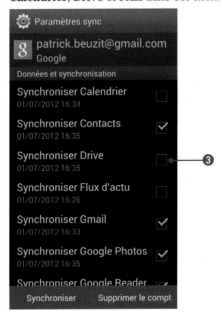

 Nous reviendrons plus en détail sur l'ensemble de ces fonctionnalités dans cet ouvrage.

Synchroniser les comptes manuellement

La synchronisation automatique permet aux applications (Gmail, Agenda, Contacts, *etc.*) de se synchroniser elles-mêmes automatiquement, sans votre intervention. Il s'agit de l'option à privilégier par défaut, vous recevrez ainsi vous nouveaux e-mails Gmail automatiquement ! Rien ne vous interdit néanmoins de ne pas rendre automatique cette synchronisation et de la déclencher manuellement, lorsque vous le souhaitez, de sorte, par exemple, à économiser la batterie du téléphone.

❶ Appuyez sur le bouton **Menu** du téléphone ▸ **Paramètres** ▸ **Comptes et synchro**. puis basculez **Comptes et synchro.** sur **O**.

❷ Remarquez au passage que le symbole de synchronisation 🔄 est passé du vert au gris, indiquant ainsi que ces comptes ne sont plus synchronisés automatiquement (cela signifie, entre autres, que vous ne recevrez plus les e-mails, mises à jour de contacts, *etc.*).

❸ Pour forcer une synchronisation manuellement, entrez dans votre compte

Google et appuyez sur les données à synchroniser. Dans l'exemple ci-dessous, nous avons synchronisé manuellement les **Contacts.** Appuyez sur **Synchroniser** pour synchroniser l'ensemble des données.

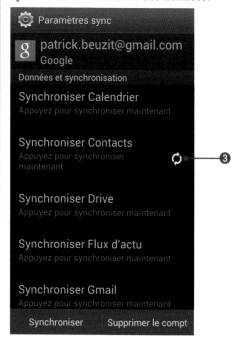

Modifier le mot de passe Google

Pour des raisons de sécurité, il est fortement conseillé de modifier régulièrement le mot de passe de ses différents comptes Google. Cela est vrai aussi pour vos autres comptes de messagerie, voire vos comptes informatiques au sens large du terme.

Le changement de mot de passe Google n'est possible que depuis un navigateur Web. Nous privilégierons un accès depuis un

ordinateur pour une meilleure expérience utilisateur :

❶ Rendez-vous sur Google.fr puis connectez-vous avec votre mot de passe actuel, si vous n'êtes pas déjà connecté. Appuyez sur votre adresse e-mail ou votre nom (en haut à droite) puis sur **Paramètres de compte**.

❷ Appuyez ensuite sur l'onglet **Sécurité** ▸ **Modifier votre mot de passe** pour changer le mot de passe Google.

❸ Retournez sur votre Galaxy SIII, car il convient maintenant de modifier le mot de passe Google enregistré dans votre smartphone pour que la synchronisation des données n'échoue pas. La solution la plus simple consiste à ouvrir Google Play Store : ce dernier s'apercevra que le mot de passe n'est plus valide, vous serez ainsi invité à saisir le nouveau !

Supprimer un compte Google

Nous l'avons vu, votre smartphone peut être configuré avec plusieurs comptes Google. Mais peut-être souhaiterez-vous, à terme, supprimer l'un de ces comptes ? Attention, la suppression d'un compte Google supprime du Galaxy SIII tous les contacts, les données d'Agenda et les messages Gmail reçus, *etc.* de ce compte (les données ne sont pas supprimées pour autant, et restent accessibles depuis Gmail en version Web).

❶ Appuyez sur le bouton **Menu** du téléphone ▸ **Paramètres** ▸ **Comptes et synchro**.

❷ Appuyez sur le compte Google à supprimer puis sur **Supprimer le compte**.

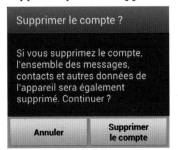

Pourquoi créer un compte Samsung ?

Samsung offre à ses clients un ensemble de services en ligne parmi lesquels Samsung Dive (contrôle du téléphone à distance), Samsung Apps (la boutique Samsung d'applications Android), Samsung Hub (applications fédératrices de réseaux sociaux, musiques, jeux et livres en ligne). Pour pouvoir en profiter, et accéder gratuitement à de nombreuses fonctionnalités, il est nécessaire de créer un compte Samsung.

Vous avez peut-être déjà créé votre compte Samsung lors de l'initialisation du Galaxy SIII, auquel cas cette étape ne vous concerne plus. Quoi qu'il en soit, vous ne pouvez créer qu'un seul compte Samsung au sein du téléphone !

❶ Assurez-vous au préalable d'autoriser l'installation d'applications en provenance de sources dites *inconnues*. Appuyez sur le bouton **Menu** du téléphone ▸ **Paramètres** ▸ **Sécurité** et cochez **Sources inconnues**. Parcourez le chapitre 12 pour de plus amples informations à ce sujet.

❷ De retour sur le bureau, appuyez sur le bouton **Menu** du téléphone ▸ **Paramètres** ▸ **Comptes et synchro.** ▸ **Ajouter un compte** ▸ **Compte Samsung**. Il est possible qu'il vous soit proposé de mettre à jour l'application Samsung. Si tel est le cas, acceptez. C'est la raison pour laquelle vous avez autorisé l'installation d'applications en provenance de sources inconnues, c'est-à-dire hors de Google Play Store.

❸ Si vous n'avez pas encore de compte Samsung, appuyez sur le bouton **Se connecter** ; sinon, remplissez les champs de saisie. Vous devez alors saisir votre e-mail, un mot de passe et votre date de naissance.

> NOTE
>
> Nous reviendrons tout au long de cet ouvrage sur les fonctionnalités offertes par Samsung.

Quels sont les autres comptes de synchronisation ?

Pour le bon fonctionnement de votre téléphone, il est absolument indispensable de configurer au moins un compte Google. Il est néanmoins possible d'ajouter d'autres comptes qui ne soient pas nécessairement des comptes Google, comme par exemple le compte Samsung vu précédemment.

Ces comptes apportent de nouvelles fonctionnalités qui sont directement liées au type de compte ajouté !

❶ Appuyez sur le bouton **Menu** du téléphone ▸ **Paramètres** ▸ **Comptes et synchro.** ; paramétrage que vous commencez à bien connaître !

❷ Vous verrez alors l'ensemble des comptes installés sur votre Galaxy SIII, au premier rang desquels figure votre compte Google ! Rappelons que ces comptes sont intimement liés aux applications installées sur votre téléphone. Par exemple, il faut avoir installé **Skype** pour que figure un compte de synchronisation Skype !

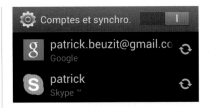

❸ Appuyez sur l'un de vos comptes pour découvrir le paramétrage proposé. Pour **Skype**, il vous est proposé de synchroniser vos contacts **Skype** avec votre carnet d'adresses. Cette « synchronisation » permet en fait de retrouver ses contacts **Skype** dans l'application **Contacts** d'Android (voir, au chapitre 7, « Afficher les contacts par carnets d'adresses »).

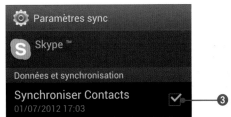

❹ Revenez à l'écran précédent et appuyez sur **Ajouter compte**. Vous n'avez pas nécessairement les mêmes comptes, peut-être en avez-vous moins : cela dépend des applications déjà installées sur votre téléphone. Parcourons ensemble les comptes les plus connus et usités :

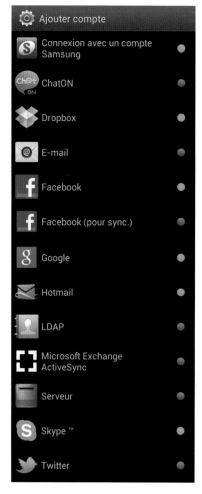

- **Samsung :** permet de créer un compte Samsung

- **ChatOn :** il s'agit de la messagerie unifiée de Samsung. ChatOn est un concurrent direct de *WhatsApp*, *iMessage* (iPhone),

BlackBerry Messenger et *Google Talk*. Pour plus d'informations : `https://web.samsungchaton.com/`

- **DropBox** : ce compte s'installe lors de l'installation de l'application Android DropBox.

- **E-mail :** permet de configurer un compte de messagerie POP ou IMAP. Les e-mails sont lus depuis l'application E-mail préinstallée sur le Galaxy SIII.

- **Facebook :** ce compte s'installe lors de l'installation de l'application Android Facebook et permet de synchroniser vos contacts Facebook.

- **Google :** permet l'ajout d'un nouveau compte Google.

- **Hotmail** : ce compte s'installe lors de l'installation de l'application Android Hotmail et permet de synchroniser vos contacts Hotmail.

- **LDAP** : permet d'accéder à un annuaire d'entreprises LDAP pour obtenir des informations de contacts telles qu'un numéro de téléphone ou une adresse e-mail.

- **Microsoft Exchange ActiveSync** : permet d'ajouter un compte Exchange (voir, au chapitre 9, « Configurer le client de messagerie natif d'Android »).

- **Serveur :** permet de synchroniser vos contacts ou calendriers avec des serveurs de synchronisation **SyncML**, comme le service gratuit *Memotoo.com*.

- **Skype :** ce compte s'installe lors de l'installation de l'application Android Skype et permet de synchroniser vos contacts Skype.

- **Twitter :** ce compte s'installe lors de l'installation de l'application Android Twitter et permet de synchroniser vos contacts Twitter.

Protéger la carte SIM par un code PIN

Assurez-vous de protéger votre carte SIM par un code PIN de sorte à interdire l'utilisation de votre forfait téléphonique par un tiers en cas de perte ou de vol de votre téléphone.

1 Appuyez sur le bouton **Menu** du téléphone ▸ **Paramètres** ▸ **Sécurité** ▸ **Configurer blocage SIM**.

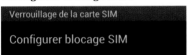

2 Cochez l'option **Verrouiller carte SIM** et saisissez un mot de passe de 4 à 8 chiffres.

3 Vous pouvez aussi modifier votre code PIN *via* l'option **Modifier le code PIN SIM**. Il vous sera alors demandé de saisir au préalable l'ancien code puis le nouveau.

 Un numéro d'identification person-nel (NIP, ou PIN pour *Personal Identification Number*) ou **code confidentiel** est une suite de chiffres qui authentifie le propriétaire d'une carte ban-caire, d'une carte de paiement, d'une carte à puce ou d'une carte SIM.

La saisie erronée à plusieurs reprises du code PIN bloque la carte SIM. Vous devez alors saisir le code PUK de déverrouillage afin de débloquer la carte SIM. Si vous bloquez le code PUK, adressez-vous à votre opérateur téléphonique.

Verrouiller l'écran du téléphone

Les smartphones contiennent des informations personnelles : e-mails, contacts, applications, photos, musiques, historique de navigation, historique des appels, *etc*. Protéger son smartphone des regards indiscrets est donc fondamental.

1 Appuyez sur le bouton **Menu** du téléphone ▸ **Paramètres** ▸ **Sécurité** ▸ **Verrouillage de l'écran**.

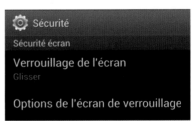

❷ Sélectionnez l'une des huit méthodes proposées pour protéger votre téléphone, classées par ordre de niveau de sécurité (de la plus faible à la plus élevée) :

- **Glisser :** c'est l'option la moins sûre (avec **Aucun**) dans la mesure où il n'est demandé ni mot de passe, ni schéma pour déverrouiller le téléphone. Cette option nécessite seulement de glisser son doigt sur l'écran pour accéder au téléphone. Notez qu'avec cette « protection », vous pouvez dérouler la barre de notifications sans pour autant revenir au bureau d'Android !

- **Mouvement :** permet de déverrouiller le Galaxy SIII en touchant l'écran du doigt puis en basculant le téléphone d'un coup sec vers l'avant.

- **Déverrouillage visage:** permet de déverrouiller son téléphone par reconnaissance faciale. Cette technologie utilise la caméra frontale du téléphone, identifie votre visage et vous autorise ou non à accéder au bureau.

- **Visage et voix :** utilise le déverrouillage visage ainsi que la reconnaissance vocale.

- **Modèle :** permet de protéger le téléphone à l'aide d'un schéma de déverrouillage. Ce dernier doit utiliser au moins quatre points consécutifs.

- **Code PIN :** permet de protéger le téléphone avec le code PIN. Il ne s'agit pas nécessairement du même code PIN que celui utilisé pour protéger l'accès SIM du téléphone, bien que rien ne l'interdise !

- **Mot de passe :** permet de protéger votre téléphone par un mot de passe à l'aide d'une séquence alphanumérique. Cette protection est indispensable pour crypter son téléphone (voir ci-après).

- **Aucun :** aucune protection n'est activée. En cas de perte de votre téléphone, tout le monde pourra accéder à votre bureau.

❸ Si vous ne pouvez pas activer certains des verrouillages proposés (voir écran ci-dessous), assurez-vous que nous n'avez pas configuré un accès VPN !

❹ Quelle que soit la méthode de déverrouillage retenue, vous pouvez utiliser en plus le **déverrouillage par glissement** (option **Glisser** vue précédemment).

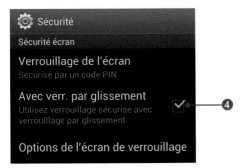

5 L'intérêt de cumuler le déverrouillage par glissement et un déverrouillage sécurisé est que vous pourrez afficher certaines informations sur l'écran du Galaxy SIII, telles que l'heure, la météo, vos applications préférées, *etc.*

6 Glissez ensuite le doigt sur l'écran pour accéder au déverrouillage sécurisé (modèle, code PIN, mot de passe, *etc.*)

Quelles sont les options de déverrouillage disponibles ?

Quelques options complémentaires permettent de personnaliser le déverrouillage sécurisé. Ces options sont fonction du type de protection retenu et ne sont donc pas disponibles pour tous les types de verrouillages. Cet exemple montre les options du verrouillage sécurisé par **Modèle**.

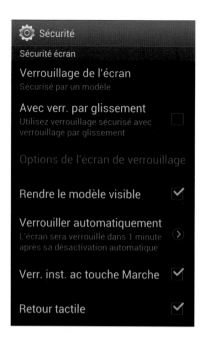

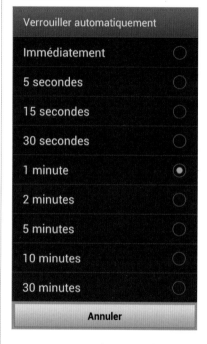

- **Verrouiller automatiquement** : lorsque l'écran passe automatiquement en veille (sans que vous ayez appuyé sur le bouton physique **Marche/Arrêt**), le Galaxy SIII n'est pas pour autant verrouillé. Si vous le réactivez, vous accéder directement au bureau. Si vous préférez verrouiller le téléphone immédiatement après qu'il s'est mis en veille, sélectionnez **Immédiatement**.

- **Avec verr. par glissement** : permet d'afficher diverses informations avant d'accéder à l'écran de déverrouillage à proprement parler.

- **Option de l'écran de verrouillage** : permet de paramétrer les informations à afficher sur l'écran de déverrouillage par glissement (voir ci-dessous « Personnaliser le déverrouillage par glissement »). Cette option n'est disponible que si vous avez coché **Avec verr. par glissement**.

- **Rendre le modèle visible** : permet d'afficher à l'écran le schéma que vous dessinez lorsque vous tentez de déverrouiller votre smartphone, ce qui n'est pas nécessairement conseillé !

- **Verr. inst. ac touche Marche** : si vous cochez cette option, le téléphone se verrouille instantanément après que vous avez appuyé sur le bouton **Marche/Arrêt**.

- **Retour tactile** : cochez cette option si vous souhaitez que le téléphone vibre à chaque effleurement d'un point de déverrouillage.

Personnaliser le déverrouillage par glissement

Nous l'avons vu précédemment, quelle que soit la méthode utilisée pour déverrouiller votre Galaxy SIII, vous pouvez afficher l'écran de déverrouillage par glissement sur lequel il vous sera possible de faire figurer toutes sortes d'informations utiles : heure, météo, applications, *etc.*

❶ Assurez-vous que l'option **Avec verr. Par glissement** est cochée. Si vous déverrouillez votre téléphone avec cette même « protection », l'option n'est évidemment pas proposée, compte tenu du fait qu'elle concerne les autres modes de déverrouillage.

❷ Appuyez ensuite sur **Options de l'écran de verrouillage**. Vous obtenez alors une série de paramètres. Libre à vous de les activer ou non, selon la façon dont vous souhaitez personnaliser l'écran de déverrouillage.

- **Raccourcis** : permet d'afficher les raccourcis de quatre applications, de façon à y avoir accès directement depuis l'écran de déverrouillage. Appuyez sur le mot **Raccourcis** pour choisir les applications à afficher. Pour lancer une application depuis l'écran de déverrouillage, glissez leur icône respective dans une direction donnée (peu importe laquelle).

- **Symbole informations** : permet d'afficher des informations (actualités ou actions de la Bourse). Appuyez sur le mot

Symbole informations pour indiquer si vous souhaitez afficher les actualités ou les actions de la Bourse, la vitesse de défilement de ces informations et le type d'actualité (technologie, France, économie, sports, *etc.*) ou les cotations boursières.

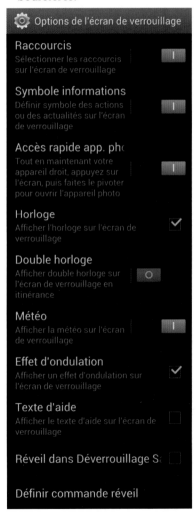

- **Accès rapide app. photo** : permet de lancer l'appareil photo en tenant le Galaxy SIII droit, en appuyant sur l'écran, puis en faisant pivoter le téléphone horizontalement. Appuyez sur le mot **Accès rapide app. photo** pour mieux comprendre le geste.

- **Horloge** : affiche l'horloge sur l'écran de déverrouillage.

- **Double horloge** : affiche une deuxième horloge lorsque vous êtes en mode itinérance de données (voir, au chapitre 6, « Qu'est-ce que l'itinérance des données ? »).

- **Météo** : affiche la météo sur l'écran de déverrouillage. Appuyez sur le mot **Météo** pour définir l'unité de mesure (degrés Celsius ou Fahrenheit) ainsi que la fréquence d'actualisation de la météo.

- **Effet d'ondulation** : affiche un effet d'ondulation lorsque l'on touche l'écran.

- **Texte d'aide** : affiche une aide sur l'écran de déverrouillage.

- **Réveil dans Déverrouillage** : permet d'effectuer des actions particulières par commande vocales. (voir « Lancer S-voix par commande vocale depuis l'écran de déverrouillage » et « Lancer des applications par commandes vocales depuis l'écran de déverrouillage » ci-dessous).

- **Définir commande réveil** : pour définir les actions à opérer lorsque l'option précédente est cochée (voir ci-dessous).

Lancer S-Voix par commande vocale depuis l'écran de déverrouillage

L'écran de déverrouillage par *glissement* vous permet d'exécuter **S-Voix** (l'application de reconnaissance vocale de Samsung, voir chapitre 5) par une commande vocale.

❶ Appuyez sur le bouton **Menu** du téléphone ▸ **Paramètres** ▸ **Sécurité** ▸ **Options de l'écran de verrouillage** et assurez-vous que l'option **Réveil dans Déverrouillage** est cochée. Appuyez ensuite sur **Définir commande réveil** pour personnaliser les commandes vocales

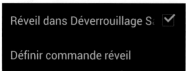

❷ Vous pouvez définir jusqu'à 4 fonctions de commandes et activer **S-voix** par une commande vocale. Intéressons-nous pour le moment à la première option, **S-voix**.

❸ Par défaut, l'application **S-voix** s'active à l'aide de la commande vocale « *bonjour Galaxy* ». Si vous souhaitez lancer l'application S-voix avec une commande vocale différente, appuyez sur **Activer S-voix**.

❹ Placez-vous à 20 ou 30cm du téléphone, appuyez sur le micro et prononcez 4 fois le mot de votre choix pour activer **S-voix** (par exemple, « *salut* »).

❺ Désormais, vous pourrez lancer l'application **S-voix** avec la commande vocale que vous aurez choisie (dans notre exemple, « *salut* »). Lorsque l'option **Réveil dans Déverrouillage** est activée, un micro apparaît sur l'écran de déverrouillage par glissement. Prononcer la commande vocale pour exécuter S-voix.

> **NOTE**
> **S-voix** ou **S-voice** (S pour Samsung) est l'application de commande vocale de Samsung. C'est en quelque sorte l'équivalent de Siri sur iPhone. L'application utilise une interface en langage naturel pour comprendre les demandes de l'utilisateur et y répondre.

Lancer des applications par commande vocale depuis l'écran de déverrouillage

Il est possible de lancer jusqu'à quatre application par commande vocale depuis l'écran de déverrouillage par *glissement*. Vous pourrez ainsi déverrouiller le téléphone, vérifier les appels manqués, ouvrir l'appareil photo, écouter de la musique ou la radio, *etc.*, en prononçant un mot.

❶ Appuyez sur le bouton **Menu** du téléphone ▶ **Paramètres** ▶ **Sécurité** ▶ **Options de l'écran de verrouillage** et assurez-vous que l'option **Réveil dans Déverrouillage** est cochée.

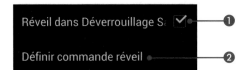

② Appuyez sur **Définir commande réveil** pour personnaliser les commandes vocales.

③ Appuyez sur **Fonction de réveil 1** pour associer une fonction particulière à la première commande vocale. Les options sont suffisamment explicites : nous ne les détaillerons pas davantage.

④ Sélectionnez l'action à associer à une commande vocale. Enregistrez ensuite quatre fois le mot qui permettra de déclencher l'action.

⑤ Répétez les étapes **3** et **4** pour les trois autres commandes vocales disponibles.

Crypter le téléphone

Ice Cream Sandwich permet de crypter les données du téléphone. En cas de perte ou de vol de ce dernier, il ne sera pas possible de lire les données de la mémoire interne du téléphone ou celles de la carte mémoire, sans la saisie du code de déverrouillage du téléphone.

 **Attention !** Le cryptage du téléphone n'est possible que si vous avez choisi un mot de passe pour déverrouiller votre téléphone (voir précédemment « Verrouiller l'écran du téléphone ») composé d'au moins 6 caractères et d'au moins un chiffre.

❶ Appuyez sur le bouton **Menu** du téléphone ▶ **Paramètres** ▶ **Sécurité** ▶ **Crypter l'appareil** pour crypter des données de la mémoire interne du téléphone, celle dans laquelle sont sauvegardés vos applications, vos comptes, vos paramètres, *etc.*

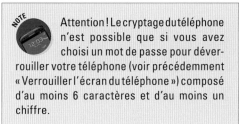

❷ Le menu **Crypter la carte SD** permet, comme son nom l'indique, de crypter le dossier **/sdcard**, emplacement sur lequel

sont stockés vos données, fichiers, photos, vidéos, musiques, *etc.* Si vous désirez crypter les données de la carte mémoire, Android vous permet de ne crypter que les nouveaux fichiers créés.

❹ Si au contraire, vous souhaitez crypter tous les fichiers et pas seulement les nouveaux, cochez les deux premières options. Notez la possibilité de ne pas crypter les fichiers multimédias.

 En cas de vol, communiquez à votre opérateur le numéro IMEI de votre téléphone, il pourra ainsi le bloquer et interdire, de fait, son utilisation (malheureusement, il est possible de changer ce numéro à l'aide de logiciels spécifiques !). Composez le *#06# pour obtenir le numéro IMEI ou naviguez dans **Paramètres ▶ À propos du téléphone ▶ État.**

Afficher les mots de passe

Par mesure de sécurité, les mots de passe sont remplacés par des points, de sorte que des regards indiscrets n'en prennent pas connaissance. Vous avez néanmoins la possibilité d'afficher les mots de passe brièvement lors de leur saisie.

Si, par exemple, vous avez protégé la mise en veille de votre téléphone par un code PIN (plutôt qu'un schéma de déverrouillage), le mot de passe sera alors visible quelques instants, au moment de sa saisie, puis remplacé par des points. Autre exemple :

si vous vous connectez à un site Web qui nécessite la saisie d'un mot de passe, là encore, vous pourrez afficher le mot de passe brièvement de sorte à être sûr de votre saisie.

❶ Appuyez sur le bouton **Menu** du téléphone ▸ **Paramètres** ▸ **Sécurité**. Cochez l'option **Rendre les mots de passe visibles**.

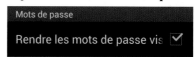

Gérer le téléphone à distance

Samsung offre la possibilité de contrôler son téléphone à distance. Vous devez pour cela disposer d'un compte Samsung (voir la rubrique « Créer un compte Samsung » du présent chapitre) et activer l'option **Contrôle à distance**.

❶ Appuyez sur le bouton **Menu** du téléphone ▸ **Paramètres** ▸ **Sécurité** et appuyez sur l'option **Contrôle à distance**.

❷ Saisissez le mot de passe de votre compte Samsung.

❸ Appuyez sur **OK** pour valider.

❹ Un écran récapitulatif s'affiche. Le contrôle à distance est effectif !

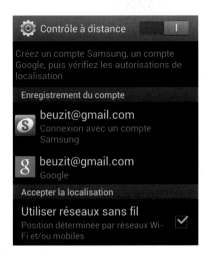

Nous vous conseillons de laisser le contrôle à distance toujours actif, afin que vous puissiez contrôler votre téléphone en cas de perte.

5 Depuis votre ordinateur, rendez-vous sur `http://www.samsungdive.com` puis identifiez-vous à l'aide de votre compte Samsung. Configurez le site en français pour plus de confort, bien que certains menus ne soient pas traduits.

- **Localiser mon appareil mobile :** permet de géolocaliser sur une carte Google Maps l'emplacement de votre smartphone, même si le GPS est désactivé.

- **Lancer le suivi :** permet de suivre votre téléphone sur une période de 12 heures, à raison d'une géolocalisation toutes les 15 minutes.

- **Lock My Mobile :** pour verrouiller le smartphone. Si vous avez prêté votre portable, il est possible d'afficher un message à l'attention de son utilisateur.

- **Call/Message Forrwarding :** permet de renvoyer des appels et SMS adressés au téléphone portable perdu vers un numéro de téléphone spécifié.

- **Call Logs :** permet d'obtenir la liste des appels reçus, émis ou en absence (avec la date, l'heure et la durée de communication).

- **Ring My Mobile :** permet de retrouver votre téléphone au cas où vous l'auriez égaré dans un environnement proche. Une sonnerie est émise et ce, quel que soit le paramétrage du volume.

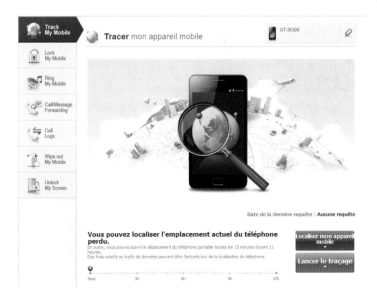

• **Wipe out My Mobile :** permet d'effacer les données enregistrées sur le téléphone. SamsungDive ne sera alors plus effectif jusqu'à ce que vous ayez retrouvé et reconfiguré le Galaxy SIII.

• **Unlock My Screen :** permet de déverrouiller l'écran du téléphone portable à distance.

❻ Vous pouvez aussi accéder à SamsungDive depuis l'interface mobile, *via* l'option **Page Web de SamsungDive**.

Contrôler le changement de carte SIM du téléphone

Samsung propose un outil qui permet d'envoyer un SMS à un ou plusieurs numéros de votre choix, lorsque l'on change la carte SIM du téléphone. Cette fonctionnalité nécessite l'ouverture d'un compte Samsung (voir la rubrique « Créer un compte Samsung » du présent chapitre).

❶ Appuyez sur le bouton **Menu** du téléphone ▸ **Paramètres** ▸ **Sécurité** et cochez l'option **Traçage du mobile**.

Traçage du mobile

❷ Entrez le mot de passe de votre compte Samsung, de sorte qu'un plaisantin de désactive pas cette option à votre insu.

❸ Activez l'option de traçage du mobile. Appuyez sur **Créer** ou **Contacts** pour sélectionner le(s) destinataire(s) du SMS qui sera envoyé en cas de changement de la carte SIM. Ajoutez le numéro de téléphone des destinataires (avec l'indication +33 pour la France) et appuyez sur **Message d'alerte** pour personnaliser le message à envoyer (limité à 18 caractères !).

Qu'est-ce que l'« admin de périphérique » ?

Le menu **Admin. de périphérique**, accessible depuis le bouton **Menu** du téléphone ▶ **Paramètres** ▶ **Sécurité** permet d'autoriser ou non les applications nécessitant des droits particuliers pour fonctionner, en particulier les applications permettant de verrouiller le téléphone depuis un widget.

Pour désinstaller une application, par exemple **GO Switch Widget** (GO Launcher Dev Team), vous devez au préalable vous assurer que cette dernière ne nécessite pas des droits d'administrateur de périphérique.

> Admin. de périphérique
>
> Admin. de périphérique
> Afficher ou masquer les administrateurs de périphérique

Sauvegarder les paramètres système

Google offre la possibilité de sauvegarder certaines données de configuration sur les serveurs Google, à savoir votre mot de passe Wi-Fi, les favoris, et autres paramètres d'applications. Ainsi, si vous réinitialisez puis reconfigurez votre téléphone avec le même compte Google, certains paramétrages seront déjà opérationnels.

❶ Appuyez sur le bouton **Menu** du téléphone ▶ **Paramètres** ▶ **Sauvegarder et Réinitialiser**.

> Sauvegarder et réinitialiser

❷ Cochez les options **Sauvegarder mes données** et **Restaurer automatiquement**.

❸ Si vous disposez de plusieurs comptes Google, sélectionnez celui dans lequel conserver ces données (ces données ne sont pas consultables).

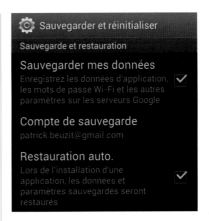

> Sauvegarder et réinitialiser
>
> Sauvegarde et restauration
>
> Sauvegarder mes données
> Enregistrez les données d'application, les mots de passe Wi-Fi et les autres paramètres sur les serveurs Google ✓
>
> Compte de sauvegarde
> patrick.beuzit@gmail.com
>
> Restauration auto.
> Lors de l'installation d'une application, les données et paramètres sauvegardés seront restaurés ✓

❹ Google Dashboard vous permet de visualiser aisément les données associées à votre compte Google. Google Dashboard Concerne plus de 20 produits et services, y compris Gmail, Google Agenda, Google Documents, l'historique Web, Google Alertes et YouTube : https://www.google.com/dashboard/

❺ Connectez-vous sur Google Dashboard depuis un navigateur de bureau pour une meilleure expérience utilisateur. Cliquez sur samsung GT-I9300 dans la section « Appareils Android ». Vous disposerez de quelques informations relatives aux données ou applications sauvegardées :

Réinitialiser le téléphone

Rétablir les paramètres d'usine supprime l'ensemble des paramètres que vous avez configurés sur votre téléphone, ainsi que tous les comptes et autres personnalisations. Vous vous retrouvez ainsi avec votre téléphone dans l'état où il était lors de son achat. Réinitialiser son téléphone de la sorte est généralement utile lorsqu'on souhaite le céder à un tiers.

❶ Appuyez sur le bouton **Menu** du téléphone ▶ **Paramètres** ▶ **Sauvegarder et Réinitialiser**.

❷ Sélectionnez l'option **Rétablir param. par défaut.**

Pourquoi parcourir la carte mémoire du Galaxy SIII ?

Imaginez que vous disposiez d'un ordinateur sans avoir la possibilité de parcourir le contenu du disque dur ! Il en est de même avec Android : comment diable imaginer ne pas parcourir la carte mémoire du téléphone (dite « stockage USB ») ou la carte SD additionnelle, ne serait-ce que pour pouvoir y copier ou récupérer ses musiques, photos, fichiers téléchargés, *etc. ?*

Que risque-t-on à effacer certains fichiers de la carte SD ou de la carte SD additionnelle ? Bien que cela ne soit pas franchement conseillé, effacer ou reformater votre carte mémoire ne présente aucun risque, mais vous perdrez les photos, vidéos, musiques et documents que vous avez créés ou téléchargés, ainsi que tous les fichiers, scores, niveaux d'avancement de vos jeux et applications. Quoi qu'il en soit, le cœur du système ne sera pas affecté par un reformatage, et votre smartphone continuera à fonctionner. Dans le pire des cas, si une application ne fonctionne plus suite à la suppression accidentelle d'un fichier important, désinstallez l'application en question et réinstallez-la depuis le Google Play Store.

Android ne vous autorise qu'à parcourir le dossier **/sdcard** de la mémoire interne,

compte tenu qu'il s'agit du dossier dans lequel copier vos fichiers personnels (musiques, photos, vidéos, *etc.*). Vous ne pourrez parcourir que ce dossier et non la totalité de la mémoire interne, sauf si vous possédez un téléphone *rooté*, pour lequel vous disposez des droits administrateur.

 Android est un système d'exploitation sécurisé qui, de ce fait, interdit l'accès à certaines ressources. On peut faire l'analogie avec un ordinateur sous Windows ou Linux pour lequel l'utilisateur ne disposerait pas des droits administrateur. *Rooter* un smartphone Android, c'est tout simplement obtenir un accès privilégié au système d'exploitation, au risque de compromettre le bon fonctionnement de l'appareil en supprimant ou modifiant des fichiers système cruciaux.

Le gestionnaire de fichiers

Sur le Galaxy SIII est installé par défaut un gestionnaire de fichiers qui permet de parcourir le contenu de la carte mémoire ou de la carte SD additionnelle. Si le gestionnaire de fichiers préinstallé sur le Galaxy SIII ne vous satisfait pas en termes de fonctionnalités ou d'ergonomie, vous pouvez télécharger un autre gestionnaire sur Google Play Store, tel qu'**ASTRO Gestionnaire de fichiers, ES Explorateur de fichiers, OI File Manager** ou **Adao File Manager**.

❶ Ouvrez l'application **Mes fichiers** symbolisée par l'icône suivante :

❷ Déplacez-vous dans l'arborescence et touchez un dossier pour entrer à l'intérieur. Si vous disposez d'une carte SD additionnelle (facultative), vous verrez deux dossiers /**extSdCard** (carte mémoire additionnelle) et /**sdcard** (mémoire interne).

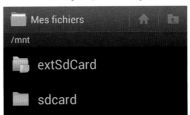

❸ Entrez dans le dossier **sdcard** et maintenez une pression longue sur un fichier ou un dossier de votre choix et sélectionnez l'option adéquate :

- **Partager via:** permet d'envoyer le fichier sélectionné par e-mail, SMS, Gmail ou sur les réseaux sociaux.

- **Supprimer :** permet de supprimer définitivement le fichier (ou dossier) de la carte mémoire.

- **Renommer :** permet de renommer le fichier (ou dossier).

- **Déplacer :** permet de déplacer le fichier (ou dossier) dans un autre dossier de la carte mémoire.

- **Copie :** permet de copier le fichier (ou dossier) en vue de le coller dans un autre dossier de la carte mémoire. Le fichier d'origine est conservé.

- **Détails :** permet de connaître la taille du fichier (ou dossier) et ses caractéristiques (date et heure de la dernière modification).

❹ Appuyez sur le bouton **Menu** du téléphone pour accéder à davantage d'options, que nous ne décrirons pas ici.

❺ Enfin, appuyez sur l'icône pour revenir à l'écran principal. Appuyez sur le bouton **Menu** du téléphone ▸ **Paramètres** pour afficher, notamment, les dossiers et fichiers cachés.

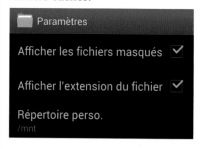

NOTE Sous Android, les fichiers et les dossiers cachés commencent par un point (par exemple, .mondossier). Les dossiers cachés n'apparaissent pas dans l'application Galerie (voir, au chapitre 11, « Qu'est-ce que l'application Galerie ? »).

Formater la carte mémoire additionnelle

Nous l'avons vu, vous pouvez ajouter une carte Micro-SD additionnelle (Micro-SD ou Micro-SDHC) pour étendre les capacités de stockage du Galaxy SIII. Si vous insérez une carte mémoire d'occasion, il est préférable de« formater » (effacer) les données de sorte que la carte soit complètement vierge. Si la carte été préalablement formatée avec un système de fichiers FAT32, là encore, vous devez la reformater :

❶ Appuyez sur le bouton **Menu** du téléphone ▶ **Paramètres** ▶ **Stockage**.

❷ Les données existantes seront supprimées de la carte Micro-SD (/ **extSdCard)**. Rassurez-vous : les données de la cartes interne **(/sdcard)** ne sont pas concernées ! Notez que la taille d'un fichier ne pourra excéder 4 Go.

❸ L'option **Démonter la carte SD** permet de faire en sorte que la carte ne soit plus reconnue par Android. Elle ne sera donc plus utilisée, et vous pourrez l'ôter de son support sans risque de perte de données.

Qu'est-ce que le mode Débogage USB ?

Android dispose d'une option, **Débogage USB**, qui n'est utile que lorsqu'on a installé le kit de développement Android (SDK Android), nécessaire au développement d'applications Android. Assurez-vous que cette option n'est pas cochée.

❶ Appuyez sur le bouton **Menu** du téléphone ▶ **Paramètres** ▶ **Options pour les développeurs**.

❷ Vérifiez que l'option **Débogage USB** n'est pas cochée.

Parcourir la carte mémoire depuis un ordinateur

S'il est pratique de parcourir la mémoire du téléphone depuis celui-ci, il est indispensable de le faire depuis son ordinateur ne serait-ce que pour copier ou récupérer vos fichiers, musiques, photos, vidéos *via* un câble USB.

La connexion à l'ordinateur est particulièrement pratique sous Windows dans la mesure où il vous suffit de connecter le câble USB fourni avec votre téléphone à ce dernier puis à votre ordinateur. (Certains câbles USB du commerce ne sont pas conçus pour connecter le téléphone à un ordinateur mais seulement pour recharger l'appareil depuis un port USB.)

❶ Quelques instants après vous verrez apparaître dans l'Explorateur de fichiers l'icône d'un téléphone. Cliquez dessus pour accéder à vos fichiers :

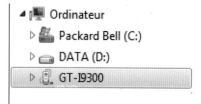

❷ L'emplacement **Card** représente la carte mémoire SD additionnelle (que vous n'avez peut-être pas installée !) et **Phone**, représente le dossier **/sdcard** de la mémoire interne.

Le mode **MTP** n'est pas pris en charge nativement par Mac OS. Pour contourner cette limitation, il est possible d'utiliser Android File Transfer (www.android.com/filetransfer).

Le Galaxy SIII supporte aussi le protocole PTP (*Picture Transfer Protocol*) qui permet le transfert d'images depuis un appareil photo numérique (un téléphone en l'occurence) sur un ordinateur. PTP est une alternative à l'UMS (*USB Mass Storage*). Pour l'activer, déroulez la barre de notifications et sélectionnez **Connecté en tant que périphérique.**

Le stockage de masse USB (*USB Mass Storage*) n'est pas supporté par le Galaxy SIII. Ce mode a l'avantage de ne nécessiter aucune configuration logicielle particulière et fonctionne quel que soit le système d'exploitation de l'ordinateur (Windows, Mac OS, Linux). Samsung lui préfère la connexion **MTP** (*Media Transfer Protocol*)), protocole d'échange de données développé par Microsoft pour permettre aux appareils mobiles multimédias (appareil photo, lecteur MP3) de communiquer facilement.

Comment connecter le téléphone à un ordinateur sans câble ?

Kies air est une application Android qui permet d'accéder aux données de la carte mémoire (**/sdcard**) depuis le navigateur de votre ordinateur, et ce grâce à votre réseau Wi-Fi domestique (sans aucune connexion physique par câble USB). **Kies air** nécessite que votre navigateur Web dispose d'une version récente de Java.

Autrefois préinstallée sur le Galaxy SII, **Kies Air** est désormais téléchargeable gratuitement sur Google Play Store.

❶ Téléchargez **Kies Air** sur Google Play (voir chapitre 12).

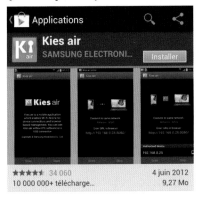

❷ Assurez-vous que le Galaxy SIII est connecté à votre réseau Wi-Fi domestique. Ouvrez ensuite l'application **Kies Air**.

❸ L'application affiche un écran sur lequel figure une URL à recopier dans le navigateur Web de votre ordinateur portable ou de bureau (connecté au même réseau Wi-Fi).

❹ Recopiez l'URL dans votre navigateur. L'application vous demande alors de confirmer l'accès à votre téléphone depuis votre ordinateur.

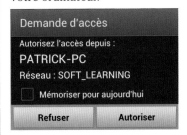

❺ De retour dans votre navigateur, vous avez accès à un vaste menu à gauche pour contrôler votre Galaxy SIII.

❻ Le menu **Explorateur de fichiers** permet de lire le contenu de la carte mémoire, de récupérer (*télécharger*) des fichiers de votre téléphone vers votre ordinateur et réciproquement (*charger*). Nous ne décrirons pas davantage cette application dans le cadre de cet ouvrage, et vous invitons à parcourir les différentes options pour en connaître les fonctionnalités.

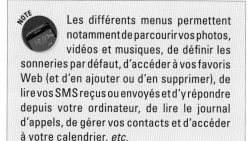

Les différents menus permettent notamment de parcourir vos photos, vidéos et musiques, de définir les sonneries par défaut, d'accéder à vos favoris Web (et d'en ajouter ou d'en supprimer), de lire vos SMS reçus ou envoyés et d'y répondre depuis votre ordinateur, de lire le journal d'appels, de gérer vos contacts et d'accéder à votre calendrier, *etc.*

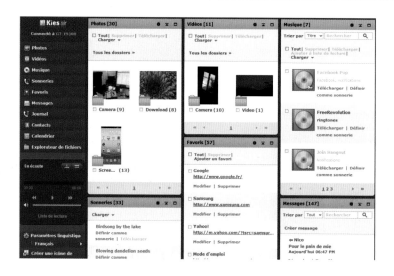

Qu'est que Kies ?

Kies est une application (pour Windows ou Mac) qui permet de synchroniser ses fichiers avec le téléphone et aussi, et surtout, de mettre à jour Android. Les fonctionnalités de Kies sont, en substance :

- de mettre à jour de nouvelles versions du *firmware* éventuellement disponibles pour optimiser votre téléphone ;

- d'ajouter, de modifier, de supprimer facilement vos contacts et de synchroniser vos contacts avec Outlook, Google ou Yahoo! ;

- de créer des *playlists* sur Kies et de les synchroniser avec le mobile. Une fonctionnalité de lecture en streaming permet d'écouter les musiques du Galaxy SIII depuis un ordinateur ;

- de sauvegarder les photos et les vidéos de votre Galaxy SIII.

Sur un appareil électronique, le *firmware* est le logiciel interne qui permet à l'appareil de fonctionner.

Installer Kies

❶ Depuis votre ordinateur, téléchargez et installez l'application Kies (www.samsung.com/fr/kies).

❷ Installez Kies selon les préconisations du programme d'installation.

❸ Connectez votre Galaxy SIII à l'ordinateur, *via* le câble USB fourni. Au lancement de l'application, un message peut apparaître, vous informant de la mise à disposition d'une version plus récente de Kies. Acceptez et installez ladite nouvelle version.

❹ Une fois l'application Kies lancée, la connexion avec le smartphone se déclenche alors automatiquement. Votre Galaxy SIII est représenté par une icône de téléphone **GT-I9300** :

Il est possible d'utiliser Kies sans câble USB, en passant par la connexion Wi-Fi domestique. Cela nécessite de configurer votre ordinateur de façon particulière. Nous vous invitons à parcourir le *Guide de configuration de la connexion Wi-Fi* si vous souhaitez relier votre Galaxy SIII à Kies sans câble USB. Ce guide est accessible depuis l'écran principal de Samsung Kies. Notez néanmoins qu'il n'est pas possible de mettre à jour le téléphone avec ce mode de connexion.

Le clavier Samsung

Lorsqu'on s'apprête à saisir du texte dans une application, un SMS par exemple, le clavier s'affiche alors à l'écran, simulant ainsi un clavier physique. Le Galaxy SIII est configuré en standard avec le **Clavier Samsung**, dont la disposition est identique à celle d'un clavier d'ordinateur. C'est le clavier proposé par défaut. Les paramétrages présentés dans le reste de ce chapitre se rapportent au clavier Samsung.

> **NOTE** Le clavier **Swype,** préinstallé sur le Galaxy SII, ne l'est plus sur le Galaxy SIII. Samsung propose désormais son propre clavier de type « **Swype »** (option **Saisie en continu**) dont le principe est de tracer un chemin reliant toutes les lettres plutôt que d'appuyer sur chaque touche. Rien ne vous interdit néanmoins d'installer le clavier Swype officiel (www.swype.com).

❶ Appuyez sur le bouton **Menu** du téléphone ▸ **Paramètres** ▸ **Langue et saisie**.

❷ Dans cet exemple, quatre claviers sont disponibles : le **Clavier Samsung** livré en standard avec le Galaxy SIII, deux claviers téléchargés sur le Play Store

(**AnySoftKeyboard** et **Clavier symbols**) et **Saisie Google Voice**, qui n'est pas réellement un clavier mais une fonctionnalité de Google qui permet de dicter le texte plutôt que de l'écrire (par reconnaissance vocale).

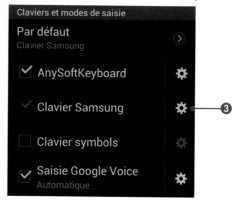

❸ Pour configurer un clavier, appuyez sur 🔧. Nous verrons à la fin du chapitre comment installer de nouveaux claviers.

> **NOTE** Vous noterez dans cet exemple que le **Clavier symbols** n'est pas activé (car non coché) : il n'est donc pas possible de s'en servir. Enfin, le **Clavier Samsung** ne peut pas être désactivé, ce qui vous garantit de toujours disposer d'un clavier opérationnel !

Changer de clavier

Peut-être avez-vous déjà téléchargé un clavier en plus du **Clavier Samsung**. Pour changer de clavier en cours de saisie, procédez ainsi :

❶ Lorsque vous saisissez du texte, l'icône clavier 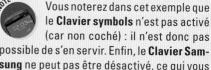 s'affiche dans la barre de statuts. Rien ne vous interdit de basculer d'un clavier à l'autre en cours de saisie.

❷ Déroulez la barre de notifications et appuyez sur **Mode de saisie**.

❸ Choisissez le clavier avec lequel vous souhaitez écrire. Vous noterez que le **Clavier symbols** n'apparait pas dans la liste car il a été désactivé (voir précédemment).

❹ Appuyez sur **Configurer les modes de saisie** pour accéder directement au menu **Langue et saisie** d'Android.

Modifier la langue de saisie du clavier Samsung

Android donne la possibilité d'écrire dans plusieurs langues. Cela est d'autant plus pratique lorsque l'on écrit un texte dans une langue étrangère, la saisie prédictive s'adapte alors automatiquement à la langue configurée.

❶ Appuyez sur le bouton **Menu** du téléphone ▶ **Paramètres** ▶ **Langue et saisie** ▶ **Clavier Samsung**

❷ Appuyez sur 🔧 face au **Clavier Samsung** pour accéder au paramétrage de ce dernier.

❸ Appuyez sur **Langue de saisie** et cochez la ou les langues dans lesquelles vous êtes susceptible d'écrire. Si vous ne souhaitez écrire qu'en français, vous n'êtes pas tenu de cocher cette langue, elle sera sélectionnée par défaut. Si vous cochez une langue étrangère, pensez alors cette fois-ci à cocher le français !

❹ Lors de la saisie d'un texte, la touche **Espace** du clavier permet de changer la langue par défaut (pour peu que vous ayez coché au moins une langue étrangère). Le changement de langue se fait en glissant le doigt sur la barre d'espacement, de gauche à droite (ou inversement) ou en appuyant sur l'icône 🌐 (qui apparaît lorsque plusieurs langues sont cochées).

grec ou thaï, par exemple), il convient de paramétrer le format des textes en Unicode (voir au chapitre 8 « Quelles sont les options disponibles de l'application Messages ? »)

 Indiquer à Android la langue dans laquelle vous écrivez n'est pas obligatoire, mais fortement conseillé pour que la saisie prédictive ne vous propose pas des corrections de mots dans une langue inadaptée !

❺ Si vous écrirez des SMS dans un alphabet non latin (en chinois, cyrillique,

Modifier le type de clavier

Le **Clavier Samsung** propose deux types de configurations des touches : *Clavier Azerty* et *Clavier 3×4*.

Appuyez sur le bouton **Menu** du téléphone ▸ **Paramètres** ▸ **Langue et saisie** ▸ **Clavier Samsung** ▸ **Type de clavier Portrait**, puis choisissez l'un de ces types :

• **Clavier Azerty** : clavier dont la disposition est identique à celle d'un clavier d'ordinateur. Le clavier se transforme en Qwerty si vous sélectionnez une autre langue que le français.

• **Clavier 3x4** : clavier dont la disposition est celle d'un téléphone ordinaire, avec neuf touches principales. Chaque touche est associée à trois lettres qui nécessitent un, deux ou trois appuis pour être atteintes (en mode classique).

Qu'est-ce que le texte intuitif ?

Le *texte intuitif* (ou saisie prédictive) est une technologie destinée à simplifier la saisie de texte sur les claviers téléphoniques. Le principe est d'anticiper la saisie de l'utilisateur en lui présentant à l'avance le mot qu'il s'apprête à taper. La saisie prédictive repose sur l'utilisation d'un dictionnaire préexistant, non modifiable, ainsi que d'un dictionnaire utilisateur dans lequel il est possible d'ajouter de nouveaux mots.

❶ Appuyez sur le bouton **Menu** du téléphone ▶ **Paramètres** ▶ **Langue et saisie** ▶ **Clavier Samsung**, puis activez **Texte intuitif**.

❷ Personnalisez alors les paramètres de la saisie prédictive en appuyant sur le mot **Texte intuitif.** Il vous est alors proposé une série d'options que nous ne développerons pas davantage : nous vous invitons à les découvrir par vous-même.

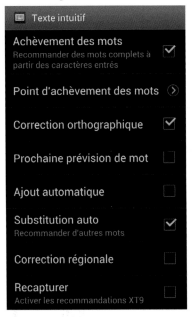

❸ Lors de la saisie d'un texte, appuyez sur la touche **Espace** pour insérer le mot sélectionné en bleu.

❹ Touchez l'icône ⌄ pour accéder à encore plus de suggestions.

5 Lorsque vous saisissez un mot qui n'est pas connu du dictionnaire principal (*bravitude,* dans cet exemple), le texte intuitif tente de trouver un mot connu qui s'en approche, mais celui que vous avez réellement saisi demeure en premier dans la liste. Appuyez dessus pour le sélectionner et l'ajouter dans votre dictionnaire utilisateur.

Nettoyer le dictionnaire utilisateur

Nettoyez de temps en temps la liste des mots de votre dictionnaire personnel. En effet, celui-ci contient souvent des entrées non souhaitées susceptibles de ralentir le texte intuitif.

1 Appuyez sur le bouton **Menu** du téléphone ▸ **Paramètres** ▸ **Clavier Samsung** ▸ **Texte intuitif** ▸ **Ma liste de mots** et supprimer les mots inutiles.

2 Le menu **Liste substitution auto** permet d'ajouter (ou supprimer) de nouvelles substitutions automatiques de mots, par exemple « aujourdhui » par « aujourd'hui » ou « boeuf » par « bœuf ».

Quelles sont les autres options du Clavier Samsung ?

La touche ![123 Sym] vous permet de passer du clavier alphabétique au clavier numérique, puis au clavier de symboles. Vous pouvez aussi basculer d'un mode à l'autre en faisant défiler rapidement l'écran de la gauche vers la droite, et inversement. Vous devez pour ce faire avoir activé la fonction **Glissement du clavier** : appuyez sur le bouton **Menu** du téléphone ▸ **Paramètres** ▸ **Langue et saisie** ▸ **Clavier Samsung** et cochez l'option **Glissement du clavier**.

Cochez l'option **Entrée voix** pour que la touche micro apparaisse (ou décochez-la pour qu'elle n'apparaisse pas) sur le clavier.

Cochez l'option **Majuscules auto.** pour que chaque nouvelle phrase commence par une majuscule.

Majuscules auto.
Mettre automatiquement en majuscule la première lettre de la phrase

Cochez l'option **Ponctuation automatique** pour insérer un point automatiquement après avoir appuyé deux fois sur la barre d'espace.

Cochez l'option **Aperçu du caractère** pour que le caractère saisi apparaisse brièvement en gros sur le clavier.

Cochez l'option **Vibration touches** pour que les touches vibrent dès vous appuyez dessus. Attention : veillez à ne pas avoir désactivé l'option **Retour Tactile** dans le menu Android **Son** (voir, au chapitre 3, « Comment faire vibrer les touches sensitives du téléphone ?»).

Cochez l'option **Son touche** pour émettre un son dès que vous appuyez sur une touche. Attention : veillez à ne pas avoir désactivé l'option **Sons** dans le menu Android **Son** (voir, au chapitre 3, « Comment émettre un son lors de l'utilisation du clavier ? »).

Comment utiliser la saisie en continu ?

Le Clavier Samsung **Saisie en continu** (proche du clavier « Swype ») introduit une nouvelle manière de saisir des mots en effectuant un parcours sur les différentes lettres plutôt que d'appuyer dessus une à une.

❶ Appuyez sur le bouton **Menu** du téléphone ▶ **Paramètres** ▶ **Langue et saisie** ▶ **Clavier Samsung** et activez **Saisie en continu**. Si l'option est grisée, assurez-vous d'avoir activé au préalable **Texte intuitif**.

❷ Vous pouvez alors écrire en glissant votre doigt sur les touches sans jamais le relever.

105

Comment utiliser l'écriture manuscrite ?

Le Galaxy SIII vous offre la possibilité d'écrire de façon manuscrite plutôt que d'utiliser un clavier Azerty.

❶ Appuyez sur le bouton **Menu** du téléphone ▸ **Paramètres** ▸ **Langue et saisie** ▸ **Clavier Samsung** et activez **Écriture manuscrite**. Appuyez sur le mot **Écriture manuscrite** pour accéder à son paramétrage.

❷ Lors de la saisir d'un texte, appuyez sur la touche ▨ pour accéder à de nouvelles options. Sélectionnez l'icône ▨ pour activer l'écriture manuscrite.

❸ À l'aide de votre doigt, écrivez comme vous le feriez sur une feuille de papier. Reconnaissons que l'écriture manuscrite nécessite un peu d'entraînement...

Utiliser le Copier-coller

L'une des fonctionnalités très utiles du Galaxy SIII est de permettre de copier/couper-coller du texte facilement d'une application à une autre. Vous parcourez un article sur Internet et vous souhaitez envoyer par SMS une partie du texte à un ami ? Rien de plus simple, utilisez la fonction Copier-coller d'Android :

❶ Placez-vous à l'intérieur de l'application dans laquelle vous souhaitez copier le texte, par exemple le navigateur Internet. Maintenez une pression longue sur le mot que vous souhaitez copier.

❷ À l'aide des deux petits curseurs, délimitez la zone exacte à copier. Il peut s'agir d'un mot, d'une phrase ou d'un paragraphe.

❸ Appuyez enfin sur l'une des icônes de la barre du haut. Si vous ne vous souvenez plus de la signification de ces icônes, maintenez une pression longue sur chacune d'entre elles pour afficher une info-bulle.

❹ Appuyez sur 🔳 pour copier le texte sélectionné, vous pourrez alors le coller dans une autre application, un SMS par exemple.

❺ Sans doute est-il plus simple d'utiliser l'icône ◁ qui permet justement d'envoyer le texte sélectionné par SMS (« Messagerie »), e-mail (Gmail) ou sur les réseaux sociaux (Facebook, Google+, *etc.*).

❻ Pour coller du texte que vous auriez préalablement copié, maintenez une pression longue dans la zone de saisie.

Le presse-papiers d'Ice Cream Sandwich apparaît alors, vous permettant de coller le texte ou d'afficher l'historique des portions de texte copiées en mémoire.

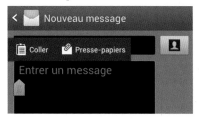

❼ Le presse-papiers d'Ice Cream Sandwich peut contenir du texte mais aussi des captures d'écran (voir, au chapitre 1, « Comment faire une capture d'écran ? »). Appuyez sur la case contenant le texte pour le coller dans votre application.

❽ Pour supprimer un texte ou une image du presse-papiers, maintenez une pression longue dessus puis sélectionnez **Supprimer**.

Lorsque vous éteignez puis rallumez le téléphone, les textes ou photos du presse-papiers ne sont pas supprimés pour autant ! Vous pouvez aussi enregistrer dans l'application **Galerie** les images contenues dans le presse-papiers.

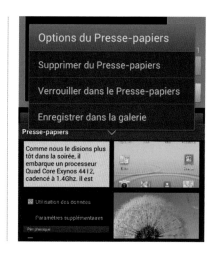

Installer des claviers alternatifs

Android vous autorise à installer plusieurs claviers et à utiliser à n'importe quel moment celui qui vous convient, même lors de la saisie d'un texte.

Les claviers alternatifs sont des applications à part entière, il est donc très facile d'en installer, de les tester et de les désinstaller si leur interface ou leur ergonomie ne vous convenait pas. Android permet d'installer plusieurs claviers simultanément, il vous appartient alors de *switcher* d'un clavier à l'autre au moment de la saisie. Quoi qu'il en soit, le clavier d'origine reste toujours disponible et utilisable.

Il existe de nombreux claviers alternatifs sur Google Play Store. Il vous appartient d'en tester plusieurs afin de choisir celui qui correspond véritablement à vos attentes et qui vous convient d'un point de vue de l'ergonomie. Notez que les claviers alternatifs sont souvent des applications payantes.

➊ À titre d'exemple, nous installerons le clavier **AnySoftKeyboard** (Menny Even Danan).

➋ Installez le clavier conformément aux préconisations de l'éditeur. Ouvrez l'application fraîchement installée afin de prendre connaissance des éventuelles recommandations.

➌ De retour sur le bureau Android, appuyez sur le bouton **Menu** du téléphone ▶ **Paramètres** ▶ **Langue et saisie** et cochez le clavier que vous venez d'installer pour l'activer ; il s'agit de **AnySoftKeyboard** en l'occurrence.

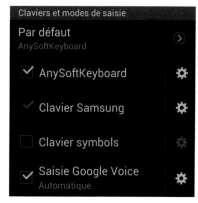

❹ Passez outre le message d'avertissement peu engageant, qui vous signale qu'un clavier est susceptible de collecter des données confidentielles. Rassurez-vous, le risque est minime ! Une fois le clavier coché, vous pouvez alors accéder à ses options de configuration.

❺ Au moment d'écrire un e-mail, un SMS, ou n'importe quel autre texte au sein de n'importe quelle application, déroulez la barre de notifications et appuyez sur

Méthode de saisie (voir « Comment changer de clavier ? ») puis sélectionnez votre nouveau clavier.

❻ Votre nouveau clavier apparaît alors, il convient néanmoins de parcourir avec soins les options de configuration disponibles afin de l'adapter à vos besoins. Chaque clavier à ses propres options qui diffèrent souvent d'un clavier à l'autre.

 On trouve sur Google Store de nombreux claviers, parmi lesquels : **SwiftKey Keyboard X Free** (TouchType Ltd. US), **Smart Keyboard Pro** (Dexilog, LLC), **Keyboard from Android 2.3** (Steven Lin), **Thumb Keyboard** (Beansoft), **GoKeyboard** (Go Dev Team) et **SymbolsKeyboard** (Mobisters) qui est un clavier composé de symboles, émoticônes et dessins en tous genres !

Utiliser la reconnaissance vocale

Si saisir du texte vous agace et que vous souhaiteriez le dicter à haute voix et rédiger ainsi vos notes, e-mails ou SMS, essayez la reconnaissance vocale !

❶ Appuyez sur le bouton **Menu** du téléphone ▸ **Paramètres** ▸ **Langue et saisie**, puis cochez l'option **Saisie Google Voice** pour indiquer à Android que vous souhaitez saisir du texte avec ce type de clavier (bien qu'il ne s'agisse pas réellement d'un clavier !).

❷ Appuyez sur la roue dentée du **Clavier Samsung** (et non sur celle de **Saisie Google Voice** !).

❸ Assurez-vous que l'option **Entrée voix** est bien cochée, de façon à faire apparaitre la touche micro sur le **Clavier Samsung**.

❹ Désormais, lorsque vous écrivez un texte, appuyez sur la touche  et sélectionnez la touche 🎤 pour faire apparaître le micro.

❺ Parlez distinctement et posément dans le micro du téléphone. Notez que la saisie Google Voice nécessite une connexion à Internet.

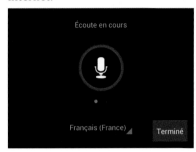

Que sont les commandes vocales ?

Android vous offre la possibilité de contrôler le Galaxy SIII à partir de commandes vocales. Il ne s'agit pas ici de dicter du texte dans un e-mail ou un SMS mais de commander le téléphone par la voix. Vous pourrez, par exemple, stopper ou relancer l'alarme du réveille-matin en prononçant les mots « arrêter » ou « répéter ».

❶ Appuyez sur le bouton **Menu** du téléphone ▸ **Paramètres** ▸ **Langue et saisie** ▸ **Cmd voc pour appl**.

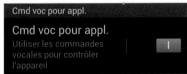

❷ Activez les commandes vocales puis appuyez sur le mot **Cmd voc pour appl**. Pour configurer les commandes à utiliser. Nous vous lais sons découvrir les cinq commandes vocales disponibles.

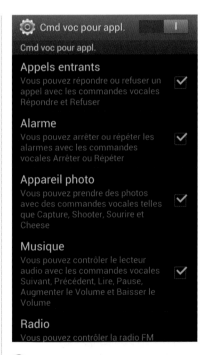

❸ Cochez les commandes du Galaxy SIII que vous souhaitez contrôler vocalement, par exemple lorsque vous utiliser votre appareil photo, dites « capture » pour prendre la photo.

Configurer la reconnaissance vocale

La reconnaissance vocale est devenue la grande affaire des constructeurs de smartphones, depuis qu'Apple a montré la voie avec Siri.

Sur le Galaxy SIII, vous disposez de deux systèmes de reconnaissance vocale :

- **Google Voice**, qui permet de dicter du texte ou de commander votre téléphone depuis le widget **Recherche Vocale**.

- **S-Voix**, application Samsung qui permet de contrôler le téléphone par la voix.

❶ Appuyez sur le bouton **Menu** du téléphone ▶ **Paramètres** ▶ **Langue et saisie** ▶ **Outil reconnais. vocale.**

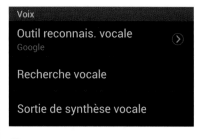

❷ Sélectionnez le système de reconnaissance vocale par défaut que vous souhaitez utiliser : **Google** ou **S-Voix** (**Samsung by Vlingo**).

La reconnaissance Google Voice

Nous vous proposons de parcourir les principales options de la reconnaissance Gogole Voice. Sélectionnez au préalable **Google Voice**, comme vu précédemment.

❶ Appuyez sur le bouton **Menu** du téléphone ▶ **Paramètres** ▶ **Langue et saisie** ▶ **Recherche Vocale** pour définir les options de recherche vocale. Ces options ne sont bien évidemment pas les même selon que vous avez sélectionné les outils de reconnaissance vocale **Google** ou **S-Voix.**

❷ Les options de reconnaissance vocale de Google sont somme toute limitées : Sélectionnez la langue par défaut, et appuyez sur **SafeSearch** pour exclure le contenu réservé aux adultes des résultats de vos recherches (avec la barre de **Recherche Google**, voir ci-après).

- **Aucun filtrage** : désactive le filtrage SafeSearch.

- **Modéré** : les vidéos et images à caractère sexuel explicite sont exclues des pages de résultats de recherche Google, mais pas les résultats comportant des liens vers ce type de contenu.

- **Strict** : les vidéos et images à caractère sexuel explicite ainsi que les résultats comportant des liens vers ce type de contenu sont retirés des pages de résultats de recherche Google.

❸ De retour sur votre bureau Android, installez le widget **Recherche vocale 4x1** pour utiliser la recherche vocale de Google.

❹ Touchez le micro et dictez votre recherche Google ou une commande à exécuter, parmi lesquelles nous pouvons citer :

- **Pour envoyer un SMS** : « envoyer un SMS à *[destinataire] [message]* ».

- **Pour afficher un plan** : « plan de *[Adresse/ville]* ».

- **Pour calculer un itinéraire** : « aller à *[adresse/ville]* ».

- **Pour appeler un contact** : «appeler *[nom du contact] [mobile/pro/domicile]* ».

En cas d'ambiguïté sur la personne à appeler, Google Voice vous demande de confirmer le contact.

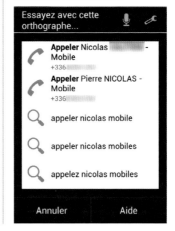

La reconnaissance S-Voix

Les options de reconnaissance et d'assistance vocales de **S-Voix** sont un peu plus complètes que celles de Google. Sélectionnez au préalable **Samsung powered by Vlingo** (voir « Que sont les commandes vocales ? » ci-dessus).

❶ Appuyez sur le bouton **Menu** du téléphone ▸ **Paramètres** ▸ **Langue et saisie** ▸ **Recherche Vocale** pour définir les options de recherche vocale **S-Voix.** Les options de configurations nécessiteraient un ouvrage à part entière, aussi vous invitons-nous à les parcourir soigneusement.

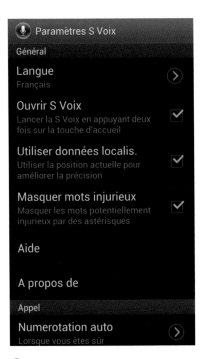

❸ Énoncez distinctement votre commande vocale à S-Voix. L'icône ▣ vous permet d'activer ou de désactiver *l'invite vocale*, c'est-à-dire la lecture à haute voix des info-bulles grises de S-Voix.

❷ Lancez l'application **S-Voix** représentée par l'icône suivante ou appuyez deux fois sur le bouton physique **Multitâche** pour lancer **S-Voix** (sous réserve que vous n'ayez pas décoché l'option **Ouvrir S Voix** dans l'écran précédent).

❹ Appuyez sur ▣ pour obtenir une aide sur les commandes vocales disponibles.

Le cadre de cet ouvrage ne permettant pas de développer davantage l'étendue de ses fonctionnalités, testez S-Voix par vous-même pour bien vous familiariser avec cet outil.

Qu'est-ce que la synthèse vocale ?

La synthèse vocale est une technique qui permet de créer de la parole artificielle à partir de n'importe quel texte.

Les applications Android qui utilisent la synthèse vocale, au premier rang desquelles les applications d'assistance à la conduite

par GPS, s'appuient sur le moteur de synthèse vocale installé sur le Galaxy SIII. De fait, les options de paramétrage que vous définirez pour la synthèse vocales seront valables pour l'ensemble des applications Android qui y ont recours.

À l'instar des claviers, il est possible d'installer plusieurs moteurs de synthèse vocale sur un téléphone Android. Vous utiliserez donc par défaut le moteur offrant la « voix » qui vous semble la plus agréable à entendre. Le Galaxy SIII est configuré par défaut avec deux moteurs de synthèse vocale.

L'application **Android Classic Text To Speech Engine** (SVOX Mobile Voices) fournit une synthèse vocale de très bonne facture, avec des voix françaises féminine et masculine.

❶ Appuyez sur le bouton **Menu** du téléphone ▸ **Paramètres** ▸ **Langue et saisie** ▸ **Sortie de synthèse vocale**.

Sortie de synthèse vocale

❷ Sélectionnez le moteur de synthèse vocale à utiliser, à savoir le moteur par défaut ou celui de Samsung, puis appuyez sur **Écouter un exemple** pour entendre un extrait de synthèse vocale. Modifiez au besoin la vitesse d'élocution (en la rendant plus ou moins rapide).

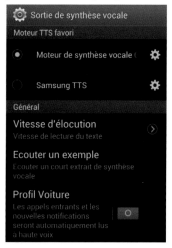

❸ Le moteur une fois défini, appuyez sur 🔧 pour définir les options de configuration. Elles sont fonction du moteur sélectionné. Pour le moteur Samsung, appuyez sur 🔧 ▸ **Paramètres Samsung TTS** ▸ **Paramètres Généraux** ▸ **Effets vocaux** pour modifier le timbre de la voix.

❹ Activez **Profil Voiture** pour que les appels entrants soient lus à haute voix (fonction également activable depuis la zone de notifications Android). Appuyez sur le mot **Profil Voiture** pour en définir précisément les options.

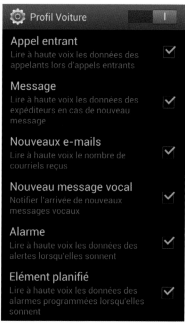

L'option **Message** énonce à voix haute le nom de la personne qui vous envoie un SMS. Si vous utilisez la synthèse vocale S-Voix, cochez l'option **Voir le corps du message** pour entendre le contenu de vos SMS. L'option relative à la lecture du nombre d'e-mails reçus nécessite d'utiliser l'application **E-mail** préinstallée par défaut sur le Galaxy SIII. (Gmail n'est pas compatible avec cette fonction.)

Chapitre 6

La connectivité

Android permet de se connecter à Internet de différentes façons. Dans ce chapitre, nous étudierons donc les différents types de connexions existants (EDGE, 3G, 3G+, Wi-Fi, Bluetooth) et nous vous expliquerons notamment comment partager votre connexion Internet. Enfin, nous étudierons le NFC, le Wi-Fi Direct, S-Beam et plusieurs façons d'imprimer depuis le Galaxy SIII, sans aucun câble et à distance de surcroît !

Quels sont les différents types de connexions ?

L'un des atouts d'un smartphone est d'être tout le temps connecté à Internet, c'est ainsi que vous récupérez vos e-mails automatiquement, que vos contacts sont synchronisés en temps réel avec le carnet d'adresses Google, que vos applications accèdent au Net dès que nécessaire !

Cette connexion Internet est possible, soit grâce au réseau de l'opérateur téléphonique *via* votre forfait *data*, soit *via* une connexion Wi-Fi (*data* est un mot d'origine latine employé en anglais pour « données »).

Nous distinguerons donc le forfait « *voix* » et le forfait « *data* ». Si le premier permet uniquement de téléphoner (forfait 2 h, 3 h, ou 4 h par mois par exemple), le deuxième sert exclusivement à la connexion Internet. En d'autres termes, pour accéder à Internet, vous consommez votre forfait *data* et non votre forfait téléphonique.

Vérifiez dès à présent le type de contrat dont vous disposez auprès de votre opérateur téléphonique. En l'absence d'un forfait *data* dit « illimité », vous risquez de devoir faire face à des factures non négligeables. Privilégiez alors une connexion Wi-Fi qui vous évite d'utiliser le réseau de votre opérateur téléphonique et d'entamer, de fait, votre forfait *data*. Certains opérateurs offrent une connexion 3G/3G+ avec un seuil d'usage de 500 Mo/mois à 3 Go/mois (appelé « *fair use* »). Si vous consommez plus que la limite octroyée par votre opérateur, vous ne serez pas surfacturé pour autant, mais votre débit sera limité (plus lent).

Selon la couverture de votre opérateur, la qualité de son réseau mobile et votre situation géographique, votre Galaxy SIII se connectera automatiquement sur un réseau disponible suivant : GPRS, EDGE, 3G ou 3G+ et H+.

Ces types de connexions se distinguent essentiellement par le débit qu'elles apportent, la plus lente étant GPRS, la plus rapide H+. Il n'est évidemment pas possible de sélectionner soi-même une connexion 3G, 3G+ ou H+, cela dépend de la qualité de réception !

Activer les connexions data

Si vous n'êtes pas à l'étranger et que vous n'avez pas de Wi-Fi à portée, vous devez activer les connexions *data* pour vous connecter à Internet.

❶ Appuyez sur le bouton **Menu** du téléphone ▸ **Paramètres** ▸ **Paramètres supplémentaires**.

2 Ouvrez le menu **Réseaux mobiles** et assurez-vous que l'option **Connexions de données** est cochée. En l'absence de raison valable, cette option devrait toujours être cochée pour bénéficier du réseau de votre opérateur.

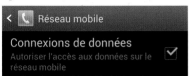

3 Si vous décochez l'option **Connexions de données**, vous pourrez continuer à téléphoner, mais vous n'aurez plus d'accès à Internet par connexion *data* (GPRS, EGDE, 3G, 3G+, H+). La seule solution consiste alors à activer le Wi-Fi.

Couper la connexion Internet à l'étranger

Lorsque vous voyagez à l'étranger, la facture de votre opérateur téléphonique peut vite exploser, les forfaits illimités excluant généralement un usage à l'étranger ! En effet, les applications sont susceptibles de se connecter à n'importe quel moment à un réseau EDGE ou 3G disponible. Le mieux à l'étranger est donc de couper les connexions *data*.

1 Appuyez sur le bouton **Menu** du téléphone ▸ **Paramètres** ▸ **Paramètres supplémentaires** ▸ **Réseaux mobiles**.

2 Décochez l'option **Connexions de données**. Vous pourrez ainsi continuer à émettre ou recevoir des appels téléphoniques et à envoyer des SMS, mais ne pourrez vous connecter à Internet, sauf à activer le Wi-Fi. Il s'agit du paramétrage à privilégier à l'étranger.

3 Si aucune borne Wi-Fi n'est disponible, et que vous souhaitez accéder à Internet ou envoyer des MMS, réactivez cette option et cochez l'**Itinérance des données** (voir ci-après).

Qu'est-ce que l'itinérance des données ?

Lorsque vous êtes hors du pays d'origine de votre opérateur, celui-ci peut vous proposer d'utiliser les réseaux mobiles des opérateurs étrangers ou d'une de ses filiales étrangères. Ce service, appelé *roaming* (« itinérance des données » en français), est facturé en général assez cher.

On distingue le *roaming* national et le *roaming* international. Concrètement, le *roaming* national permet aux abonnés d'un opérateur d'utiliser, si la zone n'est pas couverte, le réseau d'un autre opérateur.

Quant au *roaming* international, il permet aux clients de se connecter au réseau d'un opérateur local.

À l'étranger, pour disposer de l'Internet mobile ou pour envoyer des MMS, activez l'option **Itinérance des données** :

1 Appuyez sur le bouton **Menu** du téléphone ▸ **Paramètres** ▸ **Paramètres supplémentaires** ▸ **Réseaux mobiles**.

2 Cochez l'option **Itinérance.** Un message vous avertit que vous risquez d'être surfacturé.

3 À l'étranger, décochez cette option dès que vous n'utilisez plus votre téléphone pour éviter des connexions inutiles.

L'opérateur Free a conclu un accord avec Orange pour les zones non couvertes sur le territoire français. Si votre opérateur est Free Mobile, vous devez cocher cette option, sous peine de ne jamais pouvoir vous connecter à Internet !

Configurer la connexion à l'opérateur téléphonique ?

L'APN (*Access Point Name*, nom du point d'accès représente la configuration de connexion qui vous permet d'accéder à Internet et d'envoyer et de recevoir des MMS en utilisant le réseau de téléphonie mobile de votre opérateur téléphonique. Lorsque vous changez d'opérateur, il est nécessaire de procéder manuellement au réglage des noms de points d'accès (APN).

1 Ouvrez la barre de notifications puis appuyez **Paramètres ▶ Paramètres supplémentaires ▶ Réseaux mobiles ▶ Noms des points d'accès**.

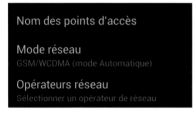

2 Ne modifiez le paramétrage des APN que si vous êtes certain de ce que vous faites. Si besoin est, contactez votre opérateur téléphonique pour connaître les paramétrages de connexion à son réseau mobile. Vous trouverez aussi sur Internet les réglages préconisés.

3 Notez que si vous deviez créer de nouveaux points d'accès, retirez au préalable la carte SIM de votre ancien opérateur et insérez la nouvelle.

4 Sélectionnez ensuite **Opérateur Réseau** du menu précédant.

5 Quant à l'option **Mode Réseau**, elle permet de sélectionner la norme de codage des transmissions mobiles, à savoir GSM (2G et 2,5G) ou WCDMA (3G). Le réglage normal est **GSM/WCDMA (Mode automatique)**, qui permet au téléphone de sélectionner automatiquement le meilleur réseau de données disponible.

Activer le mode avion

Les compagnies aériennes exigent l'extinction de votre téléphone durant les vols, d'où l'appellation du mode « Avion ». Le mode avion désactive les connexions mobiles (voix et données), Wi-Fi, Bluetooth, le GPS et le service de localisation. Le mode avion est une solution radicale dans la mesure où elle coupe toute forme de connexion, vous ne pourrez même plus passer de simples appels téléphoniques !

1 Ouvrez la barre de notifications puis appuyez **Paramètres ▶ Paramètres supplémentaires ▶ Mode Hors-ligne.**

2 Toutes les connexions se fermeront, mais vous pourrez néanmoins réactiver le Wi-Fi manuellement si vous le désirez.

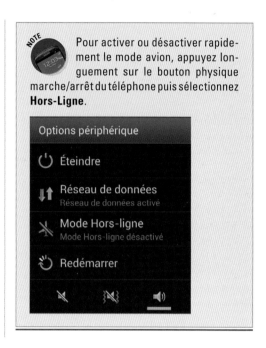

Pour activer ou désactiver rapidement le mode avion, appuyez longuement sur le bouton physique marche/arrêt du téléphone puis sélectionnez **Hors-Ligne**.

Mesurer l'utilisation des données

Nous l'avons vu, votre forfait *data* est limité à un seuil d'usage qui peut aller jusqu'à 3 Go/mois, voire au-delà. Si vous consommez plus que la limite octroyée par votre opérateur, votre débit sera plus lent. Android offre un outil qui vous permet de savoir justement où vous en êtes.

1 Appuyez sur le bouton **Menu** du téléphone ▶ **Paramètres** ▶ **Utilisation des données**.

❷ Le bouton **Données Mobiles** (O/I) vous permet d'activer ou de désactiver les connexions *data* (voir « Activer les connexions data »).

❸ Cochez l'option **Définir limite données mobiles** pour que la connexion réseau mobile soit automatiquement désactivée si vous dépassez un certain plafond. Il vous faudra alors régler le plafond représenté en rouge (en Go). Si vous disposez d'un forfait illimité, cette option ne vous concerne certainement pas ; en cas de dépassement, votre débit sera plus lent, mais vous ne serez pas surfacturé pour autant. (Vérifiez néanmoins les conséquences d'un dépassement auprès de votre opérateur téléphonique.)

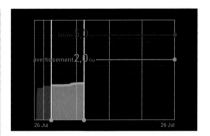

❹ Ouvrez le menu déroulant **Cycle d'util. des données ▸ Modifier le cycle** pour indiquer à Android à partir de quelle date votre forfait démarre. Cela est fonction de la date de facturation de votre opérateur téléphonique.

❺ Déplacez la barre orange « Avertissement » à la valeur à partir de laquelle vous souhaitez être alerté. En cas de dépassement, vous recevrez une notification Android *ad hoc*.

❻ Enfin, déroulez l'écran vers le bas pour voir les applications qui consomment le plus de données sur votre forfait *data*.

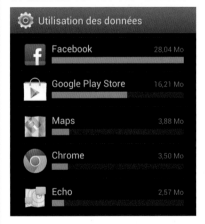

7 Appuyez sur l'une des applications de la liste pour obtenir davantage de statistiques sur votre consommation.

Vous pourrez aussi interdire, *via* l'option **Rest. données arrière-plan**, aux applications en arrière-plan d'accéder à Internet lorsque vous ne disposerez pas d'une connexion Wi-Fi. Vous économiserez votre forfait *data*, en contrepartie, les applications ne pourront plus se mettre à jour, synchroniser, récupérer des informations, *etc*.

Se connecter à un réseau Wi-Fi

Le Wi-Fi est une technologie de communication sans fil permettant l'établissement de réseaux locaux. Autrement dit, il vous permet de vous connecter à Internet sans consommer votre forfait de données. C'est une connexion rapide, fiable bien que plus coûteuse en batterie. C'est, de fait, le type de connexion à privilégier lorsque vous êtes chez vous ou à l'étranger.

1 Appuyez sur le bouton **Menu** du téléphone ▶ **Paramètres** puis basculez le bouton I/O sur **I** pour activer le Wi-Fi. Appuyez ensuite sur le mot **Wi-Fi** pour configurer la connexion.

2 Pour commencer, vous devez rechercher le réseau Wi-Fi sur lequel vous connecter. Il s'agit la plupart du temps de votre réseau Wi-Fi personnel ou de celui d'un *hotspot* proche (café, hôtel, gare, aéroport, *etc*.).

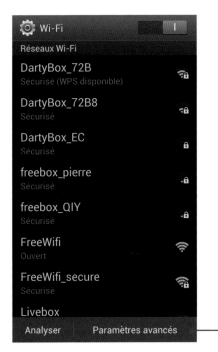

❺ Notez l'option **Afficher les options avancées**, qui permet de spécifier un proxy et les paramètres d'un DHCP et de connaître le type de protection activée. Si le réseau est compatible avec la norme **WPS**, l'option s'affiche et vous permet de vous connecter au réseau Wi-Fi par ce biais.

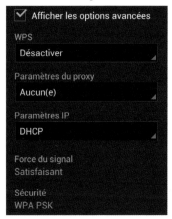

❸ Appuyez sur **Analyser** de sorte à rechercher ou rafraîchir les réseaux Wi-Fi à proximité. L'option **Paramètres avancés** permet de d'activer ou de désactiver la notification Android lorsque vous vous trouvez à proximité d'un réseau Wi-Fi, de couper le Wi-Fi lorsque le téléphone est en veille, de sélectionner la bande de fréquence Wi-Fi (5 GHz ou 2,4 GHz) et de connaître votre adresse MAC et votre adresse IP.

❹ Sélectionnez ensuite le réseau Wi-Fi de votre choix. Il s'agira la plupart du temps de la connexion Wi-Fi personnelle de votre fournisseur d'accès à Internet. Une connexion à un réseau Wi-Fi sécurisé nécessite, espérons-le, la saisie d'un mot de passe.

❻ Une fois la connexion établie, vous pourrez alors naviguer sur Internet. Vous n'aurez plus à saisir le mot de passe lors des prochaines connexions à votre réseau Wi-Fi, sauf à volontairement « oublier » votre réseau (voir ci-après).

La bande passante d'un réseau Wi-Fi 5 GHz est bien plus importante qu'en 2,4 GHz. Au niveau de la sécurité, le 5 GHz est aussi souvent mis en avant compte tenu de sa portée, qui est moins grande que celle du 2,4 GHz. (Un voisin qui capte votre 2,4 GHz ne captera pas forcément votre 5 GHz.) Quoi qu'il en soit, le choix entre 5 GHz et 2,4 GHz dépend de votre box, qui n'est peut-être pas compatible avec ces deux bandes de fréquences !

WPS (*Wi-Fi Protected Setup*)) est une norme qui prévoit que la protection d'un réseau Wi-Fi puisse être activée au moyen d'un simple bouton sur l'appareil concerné. Vous pouvez ainsi connecter un périphérique certifié WPS à un réseau Wi-Fi domestique en appuyant simplement sur un bouton prévu pour cet usage ou en entrant le code numérique, pour que les paramètres réels du réseau soient transmis à la machine et que cette dernière puisse s'y connecter.

Oublier un réseau Wi-Fi

❶ Pour supprimer la connexion et le mot de passe associé à un réseau Wi-Fi, maintenez une pression longue sur ledit réseau Wi-Fi et sélectionnez l'option **Déconnecter le réseau**. Le mot « Déconnecter » est mal approprié dans la mesure où vous serez effectivement déconnecté du réseau, mais le mot de passe ne sera plus mémorisé. De fait, vous devrez saisir de nouveau le mot de passe pour vous reconnecter ! Cette option est en fait utile pour supprimer un réseau Wi-Fi sur lequel vous vous étiez connecté, dans un aéroport par exemple, et qui ne sera vraisemblablement plus utilisé.

❷ L'option **Modifier config. réseau** permet de changer le mot de passe associé au réseau en question. Notez bien qu'il ne s'agit nullement de modifier le mot de passe Wi-Fi de votre *box*, mais de modifier celui qui est enregistré sur le Galaxy SIII.

❸ Lorsque vous êtes connecté en Wi-Fi, une icône 📶 vous le signale dans la barre de statuts. Les flèches sont parfois colorées, elles indiquent alors le sens de transmission des données (descendant ou ascendant), vous permettant ainsi de savoir si vous recevez des données ou en envoyez.

SOFT_LEARNING
Déconnecter le réseau
Modifier config. réseau

Comment se connecter au hotspot d'un FAI ?

La plupart des fournisseurs d'accès à Internet (FAI), tels qu'Orange, SFR et Free pour ne citer que les principaux, proposent un service de *hotspots* qui transforme le parc des *box* de leurs clients en *hotspots* accessibles à tous (plus précisément à leurs propres clients).

Il est ainsi possible de se connecter à Internet quasiment partout en France, dès lors que vous vous trouvez près d'un client du même fournisseur d'accès à Internet (sous réserve qu'il ait une *box* compatible et qu'il ait accepté de la partager en *hotspot*). Adressez-vous à votre FAI pour connaître les modalités de tels services, gratuits de surcroît. Chaque opérateur téléphonique décline cette offre sous une dénomination propre : FreeWifi, Hotspot SFR WiFi, Pass Wifi d'Orange, *etc.*

 Pour rappel, pour activer FreeWiFi lorsque vous êtes client ADSL chez Free, il vous suffit de vous rendre sur https://wifi.free.fr/ et de taper le code à 4 chiffres qui s'affichera sur votre Freebox.

Quoi qu'il en soit, il existe sur Google Play Store des applications qui permettent d'utiliser ces services. Cela peut s'avérer particulièrement utile pour se connecter à Internet, notamment si vous êtes en déplacement, en vacances, ou si vous avez besoin d'une connexion de secours.

Qu'est qu'EAP-SIM ?

Comme nous l'avons vu précédemment, la plupart des fournisseurs d'accès à Internet proposent un service de *hotspot* à leurs clients leur permettant de se connecter un peu partout en France (FreeWifi, Hotspot SFR WiFi, Pass Wi-Fi d'Orange, *etc.*)

Dans la pratique, pour vous connecter à un tel *hotspot* depuis votre Galaxy SIII (ou depuis un ordinateur), il vous faut saisir un identifiant et un mot de passe. Avec l'EAP-SIM, cela n'est pas nécessaire, puisque c'est votre carte SIM qui sert à vous identifier. Le passage de la 3G à n'importe quel *hotspot* peut donc se faire à la volée, sans que vous ayez besoin de saisir le moindre mot de passe

 L'opérateur Free supportant ce type de service EAP-SIM, il sera possible de vous authentifier sur un réseau FreeWifi *via* les informations contenues dans la carte SIM. Nous expliquons ci-après la procédure à suivre pour les *hotspots* FreeWifi.

❶ Recherchez un réseau Wi-Fi portant le nom **FreeWifi_secure**. Si un tel nom de réseau Wi-Fi n'existe pas, c'est que vous n'êtes pas à proximité d'un utilisateur de Free disposant d'une box compatible (Les Freebox V5 et Revolution sont déjà compatibles avec le protocole EAP-SIM).

❷ Dans la boîte de dialogue **Méthode EAP**, sélectionnez **SIM** puis appuyez sur **Connexion**.

❸ Vous voici connecté au réseau Wi-Fi, sans avoir eu à saisir ni identifiant ni de mot de passe !

Qu'est-ce que le Wi-Fi Direct ?

Le Wi-Fi Direct est une norme qui permet des connexions Wi-Fi multiples et directes de point à point, sans passer par un point d'accès. Il est ainsi possible de relier directement deux smartphones, des ordinateurs, des baladeurs, des appareils photo numériques, des imprimantes ou des disques durs externes par exemple (le tout sans passer par votre *box*). Le Wi-Fi Direct est une connexion très similaire au Bluetooth, qui pourrait bien signer l'arrêt de mort de cette norme.

Dans cet exemple, nous allons transmettre une musique d'un Galaxy SIII à un autre, en utilisant une connexion Wi-Fi Direct.

❶ Parcourez l'application **Lecteur MP3** du Galaxy SIII puis maintenez une pression longue sur la musique à envoyer à votre ami. Sélectionnez **Partager musique via**.

❷ Appuyez sur **Wi-Fi Direct** dans la liste des applications disponibles.

3 Le Galaxy SIII se met à rechercher les périphérique compatible Wi-Fi Direct.

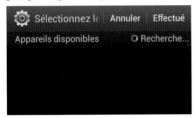

4 Demandez au propriétaire de l'autre Galaxy SIII (ou SII) d'activer le Wi-Fi Direct sur son smartphone en appuyant sur le bouton **Menu** du téléphone ▶ **Paramètres** ▶ **Paramètres supplémentaires** ▶ **Wi-Fi Direct** sur **I**.

5 Vous verrez alors apparaître l'autre téléphone sur votre Galaxy SIII. Cochez la case en regard de son nom et appuyez sur **Effectué** pour envoyer la musique sur cet appareil.

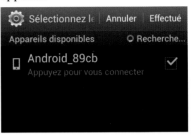

6 L'autre téléphone reçoit une invitation à accepter ou à refuser votre MP3.

Les fichiers sont transmis et sauvegardés sur la carte mémoire, dans **/sdcard/ shareViaWifi**.

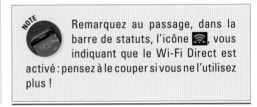
Remarquez au passage, dans la barre de statuts, l'icône 📶, vous indiquant que le Wi-Fi Direct est activé : pensez à le couper si vous ne l'utilisez plus !

Échanger des fichiers par Bluetooth

Le Bluetooth utilise une technologie de radio courte distance destinée à simplifier les connexions entre les appareils électroniques. Concrètement, cette technologie permet, par exemple, d'échanger des fichiers entre deux téléphones (ou un ordinateur et un téléphone), mais aussi et surtout de brancher des écouteurs compatibles Bluetooth sur le smartphone sans liaison filaire. Dans cet exemple, nous expliquons comment établir une connexion entre deux téléphones en vue de recevoir une photo d'un ami.

❶ Appuyez sur le bouton **Menu** du téléphone ▸ **Paramètres** puis basculez le bouton I/O sur **I** pour activer le Bluetooth. Appuyez ensuite sur le mot **Bluetooth** pour configurer la connexion.

❷ Votre Galaxy SIII est situé tout en haut de l'écran (GT-I9300). Il est clairement indiqué que ce téléphone n'est pas « visible » par les autres appareils ; cela signifie que si quelqu'un autour de vous recherche des téléphones Bluetooth à proximité, il ne verra pas le vôtre.

❸ Cochez **GT-I9300** pour rendre identifiable (visible) votre téléphone. Pour des questions de sécurité, la durée de visibilité est limitée à 2 minutes, mais vous pouvez augmenter les délais depuis **Paramètres** accessible depuis le bouton **Menu** du téléphone (« expiration de la visibilité »).

❹ Durant ces 2 minutes, votre téléphone est ainsi visible par les périphériques Bluetooth autour de vous. Demandez au propriétaire de l'autre téléphone de vous envoyer la photo depuis l'application **Galerie.** (Il n'a pas besoin au préalable

d'activer le Bluetooth : cela lui sera proposé.) Depuis l'application **Galerie**, il faut appuyer sur la photo puis sur **Bluetooth.**

❺ Vous recevrez alors un message sur votre smartphone vous indiquant qu'un périphérique (un Galaxy SIII dans cet exemple) souhaite se connecter à votre téléphone. Acceptez la demande.

❻ Vous pouvez suivre l'état d'avancement du téléchargement dans la barre de notifications Android. Les fichiers ainsi récupérés sont stockés sur votre carte mémoire, dans **/sdcard/bluetooth**.

❼ Remarquez au passage dans la barre de statuts l'icône 🛈, vous indiquant que le Bluetooth est activé : pensez à le couper si vous ne l'utilisez plus !

Comment partager la connexion Internet ?

Configurer un point d'accès Wi-Fi (*hotspot* en anglais) sur son smartphone consiste à autoriser un ou plusieurs utilisateurs (ordinateurs, smartphones, tablettes ou n'importe quel autre périphérique Wi-Fi) à se connecter sur votre smartphone afin d'accéder à Internet grâce à votre connexion EDGE, 3G ou 3G+.

Transformer le Galaxy SIII en point d'accès Wi-Fi est particulièrement utile si vous disposez d'une tablette Android ou d'un ordinateur et que vous ne disposez pas de réseau Wi-Fi à proximité. Vous pourrez alors vous connecter à Internet par l'intermédiaire de la connexion *data* du Galaxy SIII.

Notez que certains opérateurs téléphoniques peuvent brider l'accès à cette fonction, mais aussi et surtout son utilisation. Veillez donc dans un premier temps à ne pas abuser de cette fonction de sorte à ne pas vous retrouver avec des factures téléphoniques salées !

❶ Appuyez sur le bouton **Menu** du téléphone ▸**Paramètres** ▸ **Paramètres supplémentaires** ▸ **Point d'accès et modem**.

❷ Basculez le bouton **Point d'accès mobile** I/O sur **I** pour activer le service. L'icône 📶 dans la barre de statuts, vous indique que le point d'accès Wi-Fi est activé.

❸ Le paramétrage n'est pas terminé pour autant, appuyez désormais sur le mot **Point d'accès mobile** de façon à définir un nom et un mot de passe pour votre réseau.

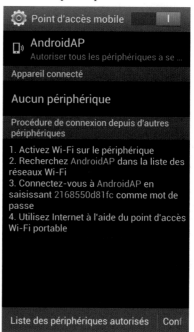

❹ Par défaut, tous les périphériques Wi-Fi sont autorisés à se connecter, dans la mesure où ils connaissaient le mot de passe qui vous est communiqué.

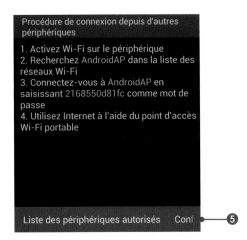

⑤ Si vous souhaitez modifier le mot de passe qui vous est proposé par défaut, appuyez sur **Configurer** en bas à droite de l'écran. L'option **Liste des périphériques autorisés** vous permet de filtrer les périphériques autorisé à se connecter à votre Galaxy SIII d'après l'adresse MAC de la carte réseau.

- **SSID du réseau** : donnez le nom que vous souhaitez à votre réseau Wi-Fi.

- **Sécurité** : *Ouvert* crée un réseau Wi-Fi accessible sans mot de passe (déconseillé), *WPA PSK* ou *WPA2 PSK*, un réseau Wi-Fi protégé par un mot de passe que vous devrez ensuite définir.

⑥ Vous pouvez alors vous connecter depuis votre tablette Android, votre ordinateur ou tout autre périphérique et accéder ainsi à Internet, votre téléphone faisant office de borne Wi-Fi. Recherchez le réseau Wi-Fi ainsi créé (« AndroidAP ») et connectez-vous-y comme vous le feriez avec n'importe quel autre réseau Wi-Fi à proximité. Pensez à décocher l'option lorsque vous n'utilisez plus le partage de connexion !

> **NOTE** Un point d'accès Bluetooth fonctionne sur le même principe qu'un point d'accès Wi-Fi, il permettra à un deuxième téléphone ou à votre tablette Android de se connecter à Internet par l'intermédiaire de votre smartphone, *via* une connexion Bluetooth.

Comment configurer le SIII en modem attaché ?

Une connexion dite en mode « modem attaché » (en anglais, *Tethered modem* ou *Tethering*) permet à votre ordinateur portable ou de bureau d'être connecté à Internet, en utilisant la connexion *data* de votre téléphone. Le téléphone fait donc office de « modem », il est relié à l'ordinateur *via* un câble USB. Cela est particulièrement pratique lorsque vous souhaitez accéder à Internet depuis votre ordinateur, portable le plus souvent, mais que vous ne disposez pas d'un réseau Wi-Fi disponible !

❶ Assurez-vous que le mode **Débogage USB** n'est pas activé (voir, au chapitre 4, « Qu'est-ce que le mode Débogage USB ? »).

❷ Branchez le câble USB à votre téléphone puis à l'ordinateur.

❸ Appuyez sur le bouton **Menu** du téléphone ▸**Paramètres** ▸ **Paramètres supplémentaires** ▸ **Point d'accès et modem**.

Point d'accès et modem

❹ Cochez l'option **Modem USB.** Patientez quelques instants (si cette option est grisée, c'est que votre Galaxy SIII n'est pas correctement relié à l'ordinateur *via* un câble USB).

❺ L'icône apparaît dans la barre de statuts, indiquant que le mode **Modem USB** est activé. La connexion entre l'ordinateur et Internet, par l'intermédiaire du téléphone, est activée !

> **NOTE**
> Il n'est possible que la connexion ne s'établisse pas immédiatement, nous vous recommandons vivement de rebooter votre PC et d'éteindre votre téléphone, puis de recommencer les cinq étapes précédentes dans l'ordre. Assurez-vous aussi qu'aucune adresse IP fixe n'est configurée sur le PC. La connexion modem nécessite Windows Vista, Windows 7 ou Linux. Si vous disposez de Windows XP, vous devez au préalable télécharger un pilote sur votre ordinateur. Nous vous invitons à parcourir l'aide en ligne pour plus d'informations : http://www.android.com/tether#usb.

Qu'est-ce que le NFC ?

Le NFC (*Near Field Communication*, technologie de communication de proximité) permet d'échanger des données entre un lecteur et n'importe quel terminal mobile ou entre les terminaux eux-mêmes.

Les applications réelles peuvent être divisées en trois grandes catégories :

• Le contrôle d'accès ou la billetterie, où l'utilisateur doit seulement placer le dispositif stockant le billet électronique ou le code d'accès à proximité du lecteur.

• Le paiement mobile, où l'utilisateur doit confirmer l'interaction en entrant un mot de passe ou en acceptant simplement la transaction.

• Les applications qui permettent de relier deux dispositifs compatibles NFC pour le transfert de pair à pair de données comme de la musique, des images ou la synchronisation de carnets d'adresses.

Les applications ludiques pour démocratiser les NFC sont aujourd'hui très peu nombreuses. Nous nous intéressons donc dans le cadre de cet ouvrage à la troisième catégorie, qui permet d'échanger des données (photos, musiques, documents…) entre deux téléphones NFC.

Lorsque vous activez le NFC, la technologie de transfert de fichiers **Android Beam** s'active. Samsung a developpé sa propre version de **Beam**, baptisée **S-Beam,** qui s'utilise conjointement avec la technologie NFC et en Wi-Fi Direct.

Retenez ceci : pour échanger des fichiers, des applications, des photos ou des musiques entre deux téléphones, vous utiliserez la fonction S-Beam, qui elle-même aura recours au NFC et au Wi-Fi Direct, mais à votre place.

❶ Appuyez sur le bouton **Menu** du téléphone ▸**Paramètres** ▸ **Paramètres supplémentaires** ▸ **S-Beam**. (Il n'est pas utile de cocher **NFC** : S-Beam le fera lui-même.)

❷ Activez **B-Beam** en basculant le bouton I/O sur **I**.

❸ Revenez à l'écran précédent : vous remarquerez que l'option **NFC** s'est activée automatiquement.

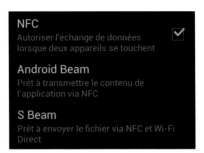

❹ Activez S-Beam de la même façon, sur le Galaxy SIII de votre ami. Vous êtes désormais prêt à vous échanger des documents !

❺ Affichez une photo de la **Galerie** en plein écran (ou sélectionnez une ou plusieurs photos) et « collez » dos à dos les deux Galaxy SIII. Le téléphone se met alors à vibrer, puis il vous est proposé d'envoyer la photo à votre ami. Touchez la photo pour précéder au transfert.

6 Sur l'écran de votre ami s'affiche alors un message indiquant que la connexion est en cours. Il recevra la photo dans le dossier **/sdcard/sBeamShare**.

Connexion...

Préparation du téléchargement de fichiers via S Beam...

Annuler

7 Une fois le transfert terminé, pensez à désactiver S-Beam, le NFC et le Wi-Fi Direct.

NOTE

Vous pouvez vous échanger ainsi des photos, des vidéos (depuis l'application **Galerie**), une musique (*via* le lecteur MP3), des contacts du carnet d'adresses, un plan **Google Maps**, des applications (Ouvrez une application dont votre ami ne dispose pas et rapprochez les téléphones : il sera redirigé vers le Google Play Store.), une page Web, une page du Google Play Store, *etc*.

Qu'est-ce que Google Cloud Print ?

L'impression dans les « nuages » de Google est un service qui permet d'imprimer des documents depuis n'importe quel terminal sans nécessiter l'installation de pilotes.

Google Cloud Print est compatible avec le Galaxy SIII, une tablette Android ainsi qu'un ordinateur de bureau dans la mesure où vous utilisez **Google Chrome** comme navigateur Web.

Pour connecter votre imprimante, activez le connecteur Google Cloud Print à l'aide d'un ordinateur Windows ou Mac connecté à celle-ci. Rappelons que vous devrez utiliser Google Chrome sur votre ordinateur !

Nous vous invitons à parcourir l'aide en ligne de Google Cloud Print : http://support.google.com/cloudprint/

NOTE

Si vous utilisez Windows XP, assurez-vous également que le Microsoft XML Paper Specification Pack est installé (http://www.microsoft.com/fr-fr/download/details.aspx?id=11816)

❶ Depuis votre ordinateur, ouvrez le navigateur Google Chrome et identifiez-vous si ce n'est pas déjà fait : cliquez sur la clé à molette 🔧 ▸ **Se connecter à Chrome** :

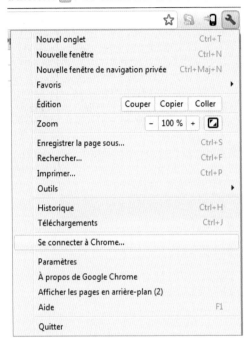

❷ Depuis ce menu, cliquez ensuite **Paramètres** puis **Afficher les paramètres avancés** (tout en bas).

Afficher les paramètres avancés...

❸ Cliquez sur le bouton **Activer le connecteur Google Cloud Print.**

Google Cloud Print

Google Cloud Print vous permet d'accéder aux imprimantes de cet ordinateur, l'activer.

Activer le connecteur Google Cloud Print

❹ Cliquez sur **Add Printer(s)**

Printer confirmation

Click below to add all of the printers connected to this computer to Google Cloud Print for account ███████████

This step is not required to print to Google Cloud Print. Clicking "Add printer(s)" will just add your local printers to your account. Cloud Ready Printers can connect directly without this step.

Add printer(s)

❺ Votre imprimante est à présent associée à votre compte Google et connectée à Google Cloud Print. Vous pouvez utiliser cette imprimante lorsque vous êtes connecté au même compte Google sur votre Galaxy SIII.

Nous supposerons, dans la suite de cet ouvrage, que vous avez correctement associé votre imprimante à **Google Cloud Print.**

Pour imprimer *via* **Google Cloud Print** depuis votre Galaxy SIII, vous devez utiliser des applications prévues à cet effet, parmi lesquelles nous pouvons citer :

• **Google Drive** (en version Web) ;

• **Cloud Print** (Paulo Fernades) : application Android qui vous permet d'imprimer des fichiers à partir de votre appareil smartphone Android ;

• **PrinterShare Mobile Print** (Mobile Dynamix) : application payante ;

• **Easy Print** (Flipdog Solutions, LLC) : application Android qui vous permet d'imprimer des fichiers à partir de votre appareil smartphone Android.

Si votre imprimante est éteinte (vous n'êtes pas nécessairement à côté de cette dernière lorsque vous imprimez !), la tâche d'impression se réalisera dès que vous l'allumerez. Dirigez-vous vers https://www.google.com/cloudprint/manage.html pour accéder à la page de gestion de vos imprimantes.

Nous pourrions aussi citer le navigateur Google Chrome à partir duquel il est possible d'imprimer sur Google Cloud Print, mais en version « bureau » uniquement, donc depuis votre ordinateur. Pour ce faire, appuyez sur Ctrl + P (ou sur **Imprimer** dans le menu clé à molette), puis choisissez **Imprimer avec Google Cloud Print** dans le menu déroulant. Cela vous permet, par exemple, d'imprimer à distance n'importe quel document Google Drive sur votre imprimante personnelle !

Imprimer avec Google Drive

Google Drive est un service de stockage et de partage de fichiers en ligne de Google. Concurrent de Dropbox et de Skydrive notamment, il permet aux utilisateurs de stocker, partager, modifier et visualiser différents types de fichiers, et de les synchroniser à distance avec des terminaux fixes (PC, Mac) ou mobiles (voir le chapitre 14 sur Google Drive).

Google Drive permet de stocker des documents Microsoft Word, Excel, Powerpoint ainsi que des documents Google Docs, le format de documents bureautiques propriétaire de Google. L'application Android **Google Drive** ne permet pas d'imprimer tous les types de documents avec **Google Cloud Print** à l'heure où nous écrivons ces lignes. Nous nous limiterons donc à l'impression de documents **Google Docs**.

❶ Lancez **Google Drive** sur votre Galaxy SIII et appuyez sur **Mon Drive** pour accéder à vos documents. Ouvrez un document Google Docs, reconnaissable à l'icône ▤.

❷ Ouvrez le document à imprimer, puis appuyez sur le bouton **Menu** du téléphone ▸ **Ouvrir dans le navigateur**.

❸ Votre document est ouvert dans Google Drive, mais en version Web (accessible aussi directement depuis l'URL https://drive. google.com/)

Tous les d... | **Voyages** | � | Édition

Guadeloupe

Hôtel La Cocoteraie **** - Pointe-à-Pitre - Guadeloupe

A 40 km de l'aéroport Pôle Caraïbes, situé à Saint François, entre le plus beau lagon de l'île de la Guadeloupe et le Golf signé Robert Trent Jones. L'hôtel La Cocoteraie vous invite à vivre la plus unique des expériences exotiques.
Son charme colonial et son confort raffiné vous guideront vers d'infinies rêveries.
Hôtel de charme et de caractère pour un séjour inoubliable en Guadeloupe.

❹ Pour imprimer le document, appuyez sur ⩒ ▸ **Imprimer.** Sélectionnez votre imprimante, une *HP OfficeJet 5600* dans cet exemple. Notez la possibilité de créer un PDF directement dans Google Drive !

❮ Google Documents - Voyages

Google Cloud Print

🔍

🖨 HP Officejet 5600 series

☁ Enregistrer dans Google Drive
Enregistrer le document au format PDF dans Google ...

🖨 Fax

📱 GT-I9100

📱 GT-I9100

Autres imprimantes (8 au total)

❺ Spécifiez les options d'impression puis appuyez sur **Imprimer**.

❮ Google Documents - Voyages

« Imprimantes | **Google Cloud Print** | Imprimer

Document : Voyages
Imprimante : HP Officejet 5600 series

Assembler ☑

Couleur [Couleurs vraies (24 bpp) ⇕]

Copies − [1] +

Orientation ● Portrait
○ Paysage

1

NOTE Une autre façon d'imprimer des documents Google Drive est d'installer l'application gratuite **Print Cloud** (Paulo Fernandes). Cette application, décrite un peu plus loin, vous permettra notamment d'imprimer des documents Microsoft Office.

Imprimer sous Gmail

L'application Android n'est pour le moment pas compatible avec **Google Cloud Print**, mais rien ne vous interdit d'imprimer depuis Gmail en mode Web !

❶ Connectez-vous à `https://gmail.google.com/` depuis votre navigateur Android, puis ouvrez l'e-mail à imprimer. (Nous recommandons le navigateur Chrome plutôt que le navigateur installé par défaut sur le Galaxy SIII.)

❷ Appuyez sur ⚹ ▸ **Imprimer.**

❸ Sélectionnez votre imprimante et les caractéristiques d'impression, comme indiqué dans la section précédente (« Imprimer avec Google Drive »).

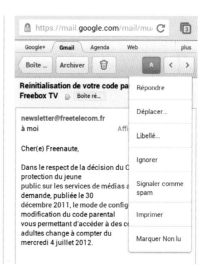

Imprimer avec Cloud Print

Cloud Print est une application Android, gratuite de surcroît (avec publicité), qui vous permet d'imprimer, sur votre imprimante Google Cloud Print, des documents *pdf, jpg, jpeg, docx, ods, xls, xlsx, ppt, odp, txt, doc, xps.*

❶ Téléchargez **Cloud Print** (Paulo Fernandes) depuis Google Play Store. Lancez l'application représentée par l'icône suivante :

❷ Au lancement de l'application, sélectionnez le compte Google que vous avez utilisé pour vous connecter à Google Cloud Print. Si vous n'avez qu'un seul compte Google, la question ne se pose pas !

Choisissez le compte dans lequel vous avez configuré Google Cloud Print

❸ Autorisez l'application **Cloud Print** à accéder à Google Cloud Print (cette étape est obligatoire, si vous refusez, vous ne pourrez pas imprimer !).

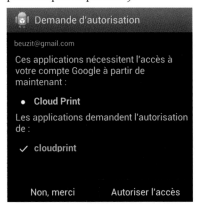

❹ Enfin, choisissiez l'imprimante par défaut à utiliser, soit **Compatible Google Cloud Print** dans notre cas.

❺ Sélectionnez l'imprimante qui est rattachée à votre ordinateur, il s'agit d'une HP *OfficeJet 5600* dans cet exemple.

❻ Vous pouvez désormais parcourir les différentes options de l'application. Nous ne nous attarderons pas sur cette dernière dans cet ouvrage, sachez néanmoins que vous pourrez imprimer n'importe quel fichier, image, SMS, contact, *etc.*

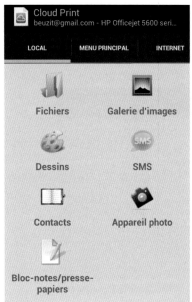

❼ Découvrons à présent comment imprimer une photo sans ouvrir l'application **Cloud Print**. Lancez l'application **Galerie** et touchez l'image pour faire apparaitre le menu. Appuyez sur 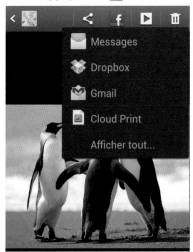 ▸ **Cloud Print**.

❽ Lancez votre impression !

❾ Pour imprimer un document Microsoft Office stocké sur Google Drive, lancez l'application Drive, ouvrez le document à imprimer et choisissez **Cloud Print**.

❿ Pour imprimer une photo issue de Facebook, affichez la photo en plein écran, puis appuyez sur le bouton **Menu** du téléphone ▸ **Publier** ▸ **Cloud Print**.

⓫ Pour imprimer une pièce jointe reçue sur Gmail, une photo ou un document PDF par exemple, appuyez sur **Afficher** et sélectionnez dans la liste l'application **Cloud Print**.

Voici le logo

Je contacte Jean Sylvain et je reviens vers toi très vite avec la description de son activité et les mots-clés

Merci encore et à très vite

Qu'est-ce que le carnet d'adresses Google ?

Gérer ses contacts est devenu chose aisée sous Android. Encore faut-il prendre les bonnes dispositions dès le début.

Autrefois, l'utilisateur d'un téléphone portable devait enregistrer ses contacts sur la carte SIM ou dans la mémoire du téléphone. Sous Android, les contacts doivent être sauvegardés dans le **carnet d'adresses Google**, qui lui-même est synchronisé sur les serveurs de Google. Ce carnet est directement lié à votre compte Google et accessible depuis Gmail.

Lorsque vous ajoutez, modifiez ou supprimez un contact depuis votre ordinateur, votre Galaxy SIII est automatiquement mis à jour quelques minutes après. L'inverse est valable aussi : si vous ajoutez, modifiez ou supprimez un contact depuis votre téléphone, la mise à jour sera alors automatiquement répercutée sous Gmail.

En résumé, le carnet d'adresses Google apporte les bénéfices suivants :

• Vos contacts sont sauvegardés sur les serveurs de Google, pas uniquement dans votre téléphone.

• Si vous êtes à court de batterie, vous accédez malgré tout à vos contacts *via* Gmail, depuis un ordinateur.

• Si vous modifiez un contact sur Gmail (téléphone, nom, adresse, *etc.*), les modifications sont automatiquement mises à jour sur le téléphone (et inversement).

• Si vous changez de téléphone ou disposez d'une tablette Android, vos contacts se synchroniseront automatiquement sur le nouvel appareil, sans aucune intervention de votre part.

• Si vous disposez de plusieurs comptes Google, vous pourrez alors vous constituer un carnet d'adresses par compte, un carnet d'adresses personnel et un professionnel par exemple !

Pour plus d'informations, rendez-vous sur http://www.google.com/contacts.

Créer le carnet d'adresses Google

Nous vous conseillons de saisir vos contacts depuis un ordinateur plutôt que depuis votre Galaxy SIII, tout au moins au moment de créer le carnet d'adresses, pour la simple raison qu'il est plus facile de saisir et modifier du texte avec une souris plutôt que du bout du doigt. Nous verrons, bien sûr, dans cet ouvrage, comment ajouter et supprimer des contacts depuis le Galaxy SIII.

❶ Depuis votre ordinateur, ouvrez la messagerie Gmail à l'aide de votre compte Google. Notez que vous n'avez nullement besoin de connecter le Galaxy SIII à l'ordinateur.

❷ Cliquez sur **Contacts** pour faire apparaître le carnet d'adresses Google.

❸ Cliquez sur le bouton **Nouveau contact**.

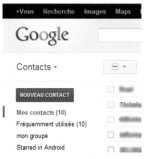

❹ Saisissez les champs adéquats et téléchargez une photo, si vous le désirez.

❺ Cliquez sur le bouton Groupe  pour associer le nouveau contact à un ou plusieurs groupes. Cliquez sur **Nouveau Groupe** pour créer des groupes à la volée.

❻ La création de groupes est fortement conseillée : cela permet non seulement de trier vos contacts par catégories, mais aussi, comme nous le verrons ultérieurement, d'afficher dans votre carnet d'adresses les seuls contacts issus de certains groupes ! (voir « Créer des groupes de contacts » dans le présent chapitre).

❼ Cliquez sur le bouton **Enregistrer** pour confirmer la sauvegarde de votre contact (Google sauvegarde automatiquement à intervalles réguliers la création de nouveaux contacts).

> **NOTE**
> Le groupe **Starred in Android** sous Gmail en version Web correspond au groupe Favoris sous un smartphone Android. Ainsi, tous les contacts placés dans le groupe **Starred in Android** seront considérés comme vos contacts « favoris », donc classés dans un dossier spécifique, accessibles facilement depuis l'application **Contacts** du Galaxy SIII.

Importer les contacts d'un iPhone

Vous avez cédé votre ancien iPhone obsolète, mais souhaitez néanmoins récupérer vos contacts ?

1 Depuis votre navigateur Web de bureau, rendez-vous à l'adresse `https://www.icloud.com/`. Connectez-vous avec votre identifiant **iCloud**, puis sélectionnez l'onglet **Contacts**.

2 Cliquez sur la roue dentée ▸ **Tout sélectionner** pour choisir l'ensemble de vos contacts.

3 Cliquez de nouveau sur la roue dentée ▸ **Exporter une vCard**. Un fichier *.vcf est alors sauvegardé dans votre ordinateur.

3 Importez ce fichier dans Gmail, conformément à la procédure décrite ci-après (« Importer les contacts depuis un fichier CSV ou vCard »).

 L'application **Contacts Tool** (Marcio Almeida), disponible sur l'Apple Store, vous permet de copier vos contacts vers un fichier vCard (*.vcf). Vous utiliserez alors ce même fichier pour réimporter vos contacts dans le carnet d'adresses Google, *via* Gmail.

Importer les contacts depuis un fichier CSV ou vCard

Gmail propose un module d'importation des contacts au format CSV ou vCard. Si vos contacts sont issus d'un client de messagerie tel qu'Outlook, Outlook Express, Yahoo! Mail, Hotmail, Eudora ou Apple (voir section précédente), vous pourrez ainsi les importer en masse et éviter une saisie longue et fastidieuse.

❶ Depuis Gmail, cliquez sur **Contacts** pour faire apparaître le carnet d'adresses Google, puis cliquez sur **Importer des contacts.**

❷ Sélectionnez votre fichier CSV ou vCard puis cliquez sur **Importer**. Les contacts seront alors placés dans un groupe libellé avec la date du jour de l'import.

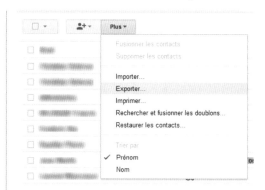

NOTE — Parcourrez l'aide en ligne de Google pour plus de plus amples informations sur l'import de contacts : https://support.google.com/mail/bin/answer.py?hl=fr&answer=14024

Comment sauvegarder le carnet d'adresses Google ?

Il est recommandé de sauvegarder votre carnet d'adresses Gmail une fois que ce dernier est constitué. En effet, lors des premières utilisations sous Android, vous pourriez commettre quelques petites erreurs de jeunesse qui seraient, de fait, automatiquement répercutées *via* la synchronisation automatique. Il n'est pas très compliqué, par exemple, d'effacer tous les contacts par inadvertance.

❶ Depuis Gmail, cliquez sur **Contacts** pour faire apparaître le carnet d'adresses Google, puis cliquez sur le bouton **Plus ▶ Exporter.**

② Assurez-vous que le bouton radio **Tous les contacts** est coché. Sélectionnez le format CSV Google qui facilitera une réimportation en cas de nécessité. Cliquez sur le bouton **Exporter** et enregistrez le fichier dans un endroit sûr de votre disque dur :

③ Si vous disposez de plusieurs comptes Google, procédez ainsi pour chacun des carnets d'adresses.

vCard est un format de fichiers standard pour les cartes de visite électroniques. Les fichiers vCard, dont l'extension est .vcf, sont toujours attachés au courrier électronique, mais peuvent aussi être échangés comme des fichiers classiques.

Synchroniser le carnet d'adresses Google sur le GSIII

Vos contacts ont été fraîchement saisis ou importés dans votre carnet d'adresses Google, vous avez sauvegardé le carnet d'adresses, vous pouvez maintenant synchroniser les contacts sur votre smartphone Android.

La synchronisation permet simplement d'importer de façon automatique les contacts du carnet d'adresses Google vers votre téléphone (et réciproquement).

La synchronisation est en fait automatique, vous n'avez donc pas nécessairement besoin de la déclencher manuellement.

① Appuyez sur le bouton **Menu** du téléphone ▸ **Paramètres** ▸ **Comptes et synchro.**

② Assurez-vous que la synchronisation est automatique, c'est-à-dire sur **I**.

③ Sélectionnez ensuite votre compte Google et vérifiez que l'option **Synchroniser contacts** est effectivement cochée. Les contacts que vous modifierez depuis Gmail se mettront à jour sur le Galaxy SIII automatiquement, à intervalles réguliers. Si vous modifiez un contact sur le Galaxy SIII, il se mettra à jour pareillement sur Gmail.

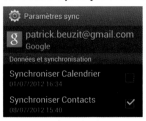

Nous vous invitons à parcourir le chapitre 4 « À quoi servent les données de synchronisation ? », pour plus d'informations sur la synchronisation des contacts Google.

Qu'est-ce que l'application Contacts ?

L'application **Contacts** est une application Android par laquelle accéder et gérer vos contacts depuis le Galaxy SIII. L'application **Contacts** vous permet d'accéder à votre carnet d'adresses Google ainsi qu'à vos autres contacts : Hotmail, Facebook, Twitter, Google+, *etc.*

❶ Lancez l'application **Contacts** représentée par l'icône suivante :

❷ L'application **Contacts** se compose de quatre onglets : **Téléphone** (pour accéder à l'application du même nom), **Groupes** (liste des contacts selon les groupes auxquels ils appartiennent), **Contacts** (l'ensemble des contacts) et **Favoris** (vos contacts « favoris » issus du groupe « *Starred in Android* » dans Gmail).

❸ Appuyez sur l'onglet **Contacts** pour afficher vos contacts. Les contacts issus de votre carnet d'adresses Google sont identifiés par une icône bleue en forme de « G ».

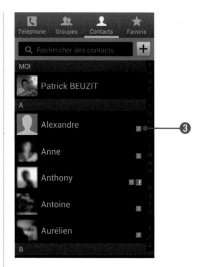

❹ Recherchez un contact à l'aide du moteur de recherche ou bien appuyez directement sur l'une des lettres de l'alphabet, à droite de l'écran. Dans ce chapitre, nous parcourrons en détail les différentes fonctions proposées par l'application **Contacts**.

Comment n'afficher que les contacts avec un numéro de téléphone ?

Tous vos contacts n'ont pas nécessairement de numéro de téléphone, aussi trouverez-vous un intérêt à masquer ces contacts de sorte à mettre en avant ceux disposant d'un téléphone.

❶ Appuyez sur l'onglet **Contacts** puis sur le bouton **Menu** du téléphone ▶ **Paramètres**. (Déroulez la liste si vous ne voyez pas apparaître **Paramètres.**)

❷ Si vous cochez l'option **Uniq. les contacts avec n° tél**, vous ne verrez que les contacts pour lesquels un numéro de téléphone a été renseigné.

Afficher les contacts par carnets d'adresses

Contrairement à ce que l'on pourrait croire, l'application **Contacts** du Galaxy SIII n'affiche pas uniquement les contacts issus du carnet d'adresses Google, mais aussi ceux des carnets d'adresses d'autres services ou applications, tels que Facebook, Skype, Msn/Hotmail, Google+, Twitter, *etc.* ainsi que les contacts de la carte SIM. Encore faut-il que vous ayez installé ces applications !

❶ Appuyez sur l'onglet **Contacts** puis sur le bouton **Menu** du téléphone ▸ **Contacts à afficher**.

❷ Vous ne verrez pas nécessairement autant de comptes affichés que dans l'exemple ci-dessous : cela dépendra des applications installées dans votre Galaxy SIII. Par exemple, si vous n'avez pas installé l'application Skype, vous ne verrez pas, de fait, vos contacts Skype ! (Lisez, au chapitre 4, « À quoi servent les données de synchronisation ? » pour en savoir plus à ce sujet.)

❸ Notez dans la liste la présence de **SIM** (et **Téléphone)** qui vous permet d'afficher les éventuels contacts issus de la carte SIM (vous pourriez en avoir si vous avez inséré une carte SIM d'un ancien téléphone).

❹ Si vous appuyez par exemple sur le carnet d'adresses Facebook, vous ne verrez que les contacts issus de ce réseau social, ce qui peut finalement ne pas vous satisfaire, car vous souhaiteriez sans doute voir aussi vos contacts Google. Appuyez alors sur **Liste personnalisée** pour décider vous-même quel(s) carnet(s) d'adresses afficher et/ou masquer.

❺ Ouvrez les différents carnets d'adresses et cochez ou non les contacts et/ou groupes que vous souhaitez afficher.

❻ Notez par la même occasion la possibilité d'afficher ou masquer, pour les carnets d'adresses Google, les contacts de certains groupes.

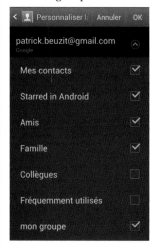

❼ Devant vos contacts est affichée une ou plusieurs icônes indiquant le ou les carnets d'adresses dont ils sont issus.

Fusionner deux contacts

❶ Il arrive souvent qu'un contact soit présent dans deux carnets d'adresses, celui de Google et celui de Facebook par exemple. L'application Contacts n'est pas toujours en mesure de faire le rapprochement toute seule. Appuyez sur le libellé du contact que vous souhaitez « conserver ». Cela ne signifie pas que le deuxième contact sera supprimé, mais ses données (téléphone, adresse,

e-mail…) seront fusionnées avec le premier contact.

② Appuyez ensuite sur le bouton **Menu** du téléphone ▸ **Associer le contact** puis appuyez sur le contact à fusionner, c'est-à-dire le deuxième.

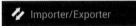

③ Pour dissocier un contact, procédez de la même façon : ouvrez le contact, appuyez sur le bouton **Menu** du téléphone puis sélectionnez **Dissocier le Contact.**

Exporter les contacts de la carte SIM vers le carnet d'adresses Google

Nous l'avons vu précédemment, il vous est possible de n'afficher dans votre carnet d'adresses que les contacts de la carte SIM. Si vous avez de tels contacts, il est conseillé de les transférer vers le carnet d'adresses Google :

① Vérifiez que vous avez des contacts dans la carte SIM (voir « Afficher les contacts par carnets d'adresses » ci-dessus). Si vous n'avez pas de contacts en carte SIM, cette partie ne vous concerne pas. Sinon, lancez l'application **Contacts** et appuyez sur l'onglet **Contacts**.

② Appuyez sur le bouton **Menu** du téléphone ▸ **Importer/Exporter**. (Faites défiler la liste vers le haut si vous ne voyez pas cette option.)

④ Sélectionnez **Importer depuis la carte SIM**, puis le compte Google dans lequel vous souhaitez copier vos contacts issus de la carte SIM.

⑤ Sélectionnez tous vos contacts grâce à l'option **Sélectionner tout** et procédez à l'importation.

À ce stade, vos contacts ont normalement tous été déplacés dans votre carnet d'adresses Google. Pour vous en assurer, connectez-vous à Gmail et vérifiez que votre carnet d'adresses contient effectivement de nouveaux contacts, en ayant pris soin d'attendre suffisamment longtemps qu'une synchronisation automatique ait eu lieu (sinon, provoquez-la manuellement).

Supprimer les contacts de la carte SIM

Assurez-vous que les contacts de la carte SIM ont été correctement importés dans le carnet d'adresses Google (ces contacts doivent donc figurer dans Gmail). Il convient de supprimer les contacts de la carte SIM devenus inutiles, de manière à ne pas avoir de doublons avec ceux de Google.

❶ Affichez les seuls contacts issus de la carte SIM (voir « Afficher les contacts par carnets d'adresses »).

❷ Les contacts stockés sur la mémoire SIM sont généralement associés à une icône 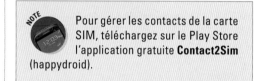 en forme de carte à puce SIM, ce qui vous permet de les identifier facilement.

❸ Appuyez ensuite sur le bouton **Menu** du téléphone ▶ **Supprimer** (faites défiler la

liste vers le haut si vous ne voyez pas cette option) et cochez **Sélectionner tout** puis confirmez.

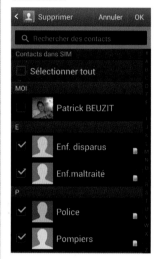

> **NOTE** Pour gérer les contacts de la carte SIM, téléchargez sur le Play Store l'application gratuite **Contact2Sim** (happydroid).

Créer un nouveau contact

Nous avons vu précédemment comment créer un contact depuis l'application Gmail, néanmoins vous souhaitez sans doute aussi gérer vos contacts depuis le Galaxy SIII.

❶ Lancez l'application **Contacts** puis sélectionnez l'onglet **Contacts**. Appuyez sur l'icône en forme de +.

② Ouvrez le menu déroulant **Contact Google** pour sélectionner le carnet d'adresses dans lequel créer le contact.

③ Sélectionnez bien évidemment un compte Google ! Sous Android, il n'y a pas d'intérêt à créer ses contacts sur la carte SIM.

④ Saisissez les données relatives à votre contact (nom, prénom, téléphone…). Cliquez sur l'icône en forme de visage pour associer une photo à votre contact (voir également « Associer une photo à un contact »). Placez votre contact dans un groupe et associez éventuellement une sonnerie spécifique à votre contact .

⑤ Sauvegardez votre contact en appuyant sur OK .

Associer une photo à un contact

Quoi de plus agréable que de voir la photo de son interlocuteur lorsque ce dernier vous appelle ? S'il est possible d'ajouter une photo à un contact depuis l'application **Contacts** (voir précédemment), Android permet également d'associer une photo à un contact de façon très simple et intuitive, grâce à l'application **Galerie**, installée par défaut sur le Galaxy SIII.

① Lancez l'application **Galerie** et affichez en plein écran la photo à associer à l'un de vos contacts. (Nous reviendrons plus en détail sur l'application **Galerie** au chapitre 11 de cet ouvrage.)

② Appuyez sur le bouton **Menu** du téléphone ▸ **Définir l'image en tant que…**.

3 Appuyez sur **Photo du contact**.

4 Recherchez la personne en question grâce à l'application **Contacts**. Répétez l'opération pour chacun de vos contacts.

Mettre à jour un contact

1 Lancez l'application **Contacts** puis sélectionnez l'onglet **Contacts**. Maintenez une pression longue sur le contact à modifier.

2 Une fenêtre contextuelle s'ouvre alors avec différentes options possibles pour ce contact.

- **Modifier :** modifie le contact.

- **Supprimer :** supprime le contact du carnet d'adresses.

- **Associer le contact :** associe un contact à un autre du carnet d'adresses (voir « Fusionner deux contacts »).

- **Partager les informations du contact :** permet d'envoyer par SMS certaines informations de contact (téléphone, e-mail, *etc.*).

- **Ajouter/Supprimer des favoris :** ajoute ou supprime le contact de vos favoris (voir « Placer un contact dans vos favoris »).

- **Ajouter au groupe :** place le contact dans un groupe spécifique (voir « Créer des groupes de contacts »).

- **Ajouter à la liste de rejet :** place le contact dans la liste de rejet (voir « Rediriger les appels d'un contact vers le répondeur »).

- **Partager carte de visite *via* :** permet de partager la fiche contact à une tierce personne (par e-mail, SMS, *etc.*).

- **Imprimer carte de visite :** permet d'imprimer certaines informations de contact sur une imprimante Samsung.

❸ Une autre façon de modifier un contact est d'afficher sa fiche et d'appuyer sur l'icône .

❹ Modifiez les informations de contacts, ajoutez ou supprimez des champs en appuyant sur ➕. Confirmez vos modifications en appuyant sur **Enreg.**

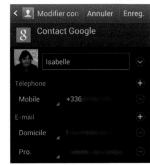

Créer des groupes de contacts

Si vous disposez de nombreux contacts, il est conseillé de les classer par groupes : amis, famille, travail, *etc.*, de sorte à rendre la gestion de vos contacts plus facile.

❶ Lancez l'application **Contacts** puis sélectionnez l'onglet **Groupes**. Notez que vous ne verrez pas nécessairement les mêmes groupes que sur l'écran suivant.

❷ Appuyez sur le bouton **Menu** du téléphone ▶ **Nouveautés** pour créer un nouveau groupe. Notez l'option **Modifier l'ordre**, qui permet d'afficher les groupes selon un ordre qui vous convient (pas forcément alphabétique).

❸ Appuyez sur **Créer un groupe dans** pour sélectionner le ou les carnet(s) d'adresses dans lesquels créer ce nouveau groupe. Donnez un nom à votre groupe et associez-lui éventuellement une sonnerie distincte. Tous les contacts de ce groupe auront ainsi la même sonnerie !

❹ Appuyez enfin sur **Ajouter membre** pour associer un ou plusieurs de vos contacts à ce nouveau groupe.

❺ Confirmez la création du groupe en appuyant sur **Enreg.**

 NOTE Placez dans le groupe **ICE-Contacts d'urgence** les contacts à joindre en priorité en cas d'accident. **ICE** (*In Case of Emergency*, « En cas d'urgence », ECU en français) est un programme qui vise à aider les premiers intervenants (comme le personnel paramédical, les pompiers et les agents de police) à contacter les proches des victimes pour obtenir des informations médicales importantes.

Placer un contact dans vos favoris

L'onglet **Favoris** de l'application **Contacts** regroupe tous vos contacts préférés (« favoris »). Il est ainsi possible de les retrouver facilement. Il y a différentes façons de placer un contact dans ses favoris.

❶ Lancez l'application **Contacts** puis sélectionnez l'onglet **Contacts**. Maintenez une pression longue sur un contact ▶ **Ajouter au Favoris**.

❷ Vous pouvez aussi ouvrir la fiche contact d'une personne et appuyez sur l'étoile (en haut à droite) pour qu'elle devienne jaune :

❸ Ouvrez ensuite l'onglet **Favoris** de l'application **Contacts** pour accéder à l'ensemble de vos contacts préférés.

Qu'est-ce que la numérotation rapide ?

La numérotation rapide permet d'appeler un contact en maintenant le doigt appuyé sur une touche de 2 à 9 du téléphone (on peut donc associer jusqu'à 8 contacts à une numérotation rapide, la touche 1 étant réservée à votre messagerie vocale).

❶ Lancez l'application **Contacts** puis sélectionnez l'onglet **Contacts**.

❷ Appuyez sur le bouton **Menu** du téléphone ▶ **Numérotation rapide**.

❸ Sélectionnez une touche non utilisée (là où est inscrit +) pour associer à un contact une numérotation rapide. Dans cet exemple, nous avons associé un contact à la touche 2 du téléphone.

❹ Pour supprimer l'association fraîchement créée, maintenez une pression longue sur la touche 2.

❺ Quittez l'application **Contacts** et ouvrez l'application **Téléphone** représentée par l'icône suivante (ou appuyez sur l'icône **Téléphone** de l'application **Contacts**).

❻ Maintenez une pression longue sur la touche 2 pour appeler votre contact.

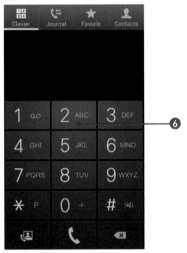

> **NOTE**
> Le numéro de téléphone de la messagerie vocale est propre à votre opérateur téléphonique. Pour régler ce numéro, lancez l'application **Téléphone**, appuyez sur le bouton **Menu** du téléphone ▶ **Paramètres d'appel** ▶ **Appels** ▶ **Param. messagerie vocale**.

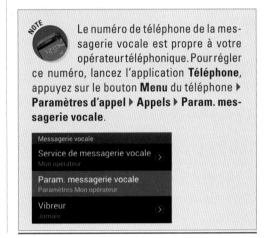

Rediriger les appels d'un contact vers le répondeur

Si vous ne souhaitez plus recevoir d'appels de l'un de vos correspondants, vous pouvez le placer dans une liste noire. Lorsque votre correspondant vous appellera, il tombera directement sur votre messagerie. Notez que la liste noire ne bloque pas la réception des SMS.

❶ Lancez l'application **Contacts** et sélectionnez l'onglet **Contacts**.

❷ Ouvrez la fiche du contact que vous souhaitez bloquer, puis appuyez sur le bouton **Menu** du téléphone ▶ **Ajouter à la liste de rejet**.

❸ Sur la fiche de ce contact figure désormais le symbole indiquant qu'il figure dans votre liste noire.

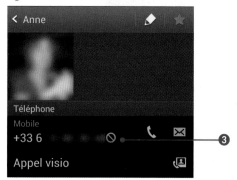

❹ Retournez dans le même menu pour enlever cet ami de la liste noire.

❺ Pour accéder à l'ensemble de vos contacts placés en liste noire, parcourez le chapitre 8, « Gérer la liste des appels rejetés ».

> **NOTE** Vous trouverez sur Google Play Store l'application **Call Filter** (Telemarks Co.Jp) qui permet de bloquer les appels ou SMS des personnes de votre carnet d'adresses.

Appeler un contact

Maintenant que vous maîtrisez à perfection votre carnet d'adresses, il convient de s'intéresser à la façon dont on appelle un contact.

❶ Lancez l'application **Contacts** et sélectionnez l'onglet **Contacts**. Maintenez

votre doigt sur le contact à appeler et déplacez-le vers la droite pour initier un appel téléphonique.

② Déplacez votre doigt vers la gauche pour lui envoyer un SMS.

❸ Lorsque vous appelez un contact de cette façon, et que ce même contact dispose de plusieurs numéros de téléphone (personnel, professionnel, mobile, fixe, *etc.*) l'application **Contacts** utilise alors le numéro par défaut (voir ci-après « Définir un numéro par défaut »).

Définir un numéro par défaut

Lorsqu'un contact dispose de plusieurs numéros de téléphone (et d'adresses e-mail), il convient de spécifier celui par défaut.

❶ Ouvrez la fiche contact et maintenez une pression longue sur le numéro de téléphone à définir par défaut ▶ **Définir par défaut**.

② Une petite coche bleue indique alors le numéro de téléphone défini par défaut.

Chapitre 8

Téléphoner et envoyer des SMS

*R*appelons qu'un smartphone est avant tout un téléphone ! Dans ce chapitre, vous apprendrez à composer ou à refuser des appels, à initier une conversation à trois, à afficher ou masquer votre numéro, à interdire les appels vers l'étranger, à transférer les appels vers votre messagerie, à récupérer les pièces jointes envoyées par MMS, et bien d'autres astuces encore !

Accepter ou refuser un appel

Lorsque vous recevez un appel, la photo du contact et son numéro de téléphone s'affichent, à condition qu'il ne l'ait pas masqué, bien entendu !

① Glissez le bouton vert vers la droite pour accepter l'appel. Glissez le bouton rouge vers la gauche pour le refuser.

② Glissez le menu déroulant **Rejeter l'appel avec message** vers le haut pour refuser l'appel et envoyer automatiquement un SMS à votre contact.

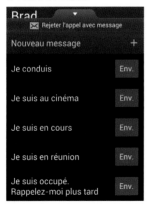

③ Appuyez alors sur **Env.** pour expédier ce message par SMS à votre correspondant.

④ Vous pouvez configurer vos propres messages à travers les options de configuration de l'application. Depuis l'application **Téléphone**, appuyez sur le bouton **Menu** du téléphone ▶ **Paramètres d'appel** ▶ **Définir messages de rejet**.

NOTE Il est possible de répondre à un appel à l'aide du bouton **Accueil** du téléphone, plutôt que de faire glisser l'icône verte vers la droite. De même pour raccrocher, vous pouvez utiliser le bouton marche/arrêt du téléphone. Pour ce faire, depuis l'application **Téléphone**, appuyez sur le bouton **Menu** du téléphone ▶ **Paramètres d'appel** ▶ **Début/fin d'appel** puis cochez les options **Touche de réponse** et/ou **Touche Marche pour terminer un appel**.

Accepter un double appel

Vous êtes en conversation au téléphone avec un ami et vous recevez un double appel. Procédez comme suit pour accepter ce deuxième appel et mettre votre premier interlocuteur en attente :

❶ Lors d'une conversation téléphonique, vous recevrez l'appel du deuxième interlocuteur. Acceptez cet appel comme habituellement :

❷ Il vous est alors proposé de mettre votre premier interlocuteur en attente ou de mettre fin à l'appel. Appuyez sur **Mettre en attente.**

❸ Vous êtes désormais en conversation avec votre deuxième interlocuteur (en haut de la liste en vert).

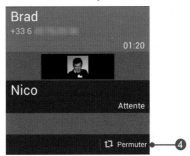

❹ Appuyez simplement sur **Permuter** pour reprendre la conversation avec votre premier interlocuteur et mettre, de fait, le second en attente.

❺ Votre premier interlocuteur se retrouve en haut de l'écran en vert, tandis que le second est en attente.

Gérer la liste des appels rejetés

Vous vous êtes constitué une liste noire de contacts desquels vous ne souhaitez pas recevoir d'appels vocaux et visio (voir au chapitre 7 « Rediriger les appels d'un contact vers le répondeur »). Néanmoins, peut-être souhaitez-vous débloquer cette liste à tout moment, afin que ces amis puissent vous appeler. Débloquer tous les contacts de la liste est certainement plus pratique que de sortir ces amis, un à un, de la liste noire !

❶ Lancez l'application **Téléphone** et appuyez sur le bouton **Menu** du téléphone ▸ **Paramètres d'appel** ▸ **Rejet de l'appel**.

- **Mode de rejet** : permet de désactiver la liste noire. Si vous avez des contacts dans votre liste noire, ils pourront désormais vous appeler.

- **Liste de rejet auto** : permet de connaître les contacts en liste noire.

❷ Appuyez sur **Liste de rejet auto**.

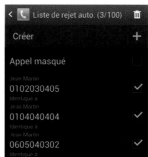

❸ Maintenez une pression longue sur un contact pour le supprimer définitivement de la liste noire ou cochez/décochez-le pour le sortir de la liste provisoirement. Si vous avez renseigné plusieurs numéros pour un même contact, l'ensemble des numéros sont bloqués par défaut, mais vous pouvez autoriser un contact à vous appeler sur un numéro uniquement.

❹ Cochez **Appel masqué** pour bloquer les appels dont le numéro est masqué.

Quelles sont les autres options d'appel ?

Android permet de régler finement les options liées à la sonnerie des appels. Tous ces réglages se font depuis l'application **Téléphone.**

❶ Lancez l'application **Téléphone** et appuyez sur le bouton **Menu** du téléphone ▸ **Paramètres d'appel** ▸ **Sonnerie d'appel**.

- **Vibration en cas d'appel :** fait vibrer le Galaxy SIII lorsque votre interlocuteur prend l'appel et/ou raccroche.

- **Tonalités état d'appel** : émet un son lors de la connexion avec votre interlocuteur, un bip de durée d'appel (toutes les minutes) et un bip de fin d'appel.

• **Signal d'appel** : permet d'activer ou non les notifications d'alarmes et de SMS lors d'un appel.

❷ Nous avons vu précédement que, lors d'un appel, le bouton permettait d'améliorer significativement le son émis sur le haut-parleur.

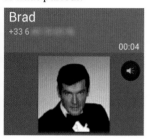

❸ Si vous souhaitez supprimer cette icône, procédez comme suit : appuyez sur le bouton **Menu** du téléphone ▸ **Paramètres d'appels** et décochez **Vol. suppl. pour appels.**

Vol. suppl. pour appels
Le bouton de volume supplémentaire
apparaît à l'écran pendant les appels

❹ Pour augmenter le volume de la sonnerie lorsque le téléphone est dans votre poche, cochez l'option correspondante :

Augment. volume poche
Le volume de la sonnerie augmente
lorsque l'appareil est dans votre
poche ou dans votre sac   ✓

Transférer un appel vers un autre numéro

Vous ne souhaitez ou ne pouvez recevoir d'appels, mais aimeriez néanmoins transférer ces appels vers un autre numéro ? Utilisez la fonction de transfert d'appels, qui permet de rediriger des appels vocaux ou visio vers un numéro de votre choix.

❶ Depuis l'application **Téléphone**, appuyez sur le bouton **Menu** du téléphone ▸ **Paramètres d'appel** ▸ **Transfert d'appel**.

❷ Sélectionnez **Appel vocal** ou **Visio**, puis redirigez les appels vers un numéro de votre choix.

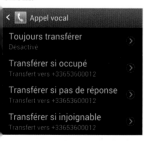

• **Toujours transférer** : transfère tous les appels vers un numéro de votre choix.

• **Transférer si occupé** : transfère les appels reçus alors que vous êtes déjà en ligne.

• **Transférer si pas de réponse** : transfère les appels auxquels vous ne répondez pas.

• **Transférer si injoignable** : transfère les appels si vous ne n'êtes pas joignable (car hors de portée ou car le téléphone est éteint).

> **NOTE** Par défaut, les appels transférés sont dirigés vers votre messagerie. Pensez à noter le numéro quelque part avant tout changement !

Appeler en visioconférence

Le Samsung Galaxy SIII, doté d'une caméra frontale, offre la possibilité d'émettre des appels en visioconférence. Cette fonctionnalité n'est possible qu'avec des téléphones compatibles. Si votre correspondant ne dispose pas d'un téléphone compatible, vous en serez averti lors de l'appel et vous pourrez alors basculer vers un appel vocal classique. Vérifiez auprès de votre opérateur téléphonique si votre forfait permet l'émission d'appels en visioconférence sans surfacturation. Sinon, gare à la note !

❶ Pour émettre un appel en visioconférence, ouvrez l'application **Téléphone** (ou **Contacts**) puis affichez la fiche contact de l'un de vos correspondants et appuyez sur l'icône **Appel visio**.

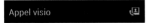

❷ Lors de l'appel, appuyez sur le bouton **Obectif** pour alterner entre la caméra frontale et la caméra arrière. Appuyez sur **Masquer mon image** si vous ne souhaitez pas diffuser votre image.

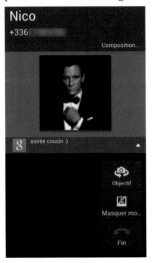

Lors d'un appel visio, votre caméra frontale s'allume et diffuse automatiquement votre image. Si vous préférez afficher une image fixe plutôt que votre image en temps réel, procédez ainsi :

❶ Lancez l'application **Téléphone** puis appuyez sur le bouton **Menu** du téléphone ▶ **Paramètres d'appel**. Décochez l'option **Vidéo lors d'un appel reçu**.

❷ Sélectionnez ensuite le menu **Image appel visio** puis sélectionnez l'image fixe à afficher en lieu et place du flux vidéo.

Consulter l'historique des appels

❶ Lancez l'application **Téléphone**, puis sélectionnez l'onglet **Journal**. L'historique de vos appels est accompagné d'icônes et de flèches colorées :

- ✉ historiques relatifs à un SMS ou à un MMS.

- 📞 historique relatif à un appel téléphonique.

- 📲 historique relatif à un appel visio.

❷ Les flèches colorées vous informent sur la nature de l'appel ou du SMS :

- ➡ indique un appel que vous avez émis et auquel le correspondant à répondu.

- ⬅ indique un appel reçu et auquel vous avez répondu.

- ✖ indique un appel en absence.

- ⊘ indique un appel reçu auquel vous n'avez pas répondu.

❸ Si vous vous y perdez dans la signification de ces différentes icônes, vous avez la possibilité de filtrer l'historique. Appuyez sur le bouton **Menu** du téléphone ▶ **Afficher Par**.

❹ Pour supprimer l'intégralité de l'historique, appuyez sur le bouton **Menu** du téléphone ▶ **Supprimer**.

Masquer son numéro de téléphone

❶ Pour masquer ponctuellement votre numéro de téléphone à la personne que vous appelez (appel masqué), faites précéder son numéro de téléphone par #31# (par exemple, #31#0699887755)

❷ Néanmoins, si vous souhaitez masquer systématiquement votre numéro de téléphone à l'ensemble de vos interlocuteurs, lancez l'application **Téléphone** puis appuyez sur le bouton **Menu** du téléphone ▶ **Paramètres d'appel** ▶ **Paramètres supplémentaires** ▶ **Identité de l'appelant**.

❸ Sélectionnez l'option désirée.

Interdire les appels vers l'étranger

Android offre la possibilité de restreindre les appels émis depuis votre téléphone aux seuls numéros préalablement renseignés. Cette fonctionnalité concerne plus vraisemblablement les entreprises qui disposent de flottes de téléphones pour leurs employés et qui souhaitent limiter les appels à certains numéros uniquement.

❶ Lancez l'application **Téléphone** puis appuyez sur le bouton **Menu** du téléphone ▶ **Paramètres d'appel** ▶ **Paramètres supplémentaires** ▶ **Restriction d'appel**.

Restriction d'appel

❷ Appuyez sur **Appel vocal** puis cochez l'option **Appels internationaux** pour mettre en œuvre cette fonction. Il vous sera demandé de saisir un mot de passe de 4 caractères. Veillez à le mémoriser, vous en aurez besoin pour désactiver la fonction !

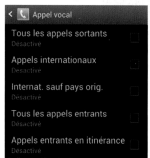

Envoyer un SMS/MMS

Bien que l'envoi de SMS/MMS soit devenu un geste largement maîtrisé par les utilisateurs de téléphones et de smartphones en particulier, nous vous présentons néanmoins l'application **Messages** du Galaxy SIII :

❶ Lancez l'application **Messages** représentée par l'icône suivante :

❷ L'application liste les différents SMS/MMS reçus, du plus récent au plus ancien. Les messages non lus sont identifiés par une icône spécifique **1**. La disponibilité de vos contacts Google Talk est indiquée par une un point vert (*libre*) ou orange (*inactif*).

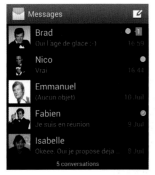

❸ Tout comme dans l'application **Téléphone**, glissez un contact vers la gauche pour lui envoyer un SMS ou vers la droite pour l'appeler.

❹ Appuyez sur **✎** pour écrire un nouveau SMS/MMS. Dans la zone **Saisir le destinataire**, entrez le numéro de téléphone ou plus vraisemblablement le nom du ou des destinataires du SMS. Maintenez une pression longue sur l'un des destinataires

pour le supprimer de la liste (dans cet exemple, *Isabelle* et *Nico*). L'icône **🔲** ouvre le carnet d'adresses en vue d'une sélection d'un ou plusieurs contacts.

❺ On l'oublie souvent, mais il est possible d'ajouter un objet à votre SMS : appuyez sur le bouton **Menu** du téléphone ▸ **Ajouter un objet** puis saisissez l'objet de votre SMS.

❻ Tapez votre SMS dans la zone **Entrer un message.** Appuyez sur le bouton **Menu** du téléphone pour ajouter des émoticons (*smiley*) à votre SMS.

❼ Enfin, appuyez sur **✉** pour envoyer le SMS. L'historique de la conversation apparaît alors, avec l'heure et la date d'envoi des messages. Attention, l'ajout d'un objet au sein du message convertit automatiquement le SMS en MMS !

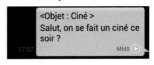

 Téléchargez l'application **SMS Popup** (Adam K) sur Google Play Store pour afficher un *pop-up* à l'arrivée d'un nouvel SMS !

Envoyer des messages prédéfinis

L'application **Messages** du Galaxy SIII permet d'envoyer des SMS prédéfinis à vos contacts.

❶ Composez un nouveau SMS puis appuyez sur le bouton **Menu** du téléphone ▸ **Ajouter texte** ▸ **Modèles SMS**.

❷ Appuyez sur un modèle de texto prédéfini qui vous convient.

❸ Vous pouvez créer vos propres modèles de SMS *via* le bouton **Menu** du téléphone ▸ **Paramètres** ▸ **Définir des modèles de texte**.

Envoyer une pièce jointe

Le MMS étend les capacités des SMS, qui sont limités à 160 caractères, et permet notamment de transmettre des photos, des enregistrements audio ainsi que de la vidéo.

❶ Composez un nouveau SMS puis appuyez sur 📎 pour adjoindre un document au SMS qui se transforme alors en MMS. Sélectionnez le type de documents à joindre à votre MMS : photo, vidéo, fichier audio, message vocal, entrée de l'agenda, contact, *etc.*

❷ Pour supprimer une pièce jointe, maintenez une pression longue sur cette dernière puis choisissez **Supprimer**. La suppression de l'ensemble des pièces jointes reconvertit alors le MMS en SMS.

❸ Le texte que vous insérez se place par défaut sous la pièce jointe.

❹ Inversez cet ordre en appuyant sur le bouton **Menu** du téléphone ▸ **Mise en forme (bas)** et sélectionner **Texte au premier Plan**.

Envoyer une photo

Contrairement à une vidéo, l'envoi d'une photo déjà existante (issue de l'application **Galerie**) réduit considérablement la résolution de cette dernière afin qu'elle soit suffisamment légère pour être envoyée par MMS. Cela constitue un avantage, il n'est pas nécessaire de se soucier de la résolution des photos à envoyer par MMS. Néanmoins, si le destinataire de votre MMS souhaite conserver la photo, envoyez-lui par e-mail plutôt que par MMS.

❶ Lancez l'application **Galerie** et affichez en plein écran la photo à envoyer. Touchez l'écran pour faire apparaître les menus, parmi lesquels ◄ ▸ **Messages**.

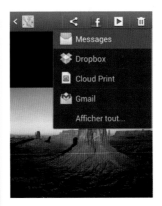

❷ La taille de la photo est alors automatiquement réduite pour pouvoir être envoyée par MMS.

173

Envoyer une vidéo

La taille des vidéos envoyées par MMS ne doit pas dépasser 295 ko, ce qui est finalement très peu pour une vidéo ! Si vous tentez d'envoyer une vidéo existante (présente dans l'application **Galerie**), l'opération risque d'échouer car votre vidéo sera certainement trop volumineuse et, contrairement aux photos, l'application **Messages** ne réduit pas la résolution des vidéos.

Privilégiez donc de filmer la vidéo au moment d'envoyer le MMS et non *a posteriori* :

❶ Composez un nouveau MMS puis appuyez sur 🖉 ▸ **Enregistrer une vidéo**.

❷ L'application **Appareil Photo** s'ouvre en mode Caméscope. Filmez la scène et contrôlez la barre de progression (en bas), qui vous indique à quel moment l'enregistrement vidéo va se terminer.

❸ En procédant ainsi, vous êtes sûr que votre vidéo pourra être envoyée par SMS !

Créer un diaporama

Android autorise l'envoi de « diaporamas ». Un diaporama est composé de plusieurs « diapositives » qui s'affichent les unes après les autres. Prenez soin d'insérer des images et/ou vidéos très légères en poids, sinon vous seriez limité en nombre de diapositives à envoyer.

❶ Composez un nouvel SMS et saisissez un texte (ou insérez une photo) par exemple.

② Appuyez ensuite sur le bouton **Menu** du téléphone ▶ puis **Ajouter diapo**.

③ Ajouter alors de nouveau du texte et/ou une photo.

④ Le diaporama n'est composé pour l'instant que de deux diapositives. Ajoutez d'autres diapositives si nécessaire, comme indiqué à l'étape 2.

⑤ Lorsque votre diaporama est terminé, saisissez le numéro de téléphone de votre correspondant puis appuyez sur **Envoyer**.

Sauvegarder une pièce jointe reçue par MMS

Les pièces jointes reçues par MMS peuvent être sauvegardées dans la mémoire du Galaxy SIII.

① Ouvrez le MMS contenant la pièce jointe, une photo dans cet exemple. La lecture d'un MMS constitué d'une photo laisse à penser qu'il s'agit d'une vidéo, du fait de la présence de bouton *Stop, Avancer, Reculer*. Il n'en est rien : il s'agit d'un MMS (un diaporama) composé d'une seule diapositive (voir ci-dessus) !

❷ Pour enregistrer une pièce jointe, revenez à l'écran où figure le fils de discussion et maintenez une pression longue sur la photo. Une fenêtre s'ouvre : appuyez sur **Enreg. PJ**.

❸ Le nom du fichier qui vous a été envoyé par MMS s'affiche alors à l'écran. Cochez la case à droite puis appuyez sur **Enreg**.

❹ Le fichier est alors sauvegardé dans le dossier **/sdcard/download** de la carte mémoire.

NOTE Téléchargez **Super Backup : SMS & Contacts** (Mobile Idea Studio) sur Google Play Store pour sauvegarder vos SMS, vos contacts et l'historique de vos appels !

Effacer un fil de discussion

❶ Il est parfois souhaitable de supprimer un fil de discussion ou l'ensemble des fils de discussion reçus.

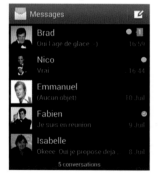

❸ Pour supprimer l'ensemble des fils de discussion, appuyez sur le bouton **Menu** du téléphone ▶ **Supprimer les fils**.

❹ Pour transférer un SMS reçu à une tierce personne, lisez-le puis maintenez une pression longue sur le message qui vous intéresse.

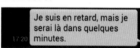

❷ Pour ne supprimer qu'un seul fil de discussion, maintenez une pression longue sur ce dernier et choisissiez l'option **Supprimer le fil**.

❺ Il vous est alors proposé de **supprimer** le SMS, le **copier** (copier/coller), le **verrouiller** de façon à le protéger contre un effacement accidentel, le **transférer** à une tierce personne, le copier dans la carte SIM (voir plus loin « Gérer les SMS stockés sur la carte SIM ») ou afficher les détails (SMS ou MMS, date d'envoi, date de réception).

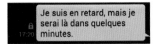

❻ Un message verrouillé est identifié par un cadenas ▣.

❼ Lorsque vous supprimez l'intégralité d'un fil de discussion contenant au moins un message verrouillé, Android vous propose alors de supprimer également les messages verrouillés.

L'envoi d'un SMS à plusieurs destinataires transforme l'icône standard ▣, habituellement associée à un contact dépourvu de photo, en icône de publipostage où plusieurs visages apparaissent ▣.

Modifier la notification sonore liée à la réception d'un SMS/MMS

❶ Lancez l'application **Messagerie** puis appuyez sur le bouton **Menu** du téléphone ▸ **Paramètres**.

❷ Cochez l'option **Notifications** (affichage dans la barre de statuts) puis sélectionnez le son qui sera joué à la réception d'un SMS/ MMS.

Paramètres de notification

Notifications
Emettre un son et afficher l'icône dans la barre d'état lorsque vous recevez des messages ☑

Sélectionner sonnerie
Sonnerie par défaut

Quelles sont les options disponibles de l'application Messages ?

L'application **Messages** met à votre disposition plusieurs autres options.

❶ Appuyez sur le bouton **Menu** du téléphone ▸ **Paramètres** pour faire apparaître un menu supplémentaire.

❷ Réglez les options d'affichage :

- **Style de bulle** vous permet de personnaliser la couleur et la forme des SMS reçus et envoyés.

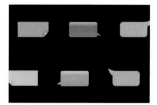

- **Style d'arrière-plan** vous permet de personnaliser la couleur de l'arrière-plan des fils de discussion.

- **Utiliser la touche volume** vous permet de régler la taille de la police de caractères à l'aide de la touche Volume du téléphone.

❸ Si vous le souhaitez, vous pouvez supprimer automatiquement les SMS ou MMS reçus lorsqu'ils dépassent une limite que vous fixez vous-même :

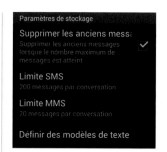

❹ Toujours dans le menu de paramétrage, il est possible de configurer un accusé de réception qui vous indiquera qu'un SMS a été correctement reçu sur le téléphone du destinataire, mais pas nécessairement lu ! Cet accusé de réception se traduit par l'apparition de l'icône ✉ dans la barre de statuts (enveloppe sur laquelle figure une croix).

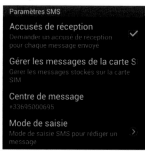

- **Accusés de réception** active la fonction d'accusé de réception pour les SMS.

- **Gérer les messages** vous permet d'accéder aux SMS stockés sur la carte SIM (voir plus loin « Gérer les SMS stockés sur la carte SIM »).

- **Centre de message** permet de préciser le numéro du centre de messagerie de votre opérateur.

- **Mode de saisie** permet de sélectionner le mode de saisie des SMS, à savoir : **alphabet GMS** ou **Unicode.** (Les alphabets chinois, cyrillique, arabe ou thaï contiennent des caractères étrangers à l'alphabet GMS et doivent être envoyés avec le standard Unicode.)

5 Vous pouvez également configurer une confirmation de réception et de lecture des MMS, à condition que le destinataire ouvre le MMS, consulte le fichier joint au MMS (voir « Sauvegarder une pièce jointe reçue par MMS ») et accepte l'envoi de cette confirmation de lecture ! L'accusé de lecture se traduit par l'apparition de l'icône dans la barre de statuts (enveloppe ouverte sur laquelle figure une croix).

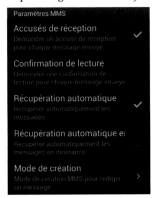

- **Accusés de réception** active la fonction d'accusé de réception pour les MMS.

- **Confirmation de lecture** active la fonction d'accusé de lecture pour les MMS.

- **Récupération automatique en itinérance** vous permet de télécharger automatiquement les MMS reçus lorsque vous êtes en itinérance de données (à l'étranger *a priori*).

- **Mode de création MMS** : *Limité, Avertissement* ou *Libre.* Lorsque vous envoyez une photo par MMS, si vous obtenez le message ci-dessous, assurez-vous d'avoir choisi l'option **Libre**.

L'option **Activation CB** (*Cell Broadcast,* diffusion cellulaire) permet aux fournisseurs de services mobiles d'envoyer simultanément par SMS des informations à tous les terminaux Android situés dans une zone géographique donnée. Elle est utilisée pour la diffusion de la météo, des informations sur l'état des routes, les hôpitaux les plus proches, *etc.* Ce service existe dans de nombreux pays, comme l'Allemagne, l'Espagne, le Portugal, l'Italie, la Chine et la Russie. Plusieurs États ont mis en place des systèmes d'alerte géolocalisés à destination de la population en cas d'évènement grave (accident, attentat...). En Europe, les discussions sur ce sujet sont en cours (source : Wikipédia).

Gérer les SMS stockés sur la carte SIM

Nous avons vu un peu plus haut comment copier un SMS sur la carte SIM (voir « Effacer le fil de discussion »). Seuls les messages courts peuvent être copiés en carte SIM, s'ils sont trop longs, l'option ne vous est pas proposée ! Pour accéder à ces messages, procédez comme suit :

➊ Lancez l'application **Messages** puis appuyez sur le bouton **Menu** du téléphone ▸ **Paramètres** ▸ **Gérer les messages de la carte SIM**.

> Gérer les messages de la carte S
> Gérer les messages stockés sur la carte SIM

➋ La liste des SMS stockés sur la carte SIM apparaît alors à l'écran. Maintenez une pression longue sur l'un des messages pour le supprimer ou le recopier dans la mémoire du téléphone.

 Recopier les SMS de la carte SIM vers la mémoire du Galaxy SIII peut être utile pour récupérer les SMS d'un ancien téléphone dès lors que vous avez inséré sa carte SIM dans votre Galaxy SIII.

Chapitre 9

Envoyer des e-mails avec Gmail

*G*mail est le service de messagerie gratuit de Google. Où que vous soyez, en France ou à l'étranger, vous aurez accès à votre messagerie par une unique URL : (https://mail.google.com) et bien évidemment depuis votre Galaxy SIII. Dans ce chapitre, vous apprendrez à lire et envoyer des e-mails, créer des libellés, trier vos messages, ajouter des signatures automatiques, personnaliser les notifications, *etc.*

Gmail utilise la notion de « conversation » pour nommer un e-mail. Dans cet ouvrage, nous utiliserons donc indifféremment le mot « conversation », « message » ou « e-mail » pour faire référence à un courrier électronique.

Configurer Gmail

Gmail ne se configure pas ! Dès lors que vous avez configuré votre compte Google sur le Galaxy SIII, vous pouvez alors lire et envoyer vos e-mails. Assurez-vous néanmoins que vous synchronisez **Gmail** dans les comptes de synchronisation (voir au chapitre 4 « À quoi servent les données de synchronisation ? »).

❶ Ouvrez l'application **Gmail** installée nativement sur tout smartphone Android. Gmail est directement liée au compte Google paramétré sur le téléphone.

❷ Toutes vos conversations figurent dans votre boîte de réception, à l'exception de celles qui ont été supprimées, archivées ou filtrées. Les nouveaux messages sont présentés en gras sur fond blanc. Les e-mails estampillés d'une étoile jaune ☆ sont considérés comme « favoris », ce qui vous permet de mieux les identifier.

- ✉ permet de composer un nouveau message.

- 🔍 permet de rechercher un message.

- 🏷 affiche tous les libellés existants. Nous reviendrons sur la notion de « libellés » dans ce chapitre.

- ↻ actualise la boîte de réception.

Lire un e-mail

1 Ouvrez la boîte de réception. Si vous disposez de plusieurs comptes Google, sélectionnez la boîte de réception à consulter.

2 La boîte de réception s'affiche alors à l'écran.

3 Appuyez sur un e-mail pour le lire. En bas de l'écran figurent quatre nouvelles icônes. Maintenez une pression longue sur ces icônes pour afficher une info-bulle relative à l'option sélectionnée.

- Appuyez sur [icône] pour archiver cet e-mail. Nous reviendrons sur la notion d'archivage dans ce chapitre.

- Appuyez sur [icône] pour supprimer cet e-mail.

- Appuyez sur [icône] pour placer cet e-mail dans un libellé (dossier).

- Appuyez sur [icône] pour marquer cet e-mail comme non lu, il redevient gras.

4 Appuyez sur le bouton **Menu** du téléphone pour afficher davantage d'options :

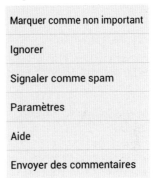

- **Marquer comme non important / Marquer comme important** : permet de marquer cet e-mail comme important ou non important (voir ci-dessous).

- **Ignorer** : permet de placer cet e-mail dans le libellé « Ignoré ».

- **Signaler comme Spam** : permet de classer cet e-mail en tant que spam.

- **Paramètres** : permet d'accéder aux options de paramétrage de l'application Gmail.

- **Aide** : pour obtenir de l'aide avec Gmail.

- **Envoyer des commentaires** : pour donner votre avis sur Gmail à ses concepteurs.

Le spam, pourriel ou polluriel est une communication électronique non sollicitée, en premier lieu *via* le courrier électronique. Il s'agit en général d'envois en grande quantité effectués à des fins publicitaires.

Comment marquer un e-mail « Important » ou « Favori » ?

Gmail offre la possibilité de marquer certains e-mails comme « favoris » ou « importants » (ou les deux !). Marquer un message de la sorte permet de le retrouver facilement dans la boîte de réception, grâce aux icônes ≫ et ☆.

❶ Ouvrez la boîte de réception puis appuyez sur l'étoile ☆ pour marquer cet e-mail comme « favori » (l'étoile devient jaune).

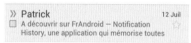

❷ Vous pouvez aussi ouvrir le message pour le lire et le marquer comme favori en cliquant sur l'étoile placée sur le bandeau bleu.

❸ Pour marquer cet e-mail comme important, appuyez sur le bouton **Menu** du téléphone ▶ **Marquer comme important** (ou **Marquer comme non important**).

❹ Dans la **Boîte de réception**, les messages sont précédés de l'une des icônes suivantes. La couleur de l'icône détermine si l'e-mail est important (jaune) ou non (grise) :

- ≫ indique un message qui vous a été adressé directement.

- ≫ indique un message pour lequel vous étiez en copie.

- ≫ indique un e-mail que vous avez reçu parce que vous êtes membre d'un groupe.

❺ Nous verrons dans ce chapitre comment accéder facilement à vos messages « Favoris » et « Importants » (voir « Afficher les e-mails d'un libellé »).

Composer un nouvel e-mail

❶ Ouvrez l'application Gmail, puis appuyez sur ✉ pour composer un nouvel e-mail. Dans le menu déroulant où apparaît votre adresse e-mail, sélectionnez le compte à partir duquel vous souhaitez envoyer votre e-mail (sous réserve que vous ayez configuré plusieurs comptes Google).

❷ Sélectionnez le destinataire en saisissant les premières lettres de son nom. Si ce dernier est dans votre carnet d'adresses, la complétion automatique vous proposera un accès direct à son adresse e-mail. Si vous souhaitez envoyer le même e-mail à plusieurs correspondants, séparez les adresses par une espace.

❸ Saisissez un objet et tapez votre message.

❹ Appuyez sur le bouton **Menu** du téléphone pour accéder à des options complémentaires. Décrivons les principales :

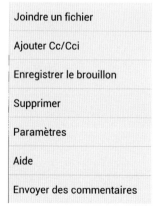

- **Joindre un fichier** : ajoute une pièce jointe. Android vous propose alors d'accéder à l'application **Galerie** du Galaxy SIII pour sélectionner une photo ou une vidéo.

- **Ajouter Cc/Cci** : avec **Cc** (copie carbone), vous mettez en copie des personnes non directement concernées par votre e-mail. Chaque destinataire verra l'adresse e-mail des personnes en copie (vous communiquez les adresses e-mail de tous vos correspondants à tous les autres). Avec **Cci** (copie carbone invisible), les personnes en copie reçoivent l'e-mail, mais leur adresse n'est pas visible par les autres destinataires (les autres destinataires ne savent pas que d'autres personnes ont reçu le message).

- **Enregistrer le brouillon** : enregistre l'e-mail en cours de rédaction.

- **Supprimer** : supprime le message en cours de rédaction, si vous ne souhaitez plus l'envoyer.

❺ Appuyez sur ➤ pour envoyer l'e-mail à votre correspondant.

Comment joindre des photos et des documents ?

Lors de la composition d'un nouvel e-mail, l'option **Joindre un fichier** décrite précédemment permet de joindre une photo ou une vidéo à votre message.

❶ Sélectionnez ensuite l'application avec laquelle « récupérer » la pièce jointe. La liste n'est pas exhaustive, elle dépend des applications installées sur votre Galaxy SIII.

❷ Sélectionnez **Galerie** pour incorporer une photo ou une vidéo à votre e-mail. Si vous avez téléchargé un gestionnaire de fichiers, tel qu'**ES Explorateur de fichiers**, vous pourrez alors joindre n'importe quel document – pas seulement des photos – à vos e-mails en parcourant la carte SD. C'est pourquoi nous vous invitons vivement à télécharger cette application sur votre Galaxy SIII (voir chapitre 13).

❸ Parcourez la **Galerie** ou votre carte SD et sélectionnez la pièce jointe en question. Le nom du fichier ainsi que sa taille sont affichés dans l'e-mail, ce qui vous permet de renoncer à l'envoi d'une pièce jointe exagérément trop lourde (de plus de 5 Mo, le téléchargement risque d'être bien long). Répétez l'opération autant de fois que vous avez de pièces jointes à envoyer.

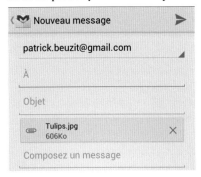

❹ Appuyez sur ✕ pour supprimer une pièce jointe de l'e-mail. Elle ne sera pas pour autant supprimée de votre téléphone !

Répondre à un e-mail

❶ Répondre à un e-mail est tout aussi simple que de créer un nouveau message. Ouvrez l'e-mail en question.

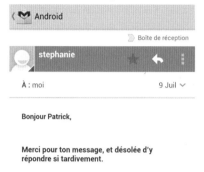

- Appuyez sur ↩ pour répondre à votre correspondant.

- Appuyez sur ⋮ ▸ **Rép. à tous** pour répondre à l'expéditeur ainsi qu'aux éventuelles personnes en copie carbone (Cc), à l'exclusion des personnes en copie carbone cachée (Cci). Appuyez sur ⋮ ▸ **Transférer** pour transférer l'e-mail à une tierce personne.

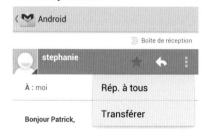

❷ Lorsque vous répondez à un e-mail, deux nouvelles options apparaissent alors en bas du message :

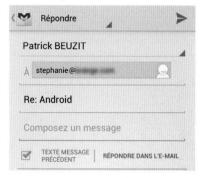

- **Texte Message Précédent** : permet d'inclure ou non le message d'origine au sein de votre réponse.

- **Répondre dans l'e-mail** : permet de répondre au sein du message et non en amont. Cela est particulièrement utile pour commenter ou annoter le texte originel.

Récupérer les pièces jointes d'un e-mail

Procédez de la façon suivante pour sauvegarder dans la mémoire du téléphone les pièces jointes d'un e-mail que vous auriez reçu. Notez que vous pouvez spécifier, dans les options de paramétrage de Gmail, de ne télécharger les fichiers joints que lorsque vous êtes connecté en Wi-Fi !

❶ Ouvrez l'e-mail en question. Les boutons ci-après ne sont pas nécessairement tous proposés, cela dépend du type de la pièce jointe (photo, document texte, PDF, musique, *etc.*).

Bonsoir,

ci-joint le contrat que je vous demanderai de bien vouloir imprimer en 2 exemplaires à me retourner signés à :

- **Aperçu** : permet de visualiser un document dans une fenêtre distincte. Si ce document comporte plusieurs pages,

seules les pages affichées sont réellement téléchargées.

- **Afficher** (ou **Lire**) : télécharge l'intégralité de la pièce jointe puis l'ouvre avec l'application appropriée.

- **Infos** : affiche des informations sur la pièce jointe. Généralement ce bouton apparaît lorsque Gmail ne sait pas avec quelle application ouvrir la pièce jointe.

- **Enregistrer** : sauvegarde la pièce jointe sur la carte mémoire du téléphone.

 Dans certains cas, Gmail ne propose pas de télécharger des pièces jointes contenues dans un e-mail, notamment celles dont il ne sait pas quelle application les ouvre. Téléchargez alors l'application **Save My Attach** (Lexa) disponible gratuitement sur Google Play Store.

Créer des libellés

Que l'on utilise Gmail à titre personnel ou professionnel, il devient nécessaire, à un moment ou un autre, de classer les différents messages reçus. Google a répondu à ce besoin à l'aide des « libellés » que l'on peut en fait comparer à des dossiers. Certains sont proposés par défaut et ne sont pas modifiables (libellés système) : *Brouillons*, *Messages envoyés*, *Messages suivis*, *Messages importants*, *Spam*, *Corbeille*, *etc.*

Vous pouvez créer vos propres libellés pour y classer vos e-mails selon une organisation qui vous est propre. La création de libellés personnalisés s'effectue depuis l'application en mode Web, donc depuis un ordinateur :

❶ Ouvrez Gmail depuis un ordinateur et cliquez sur la roue dentée ⚙ ▸ **Paramètres** (en haut à droite).

❷ Cliquez sur l'onglet **Libellés** puis créez de nouveaux libellés en cliquant sur le bouton **Nouveau libellé**. Les libellés peuvent être affichés ou non par défaut dans l'application Gmail (en mode Web). La suppression d'un libellé contenant des e-mails ne les supprime pas pour autant : ils retrouvent leur place dans la boîte de réception.

❸ Dès lors que vous aurez créé les différents libellés nécessaires, vous pourrez y classer, dans l'application Android, vos e-mails, comme indiqué ci-après.

Classer ses e-mails dans des libellés

❶ Ouvrez la boîte de réception de Gmail et cochez un ou plusieurs e-mails à « classer », c'est-à-dire à placer dans un libellé. Vous remarquerez alors que de nouvelles options apparaissent dans la barre d'icônes en bas de l'écran.

❷ Appuyez ensuite sur 🖉 et cochez le ou les libellés dans lesquels placer vos e-mails (un e-mail peut apparaître dans plusieurs libellés).

❸ Cochez le libellé **Boîte de réception**, si vous souhaitez que ces e-mails restent visibles dans la boîte de réception. (En fait, **Boîte de réception** est un libellé comme un autre !)

Archiver ses e-mails

L'archivage permet de ranger votre boîte de réception en déplaçant les messages vers le libellé **Tous les messages**. Lorsque vous ne savez pas dans quel libellé classer un e-mail

et que vous ne souhaitez pas pour autant le laisser dans la boîte de réception, archivez-le !

❶ Ouvrez la boîte de réception de Gmail et cochez un ou plusieurs e-mails à archiver. Appuyez ensuite sur l'icône ▯.

❷ Pour retrouver un message archivé, ouvrez le libellé **Tous les messages** (voir ci-après).

❸ Lorsque quelqu'un répond à un message que vous avez archivé, la conversation associée réapparaît dans votre boîte de réception.

Afficher les e-mails d'un libellé

❶ Ouvrez la boîte de réception de Gmail et assurez-vous qu'aucun e-mail n'est coché !

❷ Appuyez ensuite sur ✐ puis sélectionnez le libellé de votre choix pour en afficher son contenu.

- Le libellé **Boîte de réception** affiche les e-mails reçus et non classés.

- Le libellé **Prioritaire** est un concept proposé par Google pour afficher en priorité les e-mails les plus importants.

- Le libellé **Messages suivis** liste vos e-mails « favoris » (voir « Comment marquer un e-mail « Important » ou « Favori » ?).

- Le libellé **Important** affiche les e-mails « importants ».

- Le libellé **Message envoyés** affiche les e-mails que vous avez envoyés.

- Le libellé **Boîte d'envoi** affiche les e-mails en cours d'envoi. Ils ne restent donc dans cette boite normalement que quelques instants.

- Le libellé **Brouillons** affiche les e-mails en cours de rédaction.

- Le libellé **Tous les messages** affiche l'ensemble de vos e-mails, même ceux ayant été « ignorés » (voir « Lire un e-mail »).

Pourquoi ne synchroniser que certains libellés ?

L'application Android Gmail ne télécharge pas (ne « synchronise » pas) l'ensemble de vos e-mails, mais seulement certains d'entre eux. Vous pouvez en fait vous en réjouir, sinon votre téléphone risquerait de saturer d'e-mails, à défaut, le téléchargement de ces derniers entamerait sacrément votre forfait *data*. Aussi, Gmail propose-t-il de synchroniser les messages de certains libellés seulement (à quoi bon synchroniser les e-mails du libellé **Spam** ?)

❶ Ouvrez la boîte de réception de Gmail et assurez-vous qu'aucun e-mail n'est coché !

❷ Appuyez ensuite sur 🖉 puis sur **Gérer les libellés** (tout en bas).

GÉRER LES LIBELLÉS

❸ Appuyez sur le libellé de votre choix pour afficher ses options de synchronisation.

❹ Dans cet exemple, nous avons sélectionné le libellé **BANQUE** (libellé personnel créé sous Gmail).

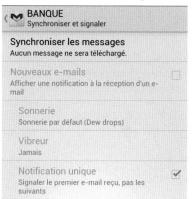

❺ Appuyez sur **Synchroniser les messages** pour modifier, si nécessaire, les options de synchronisation.

- **Ne rien synchroniser** : les messages associés à ce libellé ne sont pas synchronisés.

- **Synchroniser les 30 derniers jours** : les messages des 30 derniers jours sont synchronisés. Le nombre de 30 jours est modifiable dans les options de Gmail.

- **Tout synchroniser** : tous les messages de ce libellé sont synchronisés.

❻ Lorsque vous accédez à un libellé pour lequel aucune synchronisation n'est demandée (option **Ne rien synchroniser**), l'en-tête des messages s'affiche quand même ! De même, si vous ouvrez l'un de ces messages, il se télécharge à la « volée » (parce que vous en avez fait la demande). En revanche, si vous ne disposez pas de connexion réseau (à l'étranger par exemple), vous n'aurez alors pas accès à ces e-mails, non préalablement synchronisés ; ils ne sont donc pas présents dans votre téléphone !

❼ Enfin, vous pouvez associer à vos libellés synchronisés une sonnerie particulière de façon à identifier à la seule écoute de la notification Android la nature de l'e-mail !

Personnaliser les notifications Gmail

À la réception d'un nouvel e-mail, le téléphone est susceptible de vibrer, de sonner ou d'afficher une notification Android. Ce paramétrage est modifiable à souhait et est lié au compte Google utilisé.

❶ Ouvrez l'application Gmail, appuyez sur le bouton **Menu** du téléphone ▶ **Paramètres** et sélectionnez le compte Google à configurer.

❷ Cochez **Nouveaux e-mails** pour recevoir une notification à l'arrivée de nouveaux messages.

❸ Ouvrez le menu **Sonnerie et vibreur** pour définir la sonnerie à appliquer (ou choisissez silencieux pour ne pas être

dérangé). Appuyez sur l'option **Vibreur** pour que le smartphone vibre à la réception d'un message.

❹ En fait, vous venez de spécifier les notifications du libellé **Boîte de réception** car, sous Gmail, la boîte de réception est un libellé comme un autre !

Ajouter une signature automatique à un e-mail

L'application Android Gmail propose
d'ajouter une signature automatique à la
création d'un nouveau message. La signature
automatique correspond à l'insertion d'un
texte dans vos e-mails, généralement votre
nom et prénom par exemple.

❶ Ouvrez l'application **Gmail**, appuyez sur
le bouton **Menu** du téléphone ▶ **Paramètres**
et sélectionnez le compte Google à
configurer.

❷ Appuyez sur l'option **Signature** et
saisissez le texte de signature.

❸ Procédez à ce paramétrage pour chacun
de vos comptes Google, afin de disposer
d'une signature personnalisée qui soit
fonction du compte utilisé (vous devrez
néanmoins basculer sur le bon compte avant
de composer votre e-mail pour disposer
de la signature adéquate, sinon vous
bénéficieriez de la signature du compte à
partir duquel l'e-mail a été initié).

Comment confirmer l'envoi ou la suppression d'un e-mail ?

Ne vous est-il jamais arrivé d'envoyer un peu
hâtivement un e-mail qui n'était pas finalisé ?
N'avez-vous jamais supprimé un e-mail
par mégarde ? L'application Android Gmail
propose de confirmer certaines actions sur
les messages :

❶ Ouvrez l'application **Gmail**, appuyez
sur le bouton **Menu** du téléphone ▶
Paramètres ▶ **Paramètres généraux**.

❷ Cochez les options qui vous intéressent,
à savoir **Confirmer avant suppression**,
Confirmer avant archivage ou **Confirmer
avant envoi**.

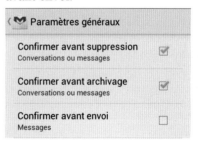

Lire ses autres messageries sur Gmail

Gmail est un client de messagerie remarquable qui dispose de fonctions élaborées pour trier, rechercher, lire et envoyer des e-mails. Nous l'avons vu, Gmail est multicompte. Vous pouvez donc lire, au sein de la même application, vos différents comptes Google.

Seulement, il n'est pas rare de disposer de plusieurs adresses e-mail autres que Google (Hotmail, MSN, Live, Yahoo!, Laposte.net, *etc.*). Aussi Google permet-il de récupérer les messages de vos autres fournisseurs de messagerie et de les lire sur Gmail, donc sur votre Galaxy SIII.

L'avantage de centraliser ses différentes boîtes de messagerie sur Gmail est multiple :

- Vous aurez accès à tous vos e-mails (Google, Hotmail, Yahoo!, *etc.*) depuis n'importe quel ordinateur relié à Internet et à travers une interface unique !

- Vos e-mails seront immédiatement accessibles sur votre smartphone, sans configuration additionnelle.

- Vous n'avez pas besoin d'un autre client de messagerie que l'application Gmail.

Le principal inconvénient à cette solution est que Gmail limite à 5 le nombre de comptes de messagerie que l'on peut ainsi configurer par compte Google.

Configurer ses autres messageries

Gmail propose un outil pour configurer les boîtes aux lettres de ses autres fournisseurs de messagerie. Nous distinguerons les messageries « connues » et prises en charge par Google, parmi lesquelles on peut citer Hotmail, Laposte.net, Live, Msn, Neuf, Orange, Voila.fr, Wanadoo, Yahoo!, de celles qui sont « privées » et qui nécessitent de connaître l'adresse du serveur POP et SMTP.

Par messageries privées, nous entendons celles de votre fournisseur d'accès à Internet par exemple et qui ne serait pas connue par Google, celle de votre travail (pour peu que vous puissiez lire votre messagerie professionnelle *via* le protocole POP ou IMAP), celle d'un nom de domaine que vous auriez acquis, *etc.*

 Si vous possédiez un iPhone et que vous souhaitiez lire vos e-mails sur votre nouveau Galaxy SIII, configurez Gmail de sorte qu'il lise votre boîte e-mail qui était configurée sur votre ancien iPhone !

La configuration de ses comptes de messagerie se fait depuis l'application Web. On mettra donc de côté le Galaxy SIII pour le moment.

❶ Ouvrez **Gmail** depuis un ordinateur et cliquez sur la roue dentée ⚙ ▸ **Paramètres** (en haut à droite).

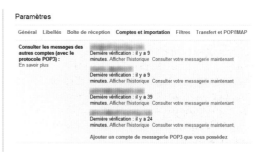

❸ Suivez la procédure proposée par Gmail. Une fois vos comptes correctement configurés, vous pourrez envoyer et recevoir les e-mails de vos différents comptes personnels, autres que Google !

❷ Sélectionnez l'onglet **Comptes et importation** et cliquez sur **Ajouter un compte de messagerie POP3 que vous possédez**.

Configurer le client de messagerie natif d'Android

Le Galaxy SIII est livré en standard avec un client de messagerie appelé **E-Mail**. Vous n'êtes ainsi pas obligé de lire sous Gmail vos autres messageries comme indiqué précédemment : vous pouvez les configurer sur cette application distincte.

Procéder ainsi est une façon simple de compartimenter vos e-mails professionnels et personnels par exemple !

❶ Lancez l'application **E-mail** représentée par l'icône suivante :

❷ Au lancement de l'application, il vous faut configurer le compte e-mail. Dans cet exemple, nous configurons une adresse e-mail MSN. Saisissez votre e-mail et le mot de passe associé au compte.

❸ Sélectionnez **Suivant** (ou **Config. manuelle** pour configurer un compte **POP3**, **IMAP** ou **Microsoft Exchange ActiveSync**).

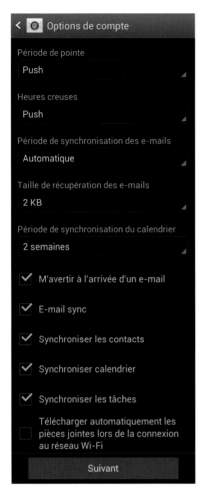

❹ L'application **E-Mail** d'Android, ayant « reconnu » qu'il s'agissait d'un compte de messagerie Microsoft, vous propose de

nombreuses options propres à **Microsoft Exchange ActiveSync** et qui ne sont pas nécessairement disponibles pour tous les comptes de messagerie (MSN est compatible **Microsoft Exchange ActiveSync**) ! Cochez ou décochez les options de synchronisation : synchronisez, par exemple, vos contacts MSN, votre agenda et vos tâches.

❺ Enfin, donnez un nom à ce compte de messagerie.

❻ Vous pouvez désormais composer et recevoir des e-mails de votre compte MSN.

Chapitre 10

Maîtriser le navigateur Web

L'une des principales fonctionnalités les plus appréciées des smartphones est bien évidemment la possibilité de surfer sur le Net, quel que soit l'endroit où l'on se trouve, pour peu que la connexion au réseau de son opérateur soit stable ou que l'on dispose qu'une connexion Wi-Fi. Dans ce chapitre, vous apprendrez à ouvrir plusieurs fenêtres, à gérer vos favoris, à les synchroniser avec ceux des favoris Web du navigateur Google Chrome. Vous verrez aussi comment effacer l'historique de vos recherches, copier-coller du texte, sauvegarder des photos, accéder à vos téléchargements, *etc.*

Le navigateur natif d'Android n'est pas pré-installé avec le plug-in Flash Player. Téléchargez l'application Android **Adobe Flash Player 11** (Adobe Systems) pour lire les sites Web utilisant cette technologie.

Découverte de l'application Internet

Sur tout smartphone Android est installé par défaut un navigateur Web dont les fonctionnalités sont largement suffisantes pour une utilisation courante. Nous verrons néanmoins qu'il existe des navigateurs alternatifs, et gratuits de surcroît, parmi lesquels nous pouvons citer : Chrome, Dolphin Browser HD, Opéra, Skyfire, Firefox, *etc.*

❶ Lancez l'application **Internet** représentée par l'icône suivante :

❷ Le navigateur est configuré avec une page d'accueil par défaut. Nous verrons dans ce chapitre comment la modifier.

❸ Appuyez sur **Connexion** pour vous connecter à votre compte Google. Ainsi, vous pourrez accéder aux services Google sans nécessairement devoir vous authentifier ! La connexion est d'ailleurs souvent automatique, sans que vous ayez à intervenir.

❹ La barre d'adresses, visible dans l'écran précédent, n'est pas nécessairement affichée, le site est alors affiché en plein écran. Faites glisser la fenêtre vers le bas de sorte à faire apparaître cette barre.

❺ La barre d'adresses du navigateur se décompose de la façon suivante :

- ⟳ : permet de recharger la page en cours.

- 🔲 www.google.fr : URL du site actuellement visité.

- ⊡ : permet d'accéder aux favoris Web.

- ⬚ : permet d'ouvrir une nouvelle fenêtre (un nouveau site Web).

❻ Appuyez sur le champ URL pour saisir une nouvelle adresse. Commencez à saisir les premières lettres de votre recherche, Google vous suggère alors une liste de mots-clés.

- ☆ : indique un site présent dans vos favoris.

- ⊕ : indique un site Web récemment visité.

- 🔍 : permet de rechercher le mot-clé proposé par le navigateur.

- ⬉ : permet d'éditer le mot-clé sans lancer la recherche pour autant.

- ✕ : efface les mots-clés saisis.

- 🌐 : cette icône (non présente dans l'écran ci-dessus) représente un site Web qui ne figure pas dans vos favoris et que vous n'avez pas visité récemment.

❼ Pour interrompre le chargement d'une page trop longue à se charger, appuyez sur le bouton ✕. La barre d'avance bleue vous informe de l'avancement du chargement.

❽ Lorsque vous naviguez au sein d'un site Web, pour revenir à la page précédente, appuyez sur le bouton sensitif **Retour** du téléphone. Une fois revenu sur la page précédente, si vous souhaitez retourner sur la d'origine, appuyez sur le bouton **Menu** du téléphone **Page suivante**.

 Le sigle URL (de l'anglais *Uniform Resource Locator*, littéralement « localisateur uniforme de ressource »), auquel se substitue informellement le terme « adresse Web », désigne une chaîne de caractères utilisée pour adresser les ressources du *World Wide Web* (source Wikipédia).

Comment ouvrir plusieurs fenêtres ?

Le navigateur Web par défaut installé sur la Galaxy SIII supporte le multifenêtrage. Sous ce terme se cache la possibilité d'ouvrir plusieurs pages Web dans autant de fenêtres distinctes. Il est alors aisé de passer d'une fenêtre à l'autre, à l'image des onglets de nos navigateurs Web préférés, sans pour autant fermer les sites. Le multifenêtrage est une sorte de navigation par onglets... mais sans onglets !

❶ Lancez l'application **Internet** et appuyez sur 🔲 pour afficher les fenêtres actives. Il est possible que vous n'ayez qu'une seule fenêtre active, comme dans l'écran ci-après :

❷ Appuyez sur le bouton ➕ pour ouvrir une nouvelle fenêtre qui se chargera avec la page d'accueil par défaut (voir ci-après).

❸ Pour visualiser l'ensemble des fenêtres actives, déplacez les fenêtres de gauche ou utilisez les points de navigation ● ❷ ●, qui rappellent d'ailleurs ceux du bureau !

❹ Enfin, pour supprimer une fenêtre de la liste, appuyez sur .

> **NOTE**
>
> Le navigateur d'Ice Cream Sandwich permet d'ouvrir une fenêtre en navigation dite « privée ». Les sites Web visités au sein de cette fenêtre n'apparaîtront ni dans l'historique de votre navigateur, ni dans l'historique des recherches et ne laisseront aucune trace (cookies). Appuyez sur 🔳 pour ouvrir une telle fenêtre.

Modifier la page d'accueil par défaut

Bien souvent, la page par défaut de son navigateur Web est celle du constructeur du smartphone ou de son opérateur téléphonique selon le cas. Il apparaît très rapidement nécessaire de personnaliser la page d'accueil par défaut :

❶ Lancez l'application **Internet** puis appuyez sur le bouton **Menu** du téléphone ▸ **Paramètres** ▸ **Général** ▸ **Définir la page d'accueil**.

❷ Sélectionnez l'option qui vous convient.

- **Page en cours** : définit la page actuellement affichée comme page par défaut.

- **Page vierge** : n'ouvre aucun site Web.

- **Page par défaut** : définit comme page par défaut, celle du navigateur Web (« réglage d'usine »).

- **Autre** : permet de saisir l'URL de votre propre page d'accueil.

Que sont les favoris ?

Les favoris sont au Web ce que les contacts sont à la téléphonie : une liste d'adresses de sites Web que l'on visite régulièrement. Se constituer une liste de favoris évite de saisir l'adresse du site Web à chaque utilisation. Mieux, une fois un favori créé, vous pourrez placer sur le bureau son raccourci, pour un accès encore plus rapide !

Vous pouvez créer vos favoris au sein du téléphone (localement) ou dans votre compte Google : c'est d'ailleurs l'option que nous vous recommandons. Vous aurez ainsi les mêmes favoris, que vous soyez sur votre Galaxy SIII ou sur votre ordinateur de bureau.

Dans un premier temps, assurez-vous que vos favoris sont synchronisés avec votre compte Google.

❶ Appuyez sur le bouton **Menu** du téléphone ▸ **Paramètres** ▸ **Compte et synchro.** et sélectionnez votre compte Google.

❷ Assurez-vous que l'option **Synchroniser Internet** est effectivement cochée (voir au chapitre 4 « À quoi servent les données de synchronisation ? »).

❸ Lorsque vous cochez cette option, si vous obtenez le message d'erreur ci-après, consultez « Résoudre les problèmes de synchronisation » un peu plus loin dans ce chapitre.

Créer des favoris

En règle générale, vous créez un raccourci suite à la visite d'une page Web que vous souhaitez conserver.

❶ Vous êtes sur un site Web pour lequel vous souhaitez mémoriser l'adresse. Appuyez sur le bouton **Menu** du téléphone ▸ **Ajouter un favori** (si l'option n'apparaît pas, faites défiler les menus verticalement).

❷ Saisissez le libellé du favori. Attention ! N'omettez pas de sélectionner le compte Google dans lequel sauvegarder votre favori. Appuyez sur le menu déroulant « **Dossier Accueil** » dans cet exemple.

❸ Sélectionnez l'un de vos comptes Google.

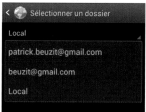

- **Local** : permet de sauvegarder le favori au sein du téléphone, mais nous ne préconisons pas cette option, dans la mesure où vous perdriez vos favoris Web en cas de changement ou de réinitialisation du téléphone.

❹ Sélectionnez éventuellement le dossier dans lequel placer ce favori. Nous verrons plus loin comment créer de nouveaux dossiers.

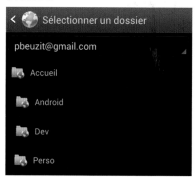

❺ Confirmez en appuyant sur **Enreg.**

Accéder aux favoris Web

Une fois vos favoris créés, il vous est alors possible de les utiliser ou de les gérer :

❶ Lancez l'application **Internet**, appuyez sur 🔖 pour afficher vos favoris.

❷ Les favoris de vos différents comptes Google vous sont présentés, ainsi que les favoris locaux, stockés au sein du téléphone. Ouvrez le compte Google qui vous intéresse *via* l'icône ▼.

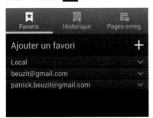

❸ Appuyez sur un favori pour ouvrir le site Web correspondant.

❹ Maintenez une pression longue sur l'un des favoris pour afficher un menu contextuel qui offre de nouvelles options explicites, que nous ne commenterons pas.

Copier un favori sur le bureau

Copier un favori sur le bureau vous permet d'accéder directement à un site Web, sans ouvrir au préalable le navigateur. Plutôt pratique ! Dans l'écran précédent, l'option

Aj. raccourci écran acc. permet justement de créer un raccourci sur le bureau, mais nous vous proposons une autre façon d'y arriver :

❶ Revenez au bureau d'Android et maintenez une pression longue sur un endroit libre ▸ **Ajouter à l'écran d'accueil**.

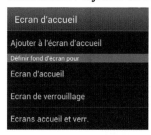

❷ Sélectionnez **Applications et widgets**.

❸ Puis recherchez le widget (onglet **widget**) et maintenez une pression longue sur le widget *Favori 1 x 1*. Ouvrez le compte Google concerné (ou Local) et sélectionnez le raccourci à placer sur le bureau.

❹ Android vous offre aussi la possibilité de placer sur le bureau le raccourci d'un site Web que vous seriez en train de visiter, sans qu'il existe pour autant dans vos favoris. Appuyez sur le bouton **Menu** du téléphone ▸ **Aj. raccourci écran acc.**

❺ Notez qu'en procédant de cette façon, le raccourci figurera effectivement sur l'écran d'accueil, mais pas dans vos favoris Web !

Créer des dossiers pour classer les favoris

Plus vous ajouterez de favoris, plus il deviendra nécessaire de créer des « dossiers » de sorte à organiser vos différents favoris Web.

❶ Lancez l'application **Internet**, appuyez sur 🌟 pour afficher vos favoris.

❷ Appuyez alors sur le bouton **Menu** du téléphone ▶ **Créer dossier** et sélectionnez le compte Google dans lequel créer ledit dossier.

❸ Dans cet exemple, il existe actuellement deux dossiers *Perso* et *Travail*. Nous allons créer un troisième dossier *Autre*.

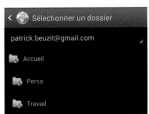

❹ Appuyez sur le dossier *Accueil* qui contiendra le dossier à créer *Autre*. Donnez un nom à ce dossier et validez.

❺ Il existe désormais trois dossiers qui permettront de mieux classer vos différents favoris.

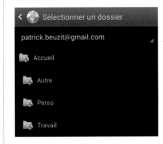

Comment synchroniser ses favoris avec le navigateur Google Chrome ?

Si, sur votre ordinateur de bureau, vous utilisez le navigateur Google Chrome (https://www.google.fr/chrome), vous pourriez être tenté de récupérer les favoris créés sous votre Galaxy SIII dans votre navigateur de bureau Google Chrome (et inversement). Il n'y a en effet pas de pire situation que d'avoir des favoris différents sur son Galaxy SIII et son navigateur de bureau !

❶ Depuis votre ordinateur, lancez le navigateur Chrome. Appuyez sur la clé à molette 🔧 ▶ **Se connecter à Chrome**.

❷ Saisissez votre adresse e-mail Google et le mot de passe associé. Cliquez de nouveau sur la clé à molette ▸ **Paramètres**.

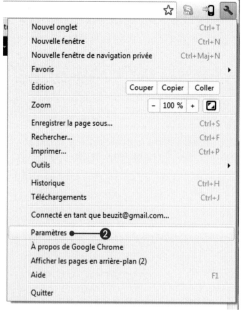

❸ Cliquez sur le bouton **Paramètres de synchronisation avancés**.

❹ Assurez-vous que **Tout synchroniser** soit sélectionné (ou, à défaut, qu'au moins *Favoris* soit coché).

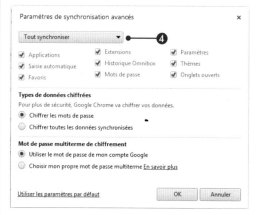

❺ Vous retrouvez ainsi les favoris Web créés depuis votre Galaxy SIII dans votre navigateur Chrome : cliquez sur la roue dentée ▸ **Favoris**.

L'inverse est vrai : vos favoris Web créés sous le navigateur Chrome seront automatiquement synchronisés, *via* votre compte Google, sur votre Galaxy SIII. Vous n'avez donc qu'un seul et unique gestionnaire de favoris Web, accessible depuis votre mobile et votre ordinateur de bureau !

Arrêter la synchronisation des favoris

Si vous ne souhaitez plus synchroniser vos favoris Google Chrome avec votre Galaxy SIII, procédez comme suit :

❶ Décochez l'option **Synchroniser Internet** dans les paramètres de synchronisation (voir au chapitre 4 « À quoi servent les données de synchronisation ? »).

Synchroniser Internet
14/07/2012 9:21

❷ Néanmoins, dans le navigateur Web, les favoris du compte pour lequel vous venez d'arrêter la synchronisation apparaissent toujours (voir « Accéder aux favoris Web »). C'est normal, les favoris restent présents, mais ne se mettront plus à jour. Vous pouvez continuer à ajouter et supprimer des favoris à ce compte Google, la mise à jour ne se fera que lorsque vous réactiverez la **synchronisation Internet**.

❸ Si vous ne souhaitez plus que ces favoris apparaissent sur votre Galaxy SIII, appuyez sur **Supprimer les données** de l'application **Internet** (dans le chapitre 12, consultez la section « Supprimer les valeurs par défaut » pour savoir comment accéder à ce menu).

 Attention, **Supprimer les données** de l'application **Internet** supprimera aussi les favoris créés localement, ainsi que toutes les personnalisations apportées au navigateur ! Vous vous retrouverez avec le navigateur tel qu'il était configuré lorsque vous avez acheté votre Galaxy SIII. Rien de grave en somme.

Résoudre les problèmes de synchronisation

Si vous rencontrez un problème de synchronisation Internet, ouvrez depuis votre navigateur de bureau **Google Dashboard**.

Google Dashboard vous permet de visualiser les données associées à votre compte Google. Google Dashboard présente sous forme de tableau de bord, un résumé des données associées à chacun des produits que vous utilisez une fois connecté à votre compte Google.

❶ Depuis votre ordinateur de bureau, dirigez-vous vers https://www.google.com/dashboard/ et saisissez votre adresse e-mail Google et le mot de passe associé.

❷ Dans la partie **Synchronisation de Google Chrome**, cliquez sur *Arrêter la synchronisation et supprimer les données de Google*.

❸ Fermez votre navigateur de bureau. Retournez sur votre Galaxy SIII et **supprimez les données** liées à l'application Internet (voir « Arrêter la synchronisation des favoris » ainsi que la section « Supprimer les valeurs par défaut » du chapitre 12).

❹ Enfin, suivez la procédure telle que nous l'avons décrite dans « Comment synchroniser ses favoris avec le navigateur Google Chrome ? ».

> Google Dashboard vous permet, entre autres, de voir le type d'informations sauvegardées sur les serveurs Google. Consultez « Sauvegarder les paramètres système », dans le chapitre 4, pour de plus amples informations à ce sujet.

Accéder à l'historique de navigation Web

Outre le fait de révéler votre activité sur le Web, l'accès à l'historique de navigation peut aussi vous permettre de retrouver un site dont vous auriez oublié l'adresse.

❶ Lancez l'application **Internet**, appuyez sur ⊞ et sélectionnez l'onglet **Historique.** Visualisez l'historique du jour, de la journée précédente, des 7 derniers jours ou du mois précédent.

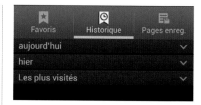

② Appuyez sur l'historique de votre choix pour ouvrir l'URL concernée. Si vous souhaitez convertir une adresse en favori, appuyez sur l'étoile noire 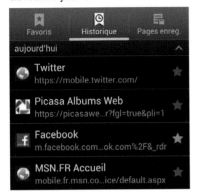 de sorte qu'elle devienne jaune.

③ Maintenez une pression longue sur l'un des historiques de la liste pour accéder à davantage d'options.

Effacer l'historique de navigation Web

① Lancez l'application **Internet**, appuyez sur 🔲 et sélectionnez l'onglet **Historique** puis maintenez une pression longue sur l'historique à supprimer ▶ **Supprimer de l'historique**.

② Pour effacer la totalité de l'historique de navigation, ouvrez le navigateur, appuyez sur le bouton **Menu** du téléphone ▶ **Paramètres** ▶ **Confidentialité et Sécurité** ▶ **Effacer l'historique**.

Partager l'URL d'une page Web

Vous naviguez des heures durant sur le Net et vous êtes tombé sur un site incroyable dont vous souhaitez partager l'adresse avec un ami. La réaction habituelle consiste à faire un copier-coller de l'URL située dans la barre d'adresses, mais il n'est pas rare de cliquer à côté et d'ouvrir, de fait, une page Web de l'historique de navigation. Aussi, le *partage d'une page* est-il facilité par la fonction du même nom :

❶ Au sein d'une page Web, appuyez sur le bouton **Menu** du téléphone ▸ **Partager page**.

❷ Sélectionnez l'application à partir de laquelle partager le lien : Gmail, SMS ou Facebook, *etc.* Notez qu'il s'agit bien de partager l'URL de la page et non la page en tant que telle avec textes et images !

Sauvegarder une photo d'un site Web

❶ Pour sauvegarder une image d'une page Web dans votre téléphone, maintenez une pression longue sur cette dernière. Un menu contextuel s'ouvre alors, vous permettant d'enregistrer l'image, de l'afficher, de la définir en tant qu'image de fond (papier peint).

❷ Si cette image provient du moteur de recherche d'images de Google, la procédure est différente :

❸ Appuyez sur l'image à sauvegarder, puis touchez l'écran pour faire apparaître les menus. Sélectionnez **Taille réelle**.

❹ Procédez alors comme indiqué à l'étape 1. Les images sont stockées dans / **sdcard/download** (voir « Accéder aux téléchargements Web »).

Lire une page Web hors connexion

Le navigateur d'Ice Cream Sandwich permet de sauvegarder au sein du téléphone une page Web dans son intégralité : texte et photos. Cela permet d'y accéder ultérieurement, même si vous ne disposez pas de connexion réseau 3G ou Wi-Fi (lecture hors ligne).

❶ Lancez le navigateur Web et accédez à la page que vous souhaitez enregistrer. Dans cet exemple, il s'agit du webzine *FrAndroid* (http://m.frandroid.com). Appuyez sur le bouton **Menu** du téléphone ▶ **Enregistrer pour la lecture hors connexion**.

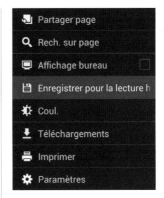

❷ Pour lire ultérieurement la page ainsi enregistrée, même en l'absence de connexion réseau, ouvrez le navigateur, appuyez sur ⊞ ▶ onglet **Pages enreg.**

❸ Sélectionnez la page en question pour la lire (ou maintenez une pression longue pour la supprimer). Zoomez si nécessaire. Les liens à l'intérieur de ladite page ne sont pas actifs, il s'agit uniquement de conserver

les textes et photos de la page courante et non l'arborescence complète du site ! Appuyez sur le bouton **Menu** du téléphone ▶ **Version en ligne** pour notamment revenir à la version en ligne du site.

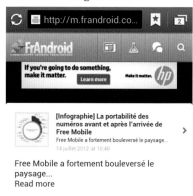

Afficher une page Web en version bureau

Les sites Web sont de plus en plus déclinés en version mobile, c'est-à-dire adaptés à la taille des écrans de nos smartphones. La navigation est alors simplifiée et plus agréable, en contrepartie les fonctionnalités du site sont souvent réduites. Il est ainsi parfois utile de visiter le « vrai » site Web et non sa version mobile. Certains sites proposent un lien vers un accès classique, mais d'autres ne vous offrent pas ce choix.

❶ Lancez le navigateur Web, appuyez sur le bouton **Menu** du téléphone et cochez l'option **Affichage bureau**.

❷ Accédez ensuite au site Web qui s'affichera alors en version « bureau ». Dans cet exemple, il s'agit de Gmail.

❸ Si le site Web en question vous propose un lien version « Classique », « Bureau », « Desktop », utilisez la fonctionnalité en priorité : le résultat est parfois plus convaincant qu'avec l'option vue précédemment.

Accéder aux téléchargements Web

Bien que la navigation Web depuis un smartphone soit moins agréable, reconnaissons-le, que sur un ordinateur fixe, elle n'en est pas moins utile. Même depuis son smartphone Android, il peut être nécessaire de télécharger un fichier PDF, une image, un document, une musique (libre de droits !), ou n'importe quel autre document proposé sur le Net. La fonction **Téléchargements** permet justement d'accéder à l'historique des téléchargements ainsi qu'aux documents eux-mêmes.

❶ Lancez l'application **Téléchargements** représentée par l'icône suivante. Il s'agit d'une application indépendante de l'application **Internet**, bien que vous puissiez aussi y accéder aussi depuis le bouton **Menu** du téléphone.

❷ Vos différents téléchargements sont classés par dates, du plus récent au plus ancien. Cochez un fichier pour le supprimer. Attention, en cas de suppression, la pièce téléchargée est effectivement supprimée de la carte mémoire (**/sdcard/donwload**), et non pas seulement sa présence dans l'historique de téléchargement !

Régler la luminosité du navigateur

Le navigateur Web du Galaxy SIII dispose de sa propre gestion de la luminosité. Cela explique pourquoi dans certaines circonstances, la luminosité du navigateur est plus forte que celle du téléphone. Adaptez la luminosité à votre convenance.

1 Appuyez sur le bouton **Menu** du téléphone ▸ **Coul.**, puis cochez l'option qui vous convient.

2 Sachez que lorsque vous cochez **Éco. énergie** depuis la barre de notifications, le navigateur Web se met alors automatiquement en **Niveau 3** (si cela ne vous convient pas, consultez la section « Régler le mode d'économie d'énergie » du chapitre 4).

S'abonner à un flux RSS

Nombre de sites Web publient des « flux d'information », que l'on appelle flux RSS, sur différents sujets donnés (information, actualité, sport, technologie, etc.). Ces flux sont lisibles depuis un lecteur de flux RSS. Par exemple, le webzine *GalaxyS3.fr* dispose de son propre flux RSS auquel vous pouvez vous abonner gratuitement. Vous êtes ainsi continuellement informé des nouveautés, sans être obligé de parcourir le site pour trouver l'information recherchée.

1 Le symbole d'un flux RSS ▧ dans la barre d'adresses indique que le site Web visité propose un flux RSS. Pour vous y abonner, appuyez sur ce symbole.

2 Appuyez ensuite sur l'adresse du flux affichée à l'écran.

❸ Il vous est demandé de saisir votre compte Google de sorte à rattacher le flux RSS à ce dernier. Si vous êtes déjà connecté, cette étape ne vous concerne pas.

❹ Le flux RSS sera ajouté à votre compte Google Reader. Appuyez sur « Flux pour accéder à l'ensemble des flux RSS auxquels vous êtes abonné.

❺ L'écran ci-dessous représente le site Web de Google Reader en version mobile. Téléchargez les applications Android **Google Reader** ou **Google Flux** de Google pour lire les flux RSS de votre compte Google Reader depuis votre Galaxy SIII, ou dirigez-vous vers des applications alternatives telles que **Pulse News** (Alphons Labs) ou **gReader** (Noinnion).

❻ Notez que l'installation de l'application Android **Google Reader** crée un nouveau compte de synchronisation du même nom, qui vous permet de synchroniser vos flux RSS automatiquement. Lorsque vous cochez **Synchoniser Google Reader**, vous devez autoriser l'application à accéder à votre compte Google, à moins que vous l'ayez déjà fait (ouvrez la barre de notifications Android).

❼ Pour gérer les différents flux RSS rattachés à votre compte Google, dirigez-vous vers http://www.google.fr/reader/ depuis un ordinateur de bureau !

 Un flux RSS est un fichier dont le contenu est produit automatiquement (sauf cas exceptionnels) en fonction des mises à jour d'un site Web. Les flux RSS sont souvent utilisés par les sites d'actualité ou les blogs pour présenter les titres des dernières informations consultables en ligne (source Wikipédia).

Que sont les contrôles rapides ?

Les « contrôles rapides » permettent d'accéder aux fonctions essentielles du navigateur *via* un raccourci. Il n'est pas rare de devoir s'y reprendre à deux fois avant d'accéder à ce fameux raccourci !

❶ Lancez le navigateur Web puis appuyez sur le bouton **Menu** du téléphone ▸ **Paramètres ▸ Laboratoires**.

❷ Cochez **Contrôles rapides** et **Plein écran** accessoirement. Plein écran affiche le navigateur en plein écran et masque, de fait, la barre d'adresses.

❸ Lors de la navigation sur un site Web, effleurez le bord gauche (ou droit) de l'écran à l'aide du pouce pour afficher un menu à partir duquel vous pourrez ajouter un nouvel onglet, accéder aux différents onglets déjà ouverts, saisir une URL dans la barre d'adresses (utile si l'option **Plein écran** est activée), accéder aux favoris et aux paramètres.

Découverte de Google Chrome

Nous l'avons vu, vous n'êtes pas tenu d'utiliser le navigateur Web installé par défaut sur le Galaxy SIII. Rien ne vous interdit d'installer plusieurs navigateurs simultanément et d'utiliser celui qui vous convient le mieux. Nous présentons dans ce chapitre le navigateur **Google Chrome**, qui est la déclinaison mobile du navigateur de bureau de Google.

Nous nous limiterons à présenter l'une des fonctionnalités de Chrome, pour la moins intéressante, qui permet d'ouvrir une fenêtre de son ordinateur de bureau sur le Galaxy SIII, sans saisir la moindre adresse et sans la moindre connexion par câble USB !

❶ Téléchargez **Chrome** sur le Google Play Store.

❷ Au lancement de Chrome, acceptez les conditions d'utilisation de Google. Saisissez ensuite votre compte Google. Cette étape est importante pour bénéficier des fonctionnalités de Chrome.

3 Observez la barre de statut sur laquelle apparaît l'icône . Déroulez la barre de notifications et appuyez sur **Chrome**.

4 Saisissez votre mot de passe Google.

5 Vous pouvez désormais naviguer sur Internet, comme vous le feriez avec n'importe quel autre navigateur !

6 Pour accéder à vos favoris Chrome (ceux de votre ordinateur), appuyez sur le bouton **Menu** du téléphone ▶ **Favoris** et sélectionnez **Favoris sur ordinateur**. Vous retrouverez vos favoris, que vous soyez sur votre ordinateur de bureau ou sur votre Galaxy SIII !

7 Supposez maintenant que vous consultiez un site Web depuis le navigateur Chrome de votre ordinateur de bureau. Vous souhaiterez lire cette même page Web sur votre Galaxy SIII : laissez l'onglet ouvert sur votre ordinateur de bureau. Depuis votre Galaxy SIII, appuyez sur le bouton **Menu** du téléphone ▶ **Autres appareils**.

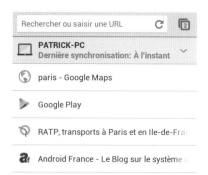

❽ Sélectionnez la page de votre choix, pour l'afficher sur le Galaxy SIII ! Dans l'exemple ci-dessus, 4 onglets sont ouverts sur l'ordinateur de bureau

❾ Nous vous invitons à découvrir par vous-même les autres fonctionnalités de Chrome !

Chapitre 11

Le multimédia

Dans ce chapitre :

- Dans quel dossier copier ses musiques ?
- Découverte de l'application Lecteur MP3
- Ordonner les titres d'une playlist
- Écouter une playlist
- Exclure des titres de la bibliothèque
- Égaliser les sons avec l'égaliseur
- Arrêter le lecteur audio automatiquement
- Consulter les Tags ID3
- Prendre des photos
- Régler le format des photos
- Personnaliser les raccourcis de l'appareil photo
- Géolocaliser les photos
- Créer des photographies panoramiques
- Filmer des vidéos
- Régler le format des vidéos
- Lire une vidéo
- Rogner une vidéo
- Convertir un DVD au format du Galaxy SIII
- Consulter un album photo
- Rogner une photo

- Libeller un portrait
- Créer des dossiers cachés
- Créer un diaporama sur le bureau
- Pourquoi synchroniser les photos ?
- Qu'est-ce que Picasa Album Web ?
- Comment synchroniser les albums Picasa ?
- Transférer automatiquement les photos du Galaxy SIII vers Picasa
- Stopper la synchronisation des albums Picasa
- Qu'est-ce que le DNLA ?
- Configurer Windows Media Player
- Consulter les photos et vidéos de l'ordinateur sur le Galaxy SIII
- Écouter la musique de votre ordinateur depuis le Galaxy SIII
- Diffuser une vidéo sur l'ordinateur
- Diffuser les fichiers multimédias du Galaxy SIII sur l'ordinateur
- Désactiver l'accès de la bibliothèque multimédia
- Diffuser une vidéo sur un téléviseur

*N*ous aborderons dans ce chapitre tout ce qui a trait aux loisirs et au multimédia. Vous découvrirez le lecteur multimédia natif du Galaxy SIII et exploiterez au mieux ses fonctionnalités. Vous apprendrez à prendre des photos, à retoucher ou recadrer vos œuvres, à utiliser l'application **Galerie**. Vous apprendrez aussi à créer et lire des vidéos, mais aussi à convertir vos DVD pour les lire sur votre Galaxy SIII. Enfin, vous synchroniserez vos photos sur Picasa afin de les rendre disponibles sur votre téléphone, votre tablette, sur Internet…

Dans quel dossier copier ses musiques ?

Nous vous invitons à lire la rubrique « Parcourir la carte mémoire depuis un ordinateur » du chapitre 4.

Copiez vos fichiers musicaux dans un dossier de votre choix (peu importe le nom du répertoire, par exemple *Music*, car ce dossier peut éventuellement déjà exister). Si vous le souhaitez, vous pouvez créer des sous dossiers à l'intérieur du répertoire principal pour classer vos musiques par années, par genres, ou par auteurs par exemple. Nous verrons néanmoins que les *playlists* sont mieux adaptées à ce type de classement.

À chaque démarrage du smartphone, Android parcourt la carte mémoire et construit une bibliothèque de sons issus des différents dossiers de cette dernière.

Il n'y a donc pas de dossiers privilégiés dans lesquels copier vos musiques.

Le lecteur audio natif prend en charge les fichiers musicaux suivants : MP3, AMR-NB/WB (son 3gp), AA, AAC+, eAAC☐, WMA, OGG, FLAC, AC-3, apt-X.

 NOTE Attention, les fichiers .m4a issus d'iTunes et protégés par un DRM doivent être convertis, faute de quoi le fichier ne serait pas lisible sous Android. DRM (*Digital Rights Management*), terme anglais pour « gestion des droits numériques », est une protection des droits d'auteur et de reproduction dans le domaine numérique (source Wikipédia).

Découverte de l'application Lecteur MP3

❶ Une fois vos musiques copiées dans la mémoire du téléphone, vous pouvez dès à présent les écouter ! Lancez l'application **Lecteur MP3**, représentée par l'icône suivante :

❷ Le lecteur audio natif d'un Android est composé de différents onglets que l'on peut déplacer de gauche à droite : *Tout, Listes de lecture, Albums, Artistes, Coin musique* et *Dossiers*. (Ces onglets peuvent êtres masqués depuis les options de l'application.)

- **Tout** : liste l'ensemble des musiques répertoriées sur le Galaxy SIII.

- **Listes de lecture** : liste les différentes *playlists* créées.

- **Albums** : regroupe vos musiques par albums.

- **Artistes** : regroupe vos musiques par artistes.

- **Coin musique :** Mini-*playlists* générées automatiquement selon des ambiances prédéfinies et votre humeur du moment (voir « Qu'est-ce que le Coin Musique »).

- **Dossiers** : liste les musiques selon les dossiers auxquels elles appartiennent.

❸ Appuyez sur l'une de vos musiques pour l'écouter. Une nouvelle fenêtre s'ouvre avec la couverture du titre ou de l'album écouté.

▤ active l'égaliseur.

▤ et ▤ permet d'avancer à la musique suivante ou à la précédente.

▤ met en pause la lecture de titre.

▤ permet de revenir à la liste des titres.

▤ active ou désactive la lecture.

▤ lit en boucle le titre courant.

▤ lit en boucle tous les titres.

▤ lit séquentiellement les titres (pas de lecture en boucle).

▤ affiche l'onglet *Coin musique*, que nous décrirons un peu plus loin.

▤ règle le volume sonore.

❹ Lorsque vous quittez l'application **Lecteur MP3**, l'écoute ne s'interrompt heureusement pas pour autant. Apparaît alors dans la zone de notifications Android un mini lecteur audio qui vous permet de contrôler votre musique.

❺ Pour quitter définitivement l'application **Lecteur MP3**, appuyez sur le bouton **Menu** du téléphone ▸ **Fin**.

 Si l'application native installée par défaut sur le Galaxy SIII ne vous satisfaisait pas, testez alors le lecteur audio de Google, Google Play Musique, proposé gratuitement sur le Play Store.

Qu'est-ce qu'une playlist ?

Une *playlist* (liste de lecture ou liste d'écoute), est un ensemble de fichiers audio/vidéo compilés dans un agrégateur (un fichier en l'occurrence). L'intérêt est de pouvoir organiser ses musiques par thèmes (années, genres, auteurs, musiques préférées, *etc.*) indépendamment de leur organisation physique sur la carte mémoire. Android autorise la création de plusieurs *playlists* afin d'organiser vos musiques selon différents critères.

❶ Lancez l'application **Lecteur MP3** et affichez les musiques par titres (onglet **Tout**). Maintenez une pression longue sur l'une de vos musiques pour faire apparaître un nouveau menu contextuel. Remarquez dans l'écran ci-dessous la liste **Liste rapide**, qui permet d'ajouter un titre à cette liste. Elle est dite « rapide » car vous n'avez pas besoin de la créer : elle existe déjà !

❷ Sélectionnez **Ajouter à liste de lecture** puis créez une liste de lecture ou sélectionnez-en une s'il en existe déjà.

❸ Si vous voulez ajouter plusieurs titres d'un seul coup à une *playlist*, sélectionnez l'onglet **Tout**, puis appuyez sur le bouton **Menu** du téléphone ▸ **Ajouter à liste de lecture**.

❹ Cochez les titres à ajouter à la *playlist*.

Ordonner les titres d'une playlist

Pour trier selon un ordre autre qu'alphabétique les titres d'une *playlist*, procédez comme suit :

❶ Ouvrez l'application **Lecteur MP3** puis sélectionnez l'onglet **Liste de Lecture**. Appuyez sur la liste à modifier (il doit s'agir d'une liste personnelle et non d'une *playlist* système).

❷ Appuyez sur le bouton **Menu** du téléphone ▶ **Modifier l'ordre** puis déplacez vos différents titres dans l'ordre qui vous convient en maintenant une pression longue sur les 9 points d'ancrage à droite.

Écouter une playlist

Pour écouter les musiques d'une de vos *playlists* ou gérer vos différentes *playlists*, procédez comme suit :

❶ Sélectionnez l'onglet **Liste de Lecture**. L'application propose des *playlists* système que l'on ne peut supprimer : *Liste Rapide, Les plus écoutées, Écoutées récemment, Ajoutées récemment*, en plus de vos propres *playlists* personnelles.

❷ Appuyez sur la *playlist* qui vous intéresse et écoutez les musiques !

❸ Maintenez une pression longue sur l'une de vos *playlists* pour en modifier le titre ou la supprimer.

Les onglets, affichés au nombre de 6 par défaut, sont paramétrables depuis les options de l'application. Vous pouvez masquer et afficher d'autres onglets.

Qu'est-ce que le Coin Musique ?

L'onglet **Coin Musique** du lecteur MP3 vous permet d'écouter vos musiques selon votre humeur du moment ! On pourrait comparer le *Coin Musique* à des *playlists* organisées par thèmes prédéfinis : Passionnant, Nouveau, Calme, Ancien. L'application utilise les tags ID3 pour sélectionner les musiques adéquates (voir « Consulter les Tags ID3 »).

❶ Ouvrez l'onglet **Coin Musique** du lecteur MP3, puis appuyez sur le bouton **Menu** du téléphone ▸ **Mise à jour de la bibliothèque**.

❷ Une fois la mise à jour effectuée, amusez-vous à sélectionner vos musiques selon votre humeur du moment, en dessinant un chemin allant d'une « ambiance » vers une autre.

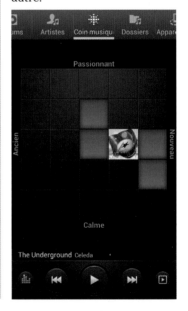

Exclure des titres de la bibliothèque

L'avantage de la bibliothèque de musiques Android, c'est que vous pouvez placer vos musiques dans différents répertoires, peu importe leurs noms et leurs emplacements. L'inconvénient, c'est que de nombreuses applications intègrent leurs propres sons pour leur bon fonctionnement (par exemple, l'application *Code de la route*

de MicroApplication inclut la voix d'une personne qui dicte les questions de l'examen du Code de la route). Aussi, ces musiques ou fichiers sonores seront alors intégrés (apparaîtront) dans l'application audio de base d'Android, ce qui peut s'avérer extrêmement pénible !

❶ Ouvrez l'application **Lecteur MP3** puis sélectionnez l'onglet **Dossiers**. Vous verrez alors l'ensemble des dossiers de la carte mémoire qui contiennent des fichiers musicaux.

❷ Si vous souhaitez exclure un dossier de votre bibliothèque, par exemple **Sonneries,** créez un fichier vide (et non un dossier)

dont le nom est **.nomedia** à l'intérieur du répertoire à exclure (le nom du fichier doit commencer par un point suivi de *nomedia* en minuscule et sans accent). Dans cet exemple, il s'agira de **/sdcard/Sonneries**.

❸ Ce fichier pourra être créé depuis le Bloc-notes Windows ou directement avec un gestionnaire de fichiers tel qu'**Es-Explorateur de Fichiers**, qui vous est présenté au chapitre 13 de cet ouvrage. Tous les fichiers, y compris ceux des sous-répertoires, seront ainsi exclus du lecteur audio !

❹ Maintenez une pression longue sur un dossier pour ajouter dans une liste de lecture tous les titres qui s'y trouvent.

Égaliser les sons avec l'égaliseur

Ice Cream Sandwich propose un égaliseur de tonalité plutôt complet. Vous pourrez agir sur 7 bandes de fréquences et ajouter des effets sonores.

❶ Lancez l'application **Lecteur MP3** et écoutez l'une de vos musiques. Lors de l'écoute, appuyez sur ▓ et sélectionnez l'un des nombreux effets sonores. Certains ne sont disponibles que lorsqu'un écouteur est branché au Galaxy SIII, pour la simple raison que ces effets sont difficilement perceptibles avec le haut-parleur du téléphone.

❷ Appuyez sur **Personnaliser** pour régler vous-même l'égaliseur.

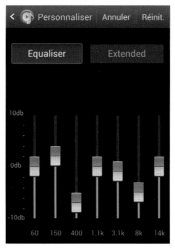

Arrêter le lecteur audio automatiquement

Vous souhaitez vous endormir bercé par vos musiques préférées ? Réglez le lecteur audio afin qu'il s'éteigne automatiquement après un laps de temps prédéfini :

❶ Ouvrez l'application **Lecteur MP3** puis appuyez sur le bouton **Menu** du téléphone ▶ **Paramètres ▶ Arrêt auto de la musique**

> Arrêt auto de la musique
> Désactivé

❷ Programmez l'arrêt automatique du lecteur MP3 avec un laps de temps prédéfini.

Consulter les tags ID3

À chaque fichier audio MP3 est associé un « tag » dit ID3. Le tag ID3 permet d'indiquer au sein du fichier MP3, qui est l'auteur, à quel album le titre est rattaché, le genre (jazz, hip-hop, classique, *etc.*), l'année de sortie, et même la couverture de l'album et les paroles de musique (ID3 en version 2 uniquement).

Toutes ces informations ne sont pas nécessairement correctement renseignées. Vous trouverez sur Google Play Store de nombreuses applications permettant de modifier les tags ID3 de vos MP3.

❶ Ouvrez l'application **Lecteur MP3** puis écoutez la musique pour laquelle vous souhaitez consulter les tags ID3. Appuyez sur son titre, en haut de l'écran.

❷ Consulter les tags ID3 associés au titre.

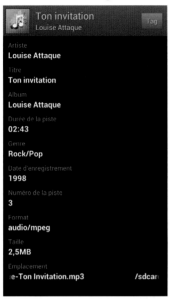

❸ L'option **Paroles**, accessible depuis le bouton **Menu ▶ Paramètres,** n'est utile et fonctionnelle que si les tags ID3 de vos musiques contiennent des paroles !

> **NOTE** Téléchargez sur Google Play Store **DrOID3tagger** (Boolean Tech), application qui permet de corriger automatiquement les tags ID3 de vos musiques ou **PlayerPro Music Player** (BlastOn LLC) qui, quant à elle, permet de les éditer à la main.

Prendre des photos

Le Galaxy SIII dispose d'un appareil photo intégré de 8 millions de pixels (3264 x 2448 pixels) avec autofocus et flash LED, d'un capteur frontal de 2 millions de pixels, et autorise l'enregistrement de vidéos en Full HD 1080p (1920 x 1080 pixels). Android reconnaît les formats d'images JPEG, GIF, PNG et BMP. Un appui sur le bouton de prise de vue lance la capture presque instantanément, et le temps de latence entre deux prises est très court, ce qui permet des prises de photos en rafale !

> **NOTE** Les écrans de l'appareil photo présentés ci-après peuvent différer avec votre propre Galaxy SIII. Ces captures d'écran ont été réalisées avec les dernières mises à jour d'Android, qui ne sont pas nécessairement installées et/ou proposées sur votre appareil. Certaines fonctionnalités pourront donc être absentes tant que la mise à jour ne vous aura pas été proposée.

❶ Lancez l'application **Appareil Photo** représentée par l'icône suivante :

❷ Parcourez les icônes, de haut en bas (Celles du haut sont personnalisables.) :

🔆 donne accès aux paramétrages de l'application. Nous reviendrons sur les différentes options dans ce chapitre.

🔆 active les effets.

🔲 active le mode de capture.

⚡ active ou désactive le flash.

📷 bascule entre la caméra arrière et la caméra frontale.

📷 permet la prise de photo.

📹 ⬤ 📷 bascule en mode photo ou vidéo (caméscope).

• Pour régler le zoom, pincez l'écran du centre vers l'extérieur ou inversement, de sorte à agrandir ou réduire le zoom. Le bouton physique **Volume** du Galaxy SIII sert également à commander le zoom.

• Il n'est (hélas) pas possible de supprimer le son émis lors d'une photo !

❸ Fixez le sujet en maintenant de façon stable votre smartphone. La mise au point est automatique, mais vous pouvez forcer le focus à un endroit spécifique en touchant du doigt le sujet (si le carré au centre de l'écran est rouge, cela indique que la mise au point n'a pas encore été verrouillée).

❹ Appuyez enfin sur 📷 pour prendre la photo. Une fois la photo prise, une miniature s'affiche alors sur le côté gauche. Appuyez sur la miniature pour afficher la photo en grand : il vous est alors proposé de partager la photo avec les applications installées sur votre téléphone.

Régler le format des photos

Appuyez sur l'icône ⚙ pour régler finement les caractéristiques de vos clichés.

- **Modifier les raccourcis** : permet de personnaliser les raccourcis affichés sur l'écran (voir « Personnaliser les raccourcis de l'appareil photo »).

- **Autoportrait** : active la caméra frontale de manière que vous puissiez prendre un autoportrait.

- **Flash** : active ou désactive le flash intégré. La caméra frontale ne dispose pas de flash.

- **Mode de capture** : sélectionne un type de capture tel que Cliché unique, Mode rafale, HDR (pour représenter plusieurs niveaux d'intensité lumineuse dans une image), Détection portrait, Visage, Beauté, Panorama (voir « Créer des photographies panoramiques »), Cartoon (effet amusant), Partage (voir « Partager des photos entre amis »), Partage de photos d'amis

(voir « Partager des photos par e-mail ou MMS»).

- **Mode scène** : optimise le paramétrage de l'appareil photo en fonction du type de scène à prendre.

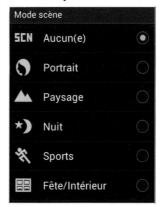

- **Valeur d'exposition** : règle les valeurs d'exposition. En général, sélectionnez des valeurs positives lorsque la vue comporte de grandes zones très lumineuses ou lorsque l'arrière-plan est bien plus lumineux que le sujet principal. Sélectionnez des valeurs négatives lorsque la vue comporte de grandes zones sombres ou lorsque l'arrière-plan est bien plus sombre que le sujet principal.

229

- **Mode focus** : règle le focus en mode automatique ou en mode macro (pour la prise d'un sujet très rapproché).

- **Retardateur** : déclenche la photo après le laps de temps indiqué.

- **Balance des blancs** : la balance des blancs permet d'étalonner le capteur et de corriger la dominante de couleur en fonction de l'éclairage ambiant (lumière naturelle, nuageux, incandescent, fluorescent).

- **Effets** : donne un effet à la photo (négatif, échelle de gris, sépia, *etc*). Déplacez le menu horizontalement pour accéder à tous les effets.

- **Résolution** : détermine la résolution de la photo, en million de pixels. Plus la résolution est élevée, plus la photo aura de grandes dimensions et plus sa taille sera conséquente. Pour un affichage sur les réseaux sociaux, une résolution de 640 x 480 semble suffisante. Si vous souhaitez développer vos photos sur papier, privilégiez alors la résolution de 8 millions de pixels. L'icône **W** face à une résolution donnée indique un format 16/9e.

- **ISO** : les ISO représentent les différentes sensibilités à la lumière disponibles sur le capteur et que votre appareil peut accepter. Plus la valeur ISO est élevée, plus le capteur est sensible à la lumière. Si vous prenez une photo dans un endroit sombre, vous devrez donc augmenter la sensibilité de votre capteur. Augmenter la sensibilité ISO a pour conséquence de créer des parasites électroniques désignés par le terme de « bruits numériques ».

- **Mesure** : la mesure de lumière calcule la quantité de lumière émise par votre sujet et peut vous aider à déterminer la meilleure valeur d'exposition pour votre photo. Une mesure *pondérée* tient compte de la luminosité de l'ensemble du champ photographié, mais donne plus d'importance à la zone centrale. Une mesure *Spot* réalise la mesure non pas sur un point, mais sur une petite zone de l'image. Une mesure *Matricielle* utilise un certain nombre de zones dont l'éclairement est mesuré séparément.

- **Visibilité extérieure** : ajuste la luminosité de l'écran afin de faciliter sa visualisation lorsque vous êtes en pleine lumière.

- **Stabilisateur** : Corrige le flou de bougé produit par le mouvement de l'appareil pendant l'exposition.

- **Contraste auto :** harmonise toutes les couleurs d'une photo pour donner des niveaux de saturation identiques entre les points les plus clairs et les plus foncés d'une image.

- **Guide** : les lignes de quadrillages sont des guides qui apparaissent sur l'écran de votre appareil photo (mais pas sur la photo) pour vous aider à centrer et à cadrer les objets qui vous intéressent.

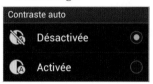

- **Qualité d'image** : sélectionnez éventuellement la qualité de la photo, c'est-à-dire son taux de compression. Plus la qualité est élevée, plus la photo est détaillée et précise, surtout lorsque l'on zoome dessus. En contrepartie, sa taille est plus conséquente.

231

- **Balise GPS** : fonction de géocodage qui consiste à associer une position GPS (latitude/longitude) à une photo pour mémoriser l'endroit exact où elle a été prise. Cela permet de localiser cet endroit sur une carte. Attention, l'arrêt du GPS désactive automatiquement cette option : il est donc conseillé de vérifier si elle est activée avant de prendre une photo.

- **Retourner l'image** : cette option n'est disponible que lorsque le mode autoportrait est activé. Un retournement sur l'axe vertical est appliqué lors de la sauvegarde de la photo.

- **Stockage** : permet de sauvegarder les photos dans la mémoire du téléphone ou sur la carte mémoire additionnelle (nécessite cette carte mémoire !).

- **Réinitialiser :** réinitialise les paramètres par défaut. S'avère particulièrement utile lorsque l'on a modifié des paramètres sans trop savoir lesquels !

Personnaliser les raccourcis de l'appareil photo

Vous pouvez facilement personnaliser vos paramètres en créant quatre zones de raccourcis.

① Lancez l'appareil photo et appuyez sur ⚙ puis **Modifier les raccourcis**.

② Maintenez une pression longue sur les icônes et déplacez-les vers une icône de la barre de raccourcis en haut.

Géolocaliser les photos

Nous l'avons vue précédemment, la fonction de géocodage GPS permet d'associer à chaque photo la position GPS d'où elle a été prise. Veillez au préalable à activer le GPS !

❶ Déroulez la zone de notifications Android puis appuyez sur l'icône **GPS** pour activer le GPS.

❷ Lancez l'application **Appareil Photo** et assurez-vous que le paramètre **Balise GPS** est activé (voir « Régler le format des photos » ci-dessus). Lors de la prise de photo, une icône placée sur l'écran indique que le géocodage est activé.

❸ Prenez votre photo puis affichez-la dans l'application **Galerie**. Affichez la photo en plein écran puis appuyez sur le bouton **Menu** du téléphone ▶ **Plus** ▶ **Afficher sur la carte** (si cette option n'apparaît pas, c'est que votre photo n'a pas été géocodée !).

❹ L'endroit où a été prise la photo s'affiche sur une carte Google Maps !

Créer des photographies panoramiques

Le Galaxy SIII offre la possibilité de créer des photographies panoramiques sans utiliser d'application idoine.

❶ Lancez l'application **Appareil Photo** puis appuyez sur ⚙ ▶ **Mode capture** pour basculer en mode Panorama.

❷ Prenez la première photo et effectuez un lent mouvement de rotation de la gauche vers la droite. Des guides verts vous aident à prendre correctement les photos. Les photos suivantes seront automatiquement déclenchées, il suffit donc simplement de se déplacer.

❸ Une fois les 8 photos capturées, l'application génère automatiquement le panorama, qui est alors disponible dans l'application Galerie !

 Une photographie panoramique est avant tout une photo qui se présente dans un format allongé. Lorsque le rapport entre la hauteur et la largeur de la photo est au moins égal à 1/2, on considère qu'on est en présence d'une photo panoramique. Mais le format le plus courant reste le format 1/3, voire au-delà.

Partager des photos entre amis

Le Galaxy SIII offre la possibilité d'envoyer instantanément sur le téléphone de vos amis, les photos que vous prenez avec votre téléphone. La connexion se fait par Wi-Fi Direct.

❶ Depuis le bureau d'Android, appuyez sur le bouton **Menu** du téléphone ▸ **Paramètres** ▸ **Paramètres supplémentaires** et activez **Wi-Fi Direct**.

❷ Demandez à votre ami d'activer à son tour le Wi-Fi Direct sur son propre téléphone. Vous devriez voir vos téléphones respectifs sur chaque appareil. Appuyez sur *Android_89cb* (dans cet exemple) pour vous connecter au téléphone de votre ami.

❸ Une fois les deux téléphones « appairés » (connectés l'un à l'autre), lancez **Appareil photo**. Appuyez sur la roue dentée, ouvrez le menu **Mode de Capture** et sélectionnez l'option **Partage**.

❹ Notez, dans la barre de notifications, l'icône 📷, qui vous informe que l'option **Partage** est activée.

❺ Prenez vos photos comme habituellement. Votre ami les recevra presque instantanément sur son téléphone, dans le dossier **/sdcard/ShareShot.** Il n'a plus qu'à les visualiser avec l'application **Galerie !**

Partager des photos par e-mail ou MMS

Pour envoyer une photo par e-mail ou MMS, la plupart des utilisateurs prenent la photo, ouvrent l'application **Galerie**, recherchent la photo et enfin l'envoient par e-mail ou MMS. Toutes ces étapes sont finalement bien longues ! Le Galaxy SIII vous propose justement de vous simplifier la tâche :

❶ Lancez l'application **Appareil Photo** puis appuyez sur 🔯 ▸ **Mode capture** et choisissez **Partage de photo d'ami**.

❷ Prenez votre photo comme d'habitude. L'application vous demande de « taguer » la personne prise en photo. Si cette personne a déjà été taguée, son nom apparaît automatiquement (voir « Libeller un portrait » du présent chapitre).

❸ Appuyez sur **E-mail** pour sélectionner l'adresse e-mail ou le numéro de téléphone (envoi par MMS) du destinataire de la photo.

❹ Touchez l'écran pour faire apparaître les menus, et appuyez sur 🖂 pour envoyer la photo. Confirmez en appuyant sur **OK**.

> **NOTE** Attention ! Si l'icône 🖂 est grisée (inutilisable), assurez-vous d'avoir paramétré un compte de messagerie dans l'application **E-Mail**, préinstallée sur le Galaxy SIII (voir au chapitre 9 « Configurer le client de messagerie natif d'Android »). En effet, la fonction de partage d'est pas compatible avec l'application Gmail.

Filmer des vidéos

Le Galaxy SIII est doté d'une caméra vidéo qui permet l'enregistrement de séquences en full HD (1920 x 1080 pixels). Android prend nativement en charge les formats de fichiers 3GP et MP4, AVI, FLV et MKV.

En dehors de ces formats, il conviendra soit de convertir la vidéo dans l'un des formats compatibles avec le codec approprié, soit d'utiliser une application tierce, susceptible de lire davantage de formats et de codecs qu'Android ne le fait nativement. À noter que le Galaxy SIII prend en charge les codecs MPEG4, H.263, H.264, CV-1 et DivX/XviD.

❶ Lancez l'application **Appareil photo** puis appuyez sur 🔲 pour basculer en mode vidéo. Les icônes sont les même que celles de l'appareil photo, néanmoins les options de paramétrages diffèrent quelque peu, nous les décrirons dans ce chapitre.

⚙ donne accès aux paramétrages de l'application. Nous reviendrons sur les différentes options dans ce chapitre.

✳ est un raccourci vers les effets.

📹 est raccourci vers le mode d'enregistrement.

⚡ active ou désactive le flash.

🔄 bascule en mode photo ou vidéo (caméscope).

❷ Appuyez sur le bouton 🔴 pour commencer l'enregistrement. Appuyez de nouveau sur ce bouton pour stopper le film.

❸ Pour régler le zoom, pincez l'écran du centre vers l'extérieur ou inversement, de sorte à agrandir ou réduire le zoom. Le bouton physique **Volume** du Galaxy SIII sert également à commander le zoom.

❹ Pour prendre une photo tout en filmant, assurez-vous que la fonction **Stabilisateur** est désactivée, sinon l'icône en forme d'appareil photo n'apparaîtra pas (voir ci-après) !

Régler le format des vidéos

Les options de paramétrage du caméscope permettent notamment de choisir la résolution de la vidéo. Appuyez sur ⚙ pour découvrir ces options.

• **Modifier les raccourcis** : permet de personnaliser les raccourcis affichés sur l'écran (voir « Personnaliser les raccourcis de l'appareil photo »)

• **Autoportrait :** active la caméra frontale de manière que vous puissiez vous filmer en autoportrait.

• **Flash** : active ou désactive le flash intégré. La caméra frontale ne dispose pas de flash.

• **Mode enreg.** : détermine le mode d'enregistrement de la vidéo, à savoir standard, très basse résolution (pour envoi *via* MMS).

• **Valeur d'exposition** : règle les valeurs d'exposition. En règle générale, sélectionnez des valeurs positives lorsque la vue comporte de grandes zones très lumineuses ou lorsque l'arrière-plan est bien plus lumineux que le sujet principal. Sélectionnez des valeurs négatives lorsque la vue comporte de grandes zones sombres ou lorsque l'arrière-plan est bien plus sombre que le sujet principal.

• **Retardateur** : déclenche la vidéo après le laps de temps indiqué.

• **Effets** : donne un effet à la vidéo (négatif, échelle de gris ou sépia). Déplacez le menu horizontalement pour accéder à tous les effets.

• **Résolution** : détermine la résolution de la vidéo. Les formats disponibles dépendent de votre smartphone Android, vous n'aurez pas nécessairement les mêmes options que l'écran ci-après. Plus la résolution est élevée (HD), plus la vidéo aura des dimensions élevées et plus sa taille sera conséquente. Si vous devez envoyer par MMS, par e-mail ou sur un réseau social une vidéo, privilégiez une basse résolution (SD).

• **Balance des blancs** : la balance des blancs permet d'étalonner le capteur et de corriger la dominante de couleur en fonction de l'éclairage ambiant (lumière naturelle, nuageux, incandescent, fluorescent).

- **Visibilité extérieure** : ajuste la luminosité de l'écran afin de faciliter sa visualisation lorsque vous êtes en pleine lumière.

- **Stabilisateur :** Corrige le flou de bougé produit par le mouvement de l'apapreil pendant l'exposition. Attention : pour prendre une photo tout en filmant une scène, désactivez le stabilisateur !

- **Guide** : affiche des lignes de quadrillage sur l'écran de votre appareil photo (mais pas sur la vidéo) pour vous aider à centrer et à cadrer les objets qui vous intéressent.

- **Qualité vidéo** : détermine la qualité des vidéos. Si vous souhaitez publier vos vidéos sur Facebook (ou les envoyer par e-mail), privilégiez une faible qualité, sinon vos vidéos seraient très longues à transmettre.

- **Retourner l'image :** cette option n'est disponible que lorsque le mode autoportrait est activé. Un retournement de la vidéo est effectué sur l'axe vertical.

- **Stockage** : permet de sauvegarder les photos dans la mémoire du téléphone ou sur la carte mémoire additionnelle MicroSD (nécessite cette carte mémoire !).

- **Réinitialiser :** réinitialise les paramètres par défaut. S'avère particulièrement utile lorsque l'on a modifié des paramètres sans trop savoir lesquels !

Lire une vidéo

Tout comme les photos, les vidéos sont disponibles depuis l'application **Galerie** de votre téléphone. Nous consacrons une large partie à l'application **Galerie** dans ce chapitre.

❶ Lancez l'application **Galerie** puis ouvrez l'album **Appareil photo** qui contient les photos et vidéos prises depuis le Galaxy SIII.

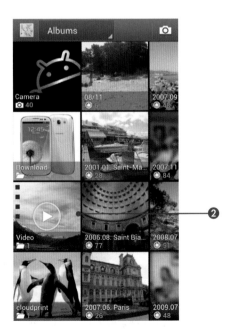

❷ Il est facile de distinguer une vidéo d'une photo grâce à l'icône  au centre de l'écran.

❸ Lors de la lecture du film, vous pouvez appuyer sur le bouton physique **Marche/ Arret** du téléphone pour verrouiller la vidéo. Ainsi, vous ne risquez pas d'interrompre la lecture en appuyant par inadvertance sur l'écran et/ou sur la touche **Retour** du téléphone.

❹ Touchez l'écran pour faire apparaître un menu à partir duquel stopper la lecture de la vidéo (pause), avancer ou reculer dans le film, augmenter le son, *etc.* Touchez l'icône  pour afficher l'image horizontalement. (L'option d'orientation du téléphone ne doit pas être nécessairement sur automatique.)

❺ L'icône ⬜ permet de passer en plein écran, tandis que 🔲 est une nouvelle fonctionnalité (*Pop Up Play*), beaucoup mise en avant par Samsung, qui permet de détacher la vidéo de l'écran, afin de pouvoir faire autre chose tout en continuant à lire la vidéo (envoyer un SMS, lire un e-mail, *etc.*). Déplacez la miniature de la vidéo si cette dernière masque une partie de l'écran.

❻ Lors de la lecture d'une vidéo (en mode normal et non en mode détaché), appuyez sur le bouton **Menu** du téléphone pour accéder à de nouvelles options.

- **Recherche des périphériques** : actualise la liste des périphériques DLNA (voir « Diffuser une photo ou vidéo sur l'ordinateur »).

- **Partager *via*** : permet de partager la vidéo par Bluetooth, Wi-Fi Direct, e-mail, *etc.*

239

- **Aperçu du chapitre :** les chapitres sont des repères positionnés dans le film. Chaque chapitre renvoie donc à un moment précis du film.

- **Rogner :** Permet de rogner le film (voir « Rogner une vidéo »).

- **Par Bluetooth :** envoie le son de la vidéo à un écouteur Bluetooth.

- **Vidéo auto désactivé :** coupe la vidéo après un laps de temps défini.

- **Paramètres :** permet de régler les options de lecture de la vidéo.

- **Détails :** Apporte des précisions sur la vidéo (taille, résolution, durée, format, *etc.*)

 L'application **Play Films** (Google), préinstallée par défaut sur le Galaxy SIII, liste l'ensemble des vidéos personnelles du téléphone. C'est donc un excellent moyen de retrouver toutes vos vidéos depuis une unique application.

 L'application **Lecteur vidéo**, préinstallée par défaut sur le Galaxy SIII, liste les vidéos du téléphone. (Les vignettes sont en mouvement, ce qui est plutôt impressionnant !)

> **NOTE**
> Bien qu'Android 4.x lise nombre de formats et qu'il soit difficile de le mettre en défaut, il existe sur Google Play des lecteurs multimédias alternatifs. Ces lecteurs étendent les possibilités intrinsèques d'Android dans la mesure où ils savent lire davantage de formats vidéo. Vous pouvez télécharger les applications **RockPlayer Lite** ou **Mobo Video Player** qui sont certainement deux des meilleurs lecteurs actuels.

Rogner une vidéo

Le Galaxy SIII est livré avec une application qui permet de rogner une vidéo. En montage vidéo, « rogner » consiste à ne conserver qu'une partie et non l'intégralité d'une vidéo.

➊ Ouvrez l'application **Galerie** puis lancez la lecture de la vidéo à rogner. Appuyez sur le bouton **Menu** du téléphone ▶ **Rogner.**

➋ Déplacez les curseurs aux extrémités afin de délimiter la partie de la vidéo à conserver.

➌ Appuyez sur **Rogner** pour couper les extrémités de la vidéos délimitées par les marqueurs. Préférez l'option **Rogner comme nouv. vidéo** pour ne pas altérer la vidéo originelle. Les vidéos sont sauvegardées dans le dossier **/sdcard/Output**.

Convertir un DVD au format du Galaxy SIII

Pour lire un DVD sur le Galaxy SIII, il convient au préalable de le convertir dans un format supporté, avec une résolution d'image de moindre qualité compte tenu de l'étroitesse de l'écran du smartphone. Notez que vous n'êtes autorisé qu'à convertir votre propres DVD et non ceux du commerce.

Nous utiliserons le logiciel **HandBrake** (http://handbrake.fr), compatible sous Windows (32 et 64 bits), Linux et Mac OS. **HandBrake** permet de convertir des vidéos au format MP4, ainsi que des DVD ou Blu-ray.

➊ Téléchargez et installez **HandBrake** sur votre ordinateur : http://handbrake. fr. (si une erreur apparaît au premier lancement, relancez l'application).

➋ Au lancement de l'application, cliquez sur le menu **Tools** ▶ **Options**, sélectionnez l'onglet **OutPut Files**, cliquez sur le bouton **Browse** pour indiquer le répertoire de destination où sauvegarder les vidéos converties.

❸ Insérez le DVD dans votre lecteur de DVD puis cliquez sur le bouton 🎬 Source ▾ et sélectionnez le lecteur DVD.

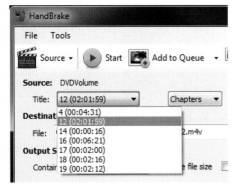

❹ Important : sélectionnez le titre (« *title* ») à décoder, c'est-à-dire celui qui comporte le film principal (voir note plus bas).

❺ Assurez-vous que dans la zone **Output Setting**, *MP4 File* est sélectionné.

❻ Sélectionnez à droite de l'écran **Android High** de façon à sélectionner un réglage adapté au Galaxy SIII (qui a une résolution de 1280 * 720 pixels).

❼ Assurez-vous que dans l'onglet **Vidéo**, le *Codec vidéo* soit H.264 (x264).

❽ Une fois les réglages effectués, cliquez sur ▶ ꜱᴛᴀʀᴛ. En vous armant d'une bonne dose de patience (la conversion d'un DVD peut durer plusieurs heures !), vous pourrez transférer la vidéo ainsi convertie sur la carte SD de votre téléphone. La vidéo aura l'extension **.mp4**.

 Les DVD sont découpés en titres. Chaque titre comporte plusieurs chapitres. Il vous appartient de décoder le bon titre ; sinon, vous risqueriez de ne pas avoir le film principal ! Certains DVD sont protégés contre la copie : de fait, Handbreak ne voit pas l'ensemble des titres disponibles (dont, bien sûr, celui du film principal !) ou, au contraire, il en voit une centaine ! Pour ce dernier cas, il vous faut déterminer quel titre contient le film principal. Utilisez pour cela le lecteur vidéo de votre ordinateur, qui vous indiquera le titre du film principal.

Qu'est-ce que l'application Galerie ?

L'application **Galerie** permet de visualiser les photos et vidéos prises par le téléphone, mais aussi celles issues des autres applications qui utilisent des images (applications de photographie, retouche d'images, captures d'écran, *etc.*). Un peu à l'image du lecteur audio natif d'Android, l'application **Galerie** centralise, au sein d'une même application, toutes les photos et vidéos du téléphone.

❶ Lancez l'application **Galerie** représentée par l'icône suivante :

❷ L'application **Galerie** liste tous les albums photo trouvés sur la carte mémoire, ces derniers sont classés par nom de dossier. Déplacez les albums de la gauche vers la droite (et inversement) pour visualiser l'ensemble des albums disponibles. Appuyez sur 🔲 pour lancer l'appareil photo depuis l'application **Galerie**.

❸ Chaque album est estampillé d'une petite icône discrète qui révèle la nature et le nombre de photos contenues dans ce dernier :

 concerne l'album des photos et vidéos prises depuis le téléphone.

📁 concerne un dossier de la carte mémoire contenant des photos et/ou vidéos. Le nom du dossier est affiché au-dessus de l'icône.

◉ concerne un album Picasa. Nous reviendrons plus en détail sur Picasa dans ce chapitre.

> **NOTE** Les dossiers cachés (voir « Comment créer des dossiers cachés ? » plus loin dans ce chapitre) n'apparaîtront pas dans l'application **Galerie**. Créer un dossier caché est donc une solution simple pour masquer des photos et vidéos personnelles !

Consulter un album photo

❶ Touchez un album pour visualiser les photos ou vidéos qu'il contient.

❷ Maintenez une pression longue sur un album pour appliquer un traitement à l'ensemble des photos qu'il contient (supprimer l'album, envoyer l'album par e-mail, *etc.*). L'album est alors encadré d'un filet bleu clair. Certaines options telles que **supprimer** un album ou **envoyer vers**, ne sont pas disponibles pour les albums Picasa.

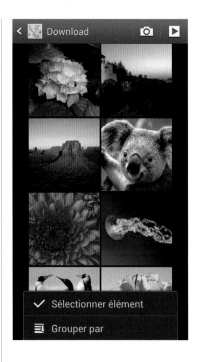

❸ Lorsque vous vous trouvez à l'intérieur d'un album, vous disposez de plusieurs options fortes intéressantes, parmi lesquelles nous pouvons citer :

- indique le dossier dans lequel vous vous trouvez.

- **Grouper par :** affiche les photos par dates de prise de vue, par géolocalisation, par personnes, par groupes…

❹ Maintenez une pression longue sur une photo pour la sélectionner. Vous pouvez en sélectionner plusieurs de cette façon. Lorsqu'une photo est sélectionnée, elle est encadrée d'un filet bleu clair. De nouvelles options s'affichent alors dans la barre du haut.

permet d'envoyer la ou les photos par e-mail, SMS, Picasa, *etc.*

raccourci vers l'application la plus utilisée.

supprime la ou les photos sélectionnées de la carte mémoire.

propose différentes options sur les photos. Les options suivantes ne sont pas toutes nécessairement disponibles selon que vous avez coché une ou plusieurs photos :

- **Diaporama** : affiche les photos de l'album sous forme de diaporama. Il est possible de choisir l'effet, une musique de fond et la durée d'affichage entre deux photos.

- **Modifier** : lance un logiciel de retouche d'images.

- **Copier dans le presse-papiers :** permet de copier la photo. Vous pouvez ainsi la coller dans un SMS par exemple.

- **Rogner** : permet de recadrer la photo (voir « Rogner une photo » ci-dessous).

- **Rotation à droite/à gauche** : applique une rotation à droite ou à gauche de la photo sélectionnée.

- **Définir l'image en tant que :** permet de définir l'image en tant que fond d'écran, fond d'écran de verrouillage ou d'associer la photo à un contact de votre carnet d'adresses.

- **Imprimer** : permet d'imprimer la photo sur une imprimante Samsung (http:// www.samsung.com/ca_fr/mobileprint).

- **Renommer** : permet de renommer le fichier.

- **Détails** : affiche des détails sur la photo sélectionnée : titre, date, dossier où elle se trouve, position GPS, taille, résolution, arborescence complète. S'il s'agit d'une vidéo, la durée de cette dernière est mentionnée.

Rogner une photo

L'application **Galerie** propose un outil de base pour rogner (ou recadrer) les photos. Il est souvent utile de recadrer une photo ou une capture d'écran de façon à éliminer les contours qui ne sont pas toujours utiles.

❶ Lancez l'application **Galerie** et affichez en plein écran la photo à recadrer. Appuyez sur le bouton **Menu** du téléphone ▶ **Rogner**.

❷ La photo est alors affichée et encadrée par un rectangle bleu redimensionnable à l'aide de 8 poignées d'étirement. Déplacez ce cadre bleu et redimensionnez-le de sorte à ne conserver que la partie de la photo qui vous intéresse. Appuyez alors sur **OK** pour sauvegarder l'image.

❸ L'image ainsi recadrée est stockée dans le même dossier que la photo d'origine, cette dernière n'ayant pas été altérée pour autant.

> **NOTE** Le Galaxy SIII n'est pas fourni avec une application de retouche d'images, mais vous pourrez en télécharger sur Google Play Store. Nous pouvons notamment citer les applications suivantes : **Befunky Photo Editor** (Befunky Inc), **Effets couleur tactile** (Swiss Codemonkeys), **Little Photo** (Moment), **Pho.to Lab** (Vicman Llc), **Photo Grid** (RoidApp), **PhotoFunia** (PhotoFunia), **Pixlr-o-matic** (Autodesk Inc.), **Snapbucket** (Photobucket Corp.), **Sketchbook Mobile Express** (Autodesk Inc.)... Elles permettront d'ajouter à vos photos des filtres, des effets, des couleurs, *etc.*

Libeller un portrait

La Galaxy SIII propose une fonctionnalité innovante qui consiste à identifier les personnes immortalisées avec l'appareil photo.

Par la suite, le téléphone analyse lui-même les visages et « tague » automatiquement les photos.

Une fois vos amis tagués, une bulle apparaît sur le visage des personnes en question, dans laquelle figure un lien vers leur profil Facebook.

❶ Lancez l'application **Galerie** et affichez en plein écran une photo de l'album **Caméra** contenant au moins un visage. Appuyez sur le bouton **Menu** du téléphone ▸ **Libellé de portrait**.

❷ Assurez-vous que la fonction est effectivement activée. (Les info-bulles ont tendance à masquer les visages : si cela vous agace, désactivez la fonction.)

❸ Désormais, lorsqu'une photo contient un ou plusieurs visages, il vous est proposé de les associer à une personne de votre carnet d'adresses.

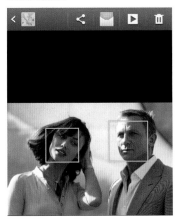

❹ Appuyez sur l'un des carrés jaunes et indiquez s'il s'agit de vous ou d'une autre personne (**Ajouter un nom**).

❺ Lorsque vous affichez une photo contenant un visage ainsi « tagué », une info-bulle désigne la personne concernée.

❻ Appuyez sur l'info-bulle pour appeler ladite personne ou sur ⚙ pour modifier et/ou supprimer la bulle associée à cette dernière.

247

Créer des dossiers cachés

Les dossiers commençant par un point (par exemple, **.perso**) sont considérés par le système Android comme des dossiers cachés. Aussi, les photos et vidéos stockées à l'intérieur de ces dossiers ne figureront pas dans l'application **Galerie** d'Android. De même, les musiques sauvegardées dans ces dossiers cachés n'apparaîtront pas dans l'application **Musique**. Créer un dossier caché sur sa carte mémoire est une bonne façon de dissimuler des photos ou vidéos privées !

❶ Lancez l'application **Mes fichiers** (voir chapitre 4, « Le gestionnaire de fichiers »).

❷ Appuyez sur le bouton **Menu** du téléphone ▸ **Paramètres** et assurez-vous que l'option **Afficher les fichiers masqués** est effectivement cochée.

❸ Placez-vous ensuite dans l'arborescence où créer le dossier caché. Appuyez sur le bouton **Menu** du téléphone ▸ **Créer dossier**.

❹ Saisissez un nom de dossier commençant par un point.

❺ Déplacez vos photos et vidéos dans ce dossier, elles n'apparaîtront plus dans l'application **Galerie** (il est parfois nécessaire de relancer le smartphone pour que les modifications soient prises en compte par l'application **Galerie**).

❻ Certaines applications ne peuvent pas récupérer des photos situées dans des dossiers cachés, renommez alors le dossier avant d'utiliser ces applications.

Il n'est pas possible (ou plutôt déconseillé) de renommer les dossiers créés par les applications Android que vous avez installées ; en effet, ces dernières ne fonctionneraient plus ! De fait, les photos de ces dossiers apparaissent dans la Galerie, ce qui n'est pas nécessairement souhaitable. Pour masquer ce dossier, sans pour autant le renommer, créez simplement un fichier vide (et non un dossier) nommé **..nomedia** à l'intérieur du dossier dans lequel figurent les photos et/ou vidéos.

 **NOTE** Téléchargez l'application **Cacher photos avec KeepSafe** (Keepsafe) sur le Play Store pour cacher de façon plus sécurisée vos photos et vidéos de la Galerie.

Créer un diaporama sur le bureau

❶ Depuis le bureau Android, maintenez une pression longue sur un endroit libre ▸ **Widgets** ▸ et recherchez le widget **Cadre Photo 2*2**.

❷ Sélectionnez **Images d'un album** puis sélectionnez l'album en question. Redimensionnez le widget si nécessaire. Un diaporama défilera alors automatiquement sur votre bureau !

Pourquoi synchroniser les photos ?

Google offre la possibilité de synchroniser ses photos dans les « nuages », c'est ce que l'on appelle le *cloud computing*. Cela signifie que vos photos ne sont plus stockées uniquement dans le Galaxy SIII, mais aussi sur les serveurs de Google. En cas de perte ou vol du téléphone, vos photos ne seront pas perdues, vous pourrez toujours y accéder depuis un ordinateur, une tablette ou un autre smartphone Android !

L'espace de stockage utilisé pour contenir vos photos est **Picasa Album Web**, un service gratuit proposé par Google qui permet de créer des albums en ligne (voir « Qu'est-ce Picasa Album Web ? »).

« Synchroniser » vos photos consiste donc à :

• Accéder depuis l'application **Galerie** du Galaxy SIII à vos albums **Picasa Album Web**. En effet, si vous disposez déjà d'albums sur Picasa, vous souhaitez

certainement les consulter depuis votre téléphone ! Pour ce faire, vous utiliserez les données de synchronisation **Synchroniser Picasa Web**.

• Télécharger sur **Picasa Album Web** les photos et vidéos prises depuis le Galaxy SIII. Vous pouvez envoyer vos photos sur Picasa automatiquement grâce à l'application Google+ (*via Instant Upload*). Google+ est un service associé à **Picasa Albums Web**.

Ces concepts seront développés ci-après.

 Le *cloud computing* est un concept qui consiste à déporter sur des serveurs distants des stockages et des traitements informatiques traditionnellement localisés sur des serveurs locaux ou sur le poste de l'utilisateur (source Wikipédia).

Qu'est-ce que Picasa Album Web ?

Google propose deux services pour la gestion et la retouche de photographies : **Picasa** et **Picasa Album Web**.

- **Picasa** est le logiciel de retouche d'images gratuit de Google pour Windows XP/Vista/7, que vous pouvez télécharger à cette adresse : http://picasa.google.com. Notez que l'installation sur PC de Picasa n'est nécessaire que si vous comptez retoucher vos photos depuis votre ordinateur personnel.

- **Picasa Albums Web** permet de créer des albums en ligne que vous pourrez partager avec vos amis. Les photos peuvent être téléchargées depuis l'interface Web de Picasa, depuis le logiciel de retouche d'images Picasa ou depuis votre smartphone Android. Picasa Albums Web vous offre 1 Go de stockage pour partager des photos. Il est accessible gratuitement, depuis un compte Google à cette adresse : http://picasaweb.google.com.

Nous vous invitons vivement à vous connecter au moins une fois depuis un navigateur Web à http://picasaweb.google.com à l'aide de votre compte Google, afin de vous assurer que ce dernier a correctement été associé aux services de Picasa Album Web.

Utiliser les services de Picasa Album Web sur son Galaxy SIII permet de stocker les photos sur les serveurs de Google et non uniquement au sein du téléphone ! Non seulement vous aurez accès à vos photos depuis votre smartphone, mais aussi depuis n'importe quel autre ordinateur connecté à Internet. Si vous disposez d'une tablette, vos photos seront automatiquement synchronisées sur cette dernière. Autre point non négligeable : si vous perdez votre téléphone, vos photos seront toujours disponibles !

Comment synchroniser les albums Picasa ?

Pour profiter de vos albums photo de Picasa depuis l'application **Galerie** du Galaxy SIII, vous devez au préalable autoriser la synchronisation des photos.

❶ Appuyez sur le bouton **Menu** du téléphone ▸ **Paramètres** ▸ **Comptes et synchro.** et sélectionnez votre compte Google. Assurez-vous que **Synchroniser Picasa Web** est coché.

❷ Si cette option ne vous est pas proposée, c'est que votre compte Google n'est pas rattaché à Picasa Album Web. Connectez-vous alors au service depuis un navigateur de bureau : http://picasaweb.google.com

❸ Dès à présent, si vous disposez déjà d'albums sur votre compte Picasa Album Web, ces derniers seront alors automatiquement synchronisés (téléchargés) sur votre téléphone, dans l'application **Galerie**. Les dossiers Picasa sont repérables par l'icône ⬤.

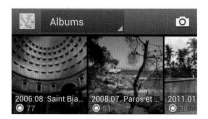

❹ Disposer de ses albums Picasa sur son Galaxy SIII est fort intéressant, vous devez néanmoins disposer d'une connexion à Internet pour accéder à vos photos ! À défaut, seules les vignettes de certaines photos peuvent éventuellement être disponibles, mais vous ne pourrez pas voir en plein écran ces photos (ou vidéos) !

Transférer automatiquement les photos du Galaxy SIII vers Picasa

Google+, le réseau social de Google, est un service associé à Picasa Albums Web. Grâce à l'application Android **Google+**, vous pourrez transférer vos photos automatiquement sur Picasa Album Web.

Nous vous invitons à parcourir le chapitre 13, qui explique la configuration de Google+. Nous considérons donc que Google+ est correctement installé.

❶ Depuis le bureau d'Android, appuyez sur le bouton **Menu** du téléphone ▶ **Paramètres** ▶ **Comptes et synchro.** Ouvrez votre compte Google et assurez-vous que l'option **Synchroniser Instant Upload** est cochée.

❷ Lancez **Google+** et appuyez sur le bouton **Menu** du téléphone ▶ **Paramètres** ▶ **Instant Upload :**

- **Quand importer des photos/vidéos** : permet de pousser les photos sur Picasa seulement lorsque vous êtes en Wi-Fi, de sorte à économiser votre forfait *data*.

- **Importer en itinérance** : autorise le transfert des photos lorsque vous êtes en itinérance de données.

- **Importer avec le chargeur** : transfert des photos seulement lorsque le téléphone est en charge.

- **Tout importer** : permet de télécharger vers Picasa toutes vos photos (pas seulement les nouvelles prises avec l'appareil photo).

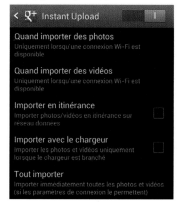

❸ Désormais, lorsque vous prendrez une photo avec le Galaxy SIII, cette dernière sera automatiquement synchronisée sur Picasa Album Web (https://picasaweb.google.com), dans un album nommé *Transfert instantané*.

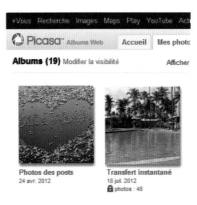

④ Si vous avez coché la synchronisation Picaca Web (qui permet de voir les albums Picasa sur le Galaxy SIII ; voir précédemment « Comment synchroniser les albums Picasa? ») vous retrouverez, de fait, votre

photo à la fois dans le dossier *Caméra* (photo stockée au sein du téléphone) et dans *Transfert instantané* (photo stockée sur Picasa) de l'application **Galerie**.

⑤ Avantage de cette solution : vous pouvez supprimer les photos du dossier **Caméra**, vous aurez toujours une copie sur Picasa. De plus, vous pourrez voir ces photos depuis un ordinateur très facilement et immédiatement !

Stopper la synchronisation des albums Picasa

Si vous ne souhaitez plus synchroniser vos albums Picasa sur la Galaxy SIII, c'est-à-dire que vous ne souhaitez plus voir vos albums Picasa dans l'application Galerie, procédez comme suit :

① Décochez **Synchroniser Picasa Web** dans les paramètres de synchronisation.

② L'ensemble de vos albums Picasa doivent normalement disparaître de l'application **Galerie**. Si tel n'est pas le cas, quittez l'application **Galerie**. Appuyez sur le bouton **Menu** du téléphone ▶ **Paramètres** ▶ **Applications** et sélectionnez l'onglet **Tout**. Recherchez l'application **Galerie**.

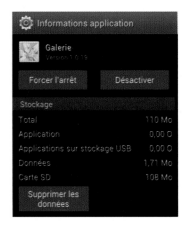

③ Appuyez sur **Supprimer les données**. Consulter le chapitre 12 pour plus d'informations à ce sujet.

Qu'est-ce que le DNLA ?

DLNA (*Digital Living Network Alliance*) est une norme de communication qui permet à tout client certifié DLNA (un Galaxy SIII, une tablette, un téléviseur compatible DNLA, *etc.*) d'accéder à distance à des éléments (photos, vidéos, musiques) d'un serveur de contenu lui aussi certifié DLNA, le tout sans connexion filaire (*via* le Wi-Fi).

Utilisant le protocole réseau UPnP (*Universal Plug & Play*) pour établir des réseaux sans fil de poste à poste, le client DLNA détecte les serveurs disponibles et peut faire des recherches sur les contenus de type média, et peut les lire à distance.

Le Galaxy SIII est en mesure d'être à la fois serveur et client DNLA. Dans cet ouvrage, nous décrirons les différentes possibilités offertes par le DLNA avec le Galaxy SIII et le lecteur gratuit **Windows Media Player** de Microsoft sous Windows 7.

 Windows Media est un lecteur multimédia propriétaire édité par Microsoft qui permet de lire des fichiers audio et vidéo sur les ordinateurs fonctionnant sous le système d'exploitation Windows. Assurez-vous de disposer de la dernière version : http://windows.micro-soft.com/fr-FR/windows/downloads/windows-media-player

Configurer Windows Media Player

Depuis votre ordinateur, créez votre bibliothèque de musiques, photos et vidéos sous Windows Media Player.

❶ Ouvrez Windows Media Player et cliquez sur **Organiser ▸ Gérer les bibliothèques** et précisez où sont stockées vos musiques, vidéos et photos sur votre ordinateur. Par défaut, les Dossiers *publics* et *personnels* sont déjà présents. Lorsque vous incluez un dossier dans votre bibliothèque Windows Media Player, les fichiers s'affichent mais restent stockés dans leur emplacement d'origine.

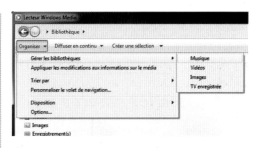

❷ Configurez Windows Media Player de sorte qu'il autorise les clients DNLA (le Galaxy SIII) à accéder à la bibliothèque : ouvrez le menu **Diffuser en continu** et cliquez sur **Activer le diffusion multimédia en continu**

❸ Une fenêtre s'ouvre : cliquez sur le bouton **Activer la diffusion multimédia en continue.**

❹ Si vous le souhaitez, renommez votre bibliothèque. C'est ce nom qui apparaîtra sur le Galaxy SIII (dans cet exemple, *Ma bibliothèque DNLA*). Cliquez sur le bouton **Autoriser Tout** si celui-ci n'est pas grisé.

❺ Ouvrez le menu **Diffuser en continu** et cochez l'option **Autoriser le contrôle à distance de mon lecteur.**

La configuration de Windows Media Player est désormais terminée. Consultez les sections suivantes pour apprendre à diffuser du contenu depuis ou vers votre Galaxy SIII. Notez que vous n'avez pas besoin de connecter le téléphone avec un câble USB : la connexion se fait par votre réseau Wi-Fi et le DNLA.

Consulter les photos de l'ordinateur sur le Galaxy SIII

Si vous avez configuré Windows Media Player comme indiqué ci-dessus, vous pouvez à présent consulter les photos de votre bibliothèque depuis le Galaxy SIII.

❶ Activez le Wi-Fi de votre Galaxy SIII. Ce dernier doit être connecté au même réseau Wi-Fi que votre ordinateur.

❷ Lancez l'application **Galerie**. Vous devriez voir un album qui porte le nom de votre ordinateur et qui contient les photos du (ou des) dossier(s) de votre disque dur.

❸ Ouvrez l'album et consultez à distance, *via* le réseau Wi-Fi, les photos de votre ordinateur.

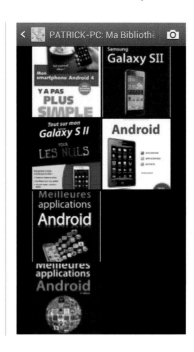

Consulter les vidéos de l'ordinateur sur le Galaxy SIII

Si vous avez configuré Windows Media Player comme indiqué ci-dessus, vous pouvez à présent consulter les vidéos de votre bibliothèque depuis le Galaxy SIII.

❶ Lancez l'application **Lecteur Vidéo**, représentée par l'icône suivante.

❷ Sélectionnez l'onglet **Appareils à proximité** (tout à droite), en déplaçant la bande bleue d'icônes si nécessaire.

❸ Appuyez sur une vidéo de votre bibliothèque pour la visionner, et maintenez une pression longue pour obtenir des détails sur cette dernière.

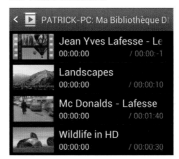

Écouter la musique de votre ordinateur depuis le Galaxy SIII

Vous avez configuré Windows Media Player comme indiqué ci-dessus, et pouvez à présent écouter la musique de votre bibliothèque depuis le Galaxy SIII.

❶ Lancez l'application **Lecteur MP3** et sélectionnez le dernier onglet, **Appareil à proximité**.

❷ Touchez un titre pour l'écouter ou maintenez une pression longue pour le télécharger sur le téléphone. Les musiques ainsi téléchargées sont stockées dans le dossier **/sdcard/nearby**

Diffuser une photo ou vidéo sur l'ordinateur

Si vous avez configuré Windows Media Player comme indiqué ci-dessus, vous pouvez à présent diffuser sur votre ordinateur une photo ou une vidéo du Galaxy SIII.

❶ Assurez-vous que le Lecteur Windows Media est ouvert sur votre ordinateur.

❷ Ouvrez l'application **Galerie** et lancez la lecture d'une vidéo. Touchez l'écran de façon à faire apparaître les menus.

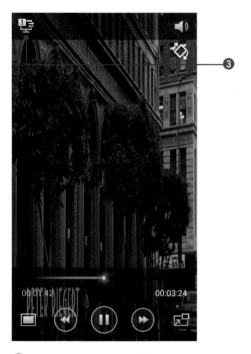

❸ Appuyez sur l'icône ⚌ : le film est diffusé depuis votre l'ordinateur.

❹ Procédez de la même façon pour les photos de l'application **Galerie**. Ouvrez une photo en plein écran et appuyez sur ⚌ pour afficher ladite photo sur l'écran de votre ordinateur.

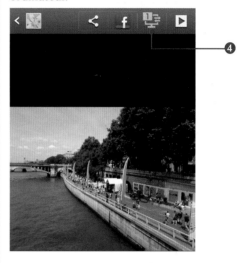

Diffuser les fichiers multimédias du Galaxy SIII sur l'ordinateur

Nous allons maintenant diffuser de la musique, des photos et des vidéos du Galaxy SIII sur l'ordinateur, *via* Windows Media Player. Le protocole DNLA et le Wi-Fi étant intimement liés, vous devez vous assurer que le Galaxy SIII est connecté à votre réseau Wi-Fi.

❶ Depuis le bureau d'Android, appuyez sur le bouton **Menu** du téléphone ▸ **Paramètres** ▸ **Paramètres supplémentaires** ▸ **Appareils à proximité**.

❷ Activez le **Partage de fichiers**. Une icône dans la barre de statuts vous informe que la fonction est activée 🔳.

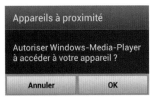

❸ Lorsque vous activez le **Partage de fichiers**, le Galaxy SIII vous demande si vous souhaitez autoriser Windows Media Player à accéder à vos fichiers partagés. Appuyez sur **OK**.

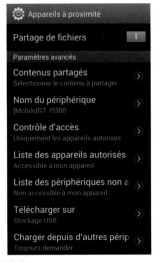

❹ Le partage de fichiers est désormais activé. Parcourons ensemble les différentes options :

- **Contenus partagés** : sélectionnez le type de données à partager, à savoir les vidéos, les photos et/ou la musique.

- **Nom du périphérique :** permet de personnaliser le nom de votre Galaxy SIII.

- **Contrôle d'accès** : autorisez tous les périphériques connectés au réseau Wi-Fi ou seulement certains à accéder à vos données partagées.

- **Liste des appareils autorisés :** liste les appareils autorisées à se connecter à votre Galaxy SIII. Si vous révoquez les droits de Windows Media Player, désactivez le partage de fichier et réactivez-le (voir étape 2)

- **Liste des appareils non autorisés :** répertorie les appareils non autorisés à se connecter à votre Galaxy SIII.

❺ Sur votre ordinateur, ouvrez Windows Media Player : vous devriez voir apparaître votre Galaxy SIII dans la liste de gauche.

❻ Parcourez les différents dossiers. Écoutez les musiques de votre Galaxy SIII, parcourez les albums photo ou les vidéos... le tout sur votre ordinateur ! Et pensez à désactiver le partage de fichiers DNLA dès lors que vous n'utilisez plus la fonction.

Désactiver l'accès de la bibliothèque multimédia

Si vous ne souhaitez plus que votre bibliothèque Windows Media Player soit accessible depuis votre Galaxy SIII, procédez comme suit :

❶ Lancez Windows Media Player depuis votre ordinateur et cliquez sur le menu **Diffuser en continu▸ Plus d'options de diffusion en continu**.

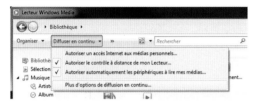

❷ Cliquez sur le bouton **Bloquer tout**.

❸ Si vous souhaitez réactiver cette fonctionnalité, reportez-vous à « Configurer Windows Media Player ».

Diffuser une vidéo sur un téléviseur

Les sections précédentes expliquent comment diffuser un contenu multimédia vers Windows Media Player. Pour diffuser une vidéo sur votre téléviseur, ce dernier doit être connecté à Internet ; c'est ce que l'on appelle une « SmartTV » ou « télévision connectée ».

❶ Appuyez sur le bouton **Menu** du téléphone **▸ Paramètres ▸ Paramètres supplémentaires ▸ AllShare Cast**. L'application recherche alors les téléviseurs compatibles. Attention : selon que vous disposez ou non de la dernière mise à jour disponible pour le Galaxy SIII, vous pouvez ne pas voir ce menu !

❷ Sachez que Samsung s'apprête à commercialiser un accessoire, **AllShare Cast Dongle**, qui permettra de convertir n'importe quel téléviseur disposant d'une entrée HDMI en téléviseur « connecté » et compatible DLNA (www.samsung.com/fr/galaxys3/accessories.html).

❸ Si votre téléviseur n'est pas compatible, vous pouvez néanmoins utiliser un adaptateur micro-USB MHL, qui permet de diffuser de la vidéo HD 1080p sur votre téléviseur, tout en rechargeant le téléphone (www.accessoiregalaxys.com).

Notez que l'ancien adaptateur pour le Galaxy SII n'est pas compatible avec le Galaxy SIII. Samsung commercialise un adaptateur nommé « HDTV Adapter Tip » qui vous permettra de convertir l'embout microUSB 5-pin de l'adaptateur du Galaxy SIII en un embout 11-pin MHL.

❹ L'adaptateur HDMI-MHL convertit le port micro USB du Galaxy SIII en sortie HDMI standard. Cet accessoire n'est pas fourni avec le Galaxy SIII, mais vous le trouverez facilement dans les boutiques spécialisées, pour quelques dizaines d'euros. Il est aussi nécessaire d'acquérir un câble HDMI pour faire la jonction entre l'adaptateur MHL et le téléviseur HDMI. L'avantage de cet adaptateur est de pouvoir recharger en même temps le téléphone lors de la lecture d'une vidéo.

NOTE Notez par la même occasion la possibilité d'acheter un câble-adaptateur micro-USB vers USB, qui vous permettra de connecter une clé USB standard ou tout autre périphérique USB (souris, clavier, clé USB, *etc.*) sur votre téléphone !

Chapitre 12

Google Play Store

Dans ce chapitre :

*V*ous apprendrez dans ce chapitre comment utiliser Google Play Store, la boutique en ligne de Google pour les applications Android. Vous apprendrez à installer une application depuis votre Galaxy SIII ou votre ordinateur, à désinstaller ou à désactiver une application et à maintenir à jour vos applications. Vous créerez votre compte Google Portefeuille et achèterez vos premières applications. Enfin, nous parlerons aussi de l'achat de films et de livres sur le Galaxy SIII.

Qu'est-ce que Google Play Store ?

Anciennement « Android Market », Google Play Store est la boutique en ligne de Google pour le système d'exploitation Android. Une application est préinstallée sur chaque téléphone Android, permettant de télécharger les applications gratuites ou payantes. Google Play Store permet de télécharger des applications Android, mais aussi de louer des films ou acheter des livres numériques pour votre Galaxy SIII.

Google Play Store est donc accessible depuis une application Android, mais également depuis un navigateur Web à l'adresse suivante : `https://play.google.com/`

Google Play Store n'est pas la seule boutique en ligne où se procurer des applications Android. Sur les *markets* alternatifs suivants, vous trouverez des applications issues du Google Play Store officiel, mais également des applications inédites :

Amazon AppStore (ouverture imminente)	`https://www.amazon.com/appstore`
AppsLib	`http://appslib.com/`
Aptoide	`http://aptoide.com/`
Dell Mobile Applications Store	`http://dellmobileappstore.com/`
Facebook App Center	`http://www.facebook.com/appcenter/category/allcategories/`
GetJar	`http://www.getjar.com/`
Handango	`http://www.handango.com/`
Handmark	`http://store.handmark.com/`
Handster	`http://www.handster.com/`
Mobango	`http://www.mobango.com/`
SlideME	`http://slideme.org/`
Soc.io Mall	`http://mall.soc.io/`
YAAM	`http://yaam.mobi/`

NOTE L'installation d'applications hors Google Play Store nécessite de modifier les paramètres du Galaxy SIII de sorte à autoriser les applications issues de sources inconnues (voir « Qu'est-ce qu'un fichier apk ? »).

Comment fonctionne Google Play Store ?

Concevoir une application Android peut rapidement devenir un casse-tête pour les développeurs et, de fait, pour les utilisateurs : suivant les modèles, un smartphone peut disposer d'un flash, d'un témoin lumineux LED, de boutons physiques, d'une puce NFC, *etc.*

Il n'est ainsi pas aisé de développer une application qui fonctionne sur tous les mobiles existants ! C'est pourquoi certaines applications de Google Play Store ne sont accessibles qu'à certains smartphones.

Les utilisateurs de smartphones ne disposant pas de certaines caractéristiques requises ne peuvent donc pas télécharger certaines applications. Concrètement, la recherche d'une application sur le Google Play Store depuis ces téléphones ou tablettes n'aboutit pas, laissant penser que l'application n'existe pas. Si vous recherchez une application qui semble donc ne pas exister, avant d'en conclure que votre téléphone n'est pas qualifié, assurez-vous que votre saisie est correcte et/ou que le nom de l'application n'ait pas changé.

Les raisons pour lesquelles vous ne pourriez pas télécharger une application peuvent être nombreuses : votre version d'Android, des contraintes matérielles, géographiques (certaines applications ne sont accessibles que pour certains pays), votre opérateur téléphonique, *etc.*

Lorsque l'on procède à une recherche sur Google Play, en version Web, toutes les applications sont affichées, même celles qui ne sont pas compatibles avec votre smartphone. Vous ne pourrez pas les installer pour autant, mais vous comprendrez pourquoi vous ne les voyez pas depuis le Galaxy SIII !

Installer une application gratuite

❶ Lancez l'application **Play Store** représentée par l'icône suivante :

❷ Appuyez sur la loupe pour procéder à une recherche par mots-clés ou parcourez les rubriques **Applications**, **Livres**, **Films** ou **Jeux** de Play Store, selon le cas.

❸ Le titre en haut de l'écran vous indique si vous êtes dans la partie **Applications**, **Livres**, **Films** ou **Jeux** de Google Play Store. Appuyer sur l'icône Play Store vous fait revenir à l'écran principal.

❹ Lorsque vous êtes dans la partie **Applications** de Google Play Store, parcourez les onglets **Catégories, Sélection, Top Payant, Top gratuit, Les plus rentables, Top des nouveautés payantes, Top des nouveautés gratuites** et **Tendance** (glissez les écrans de la gauche vers la droite pour faire apparaître ces différents onglets).

❺ Naviguez jusqu'à l'application que vous souhaitez installer, puis appuyez dessus pour la sélectionner. Prenez connaissance du descriptif de l'application, des copies d'écran ainsi que des commentaires des utilisateurs qui apportent souvent une information pertinente quant à l'intérêt de ladite application.

❻ Appuyez sur Installer (applications gratuites) ou sur son prix (applications payantes) pour continuer. Nous reviendrons à la fin du chapitre sur l'achat d'applications.

❼ Prenez le temps de lire scrupuleusement les permissions système de l'application (*Autorisations*). Assurez-vous que les permissions demandées sont cohérentes et en adéquation avec l'application à télécharger. Appuyez sur **Accepter et télécharger** pour procéder au téléchargement et à l'installation automatique de l'application.

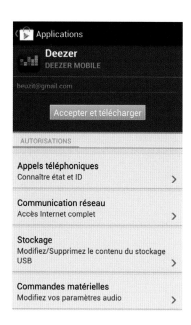

 Vous pouvez ensuite suivre la progression du téléchargement directement au sein de l'application Play Store ou dans les notifications Android.

> **NOTE** Les permissions système se révèlent souvent fortes inquiétantes, mais s'avèrent être davantage des « avertissements légaux » : « *Des applications malveillantes peuvent entraîner des frais en envoyant des messages sans vous en demander la confirmation* ». Dans la majorité des cas, les autorisations requises par les applications sont légitimes, ce ne sont que des avertissements qu'il convient néanmoins de ne pas prendre à la légère, sans tomber non plus dans la paranoïa. Google scanne en permanence le Google Play Store afin de détecter d'éventuelles applications illicites.

Installer une application depuis un ordinateur

Vous pouvez rechercher et télécharger vos applications depuis Google Play Store en version Web, donc depuis un ordinateur (*a priori*) et installer à distance vos applications : http://play.google.com/

❶ Parcourez les différentes rubriques de Google Play Store et cliquez sur l'application qui vous intéresse. Il vous sera alors demandé de vous connecter avec votre compte Google.

❷ Appuyez sur le bouton **Installer** pour procéder à l'installation à distance d'une application. Votre Galaxy SIII n'a pas besoin d'être relié par câble USB, ni même allumé. Si le téléphone est éteint, l'installation se produira dès que vous le rallumerez.

❸ Remarquez l'encadré vert qui indique que l'application est compatible avec votre ou vos smartphones Android. Appuyez sur + pour voir la liste de vos téléphones. Lorsque l'application n'est pas compatible, vous êtes averti de la même façon :

❹ Si vous disposez de plusieurs smartphones ou tablettes Android, sélectionnez le périphérique sur lequel installer l'application ! Prenez ensuite connaissance des droits requis par l'application :

❺ L'installation débute alors automatiquement. L'installation à distance présente un intérêt certain, notamment si vous disposez d'un autre téléphone Android ou plus vraisemblablement d'une tablette. Vous pouvez ainsi installer la même application sur les deux systèmes très facilement et de surcroît à distance !

Qu'est-ce qu'un fichier apk ?

Sous Android, les applications portent l'extension **.apk** (Android Package). Il s'agit d'un fichier à part entière, à l'image des fichiers **.exe** sous Microsoft Windows. Bien évidemment, les fichiers **.apk** ne peuvent être installés que sur un système d'exploitation Android.

Il existe aujourd'hui des émulateurs qui permettent de tester une application Android sur un ordinateur Windows ! Dirigez-vous vers **BlueStacks** pour de plus amples informations à ce sujet : http://bluestacks.com/download2-french/

Un fichier **.apk** constitue une sorte d'archive ou de paquet compressé, qui contient tous les fichiers nécessaires à un programme Android. Il est d'usage de parler de « apk » pour désigner une application Android.

Si vous téléchargez une application depuis un market alternatif, vous pourrez alors récupérer le fichier **.apk** sur votre ordinateur et le transférer ensuite sur la carte mémoire de votre mobile, par l'intermédiaire d'un câble USB ou simplement par e-mail. Il vous suffira ensuite de parcourir, à l'aide d'un gestionnaire de fichiers, votre carte mémoire jusqu'à l'emplacement de votre fichier **.apk**, puis d'appuyer dessus pour procéder à

son installation. Veillez néanmoins à ne pas récupérer vos fichiers **.apk** n' importe où, privilégiez autant que possible la boutique en ligne officielle de Google.

L'installation d'applications hors Google Play Store nécessite de modifier les paramètres du téléphone, de sorte à autoriser les applications issues de sources inconnues : déroulez la barre de notifications Android ▶ **Paramètres ▶ Sécurité** puis cochez **Sources inconnues**.

Désinstaller une application depuis le Galaxy SIII

Vous pouvez désinstaller une application depuis l'application Google Play, depuis les menus de configuration d'Android, depuis un gestionnaire d'applications, tel qu'**AppMonster** (Think Android) ou depuis un navigateur Web.

❶ Lancez l'application Play Store puis appuyez sur le bouton **Menu** du téléphone ▶ **Mes Applications** qui liste les applications de votre Galaxy SIII, par ordre alphabétique.

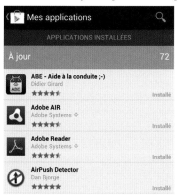

❷ Recherchez l'application à désinstaller et appuyez dessus pour ouvrir un nouvel écran. Sélectionnez **Désinstaller** ou **Ouvrir** pour l'exécuter.

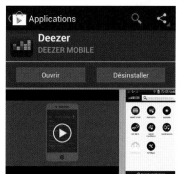

Une façon très rapide de désinstaller une application est d'ouvrir le lanceur d'applications, puis d'appuyer sur le bouton **Menu** du téléphone ▶ **Désinstaller**.

Désinstaller une application depuis les menus Android

Les menus de configuration d'Android permettent de gérer vos applications, et notamment de les désinstaller :

❶ Quittez **Play Store** pour revenir sur le bureau d'Android. Appuyez sur le bouton **Menu** du téléphone ▸ **Paramètres** ▸ **Gestionnaire d'applications**.

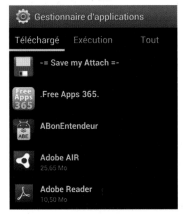

- L'onglet **Téléchargé** liste les applications que vous avez sciemment téléchargées sur votre téléphone.

- L'onglet **Exécution** liste les applications en cours d'utilisation.

- L'onglet **Tout** liste toutes les applications installées, c'est-à-dire les applications que vous avez téléchargées ainsi que les applications système, indispensables au bon fonctionnement d'Android.

❷ Appuyez successivement sur le bouton **Menu** du téléphone ▸ **Trier par Taille** (ou **Par Nom**) pour trier la liste des applications installées par nom ou par taille.

❸ Appuyez sur l'application qui vous intéresse, **Deezer** dans cet exemple.

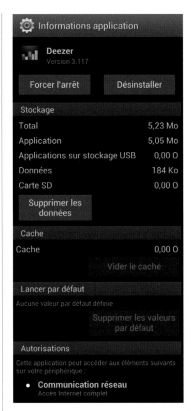

- **Forcer l'arrêt :** permet, comme son nom l'indique, de forcer l'arrêt d'une application en cours d'exécution, ce qui s'avère parfois nécessaire lorsqu'une application est bloquée ou ne fonctionne plus.

- **Désinstaller :** permet de désinstaller l'application du téléphone. Attention, la désinstallation d'une application ne supprime pas pour autant les éventuels dossiers et fichiers créés sur la carte mémoire… En parcourant la carte mémoire, vous trouverez sûrement des dossiers faisant référence à de vieilles applications qui n'existent plus. Si vous êtes sûr de ce que vous faites, vous pouvez effacer ces dossiers pour faire un peu de ménage sur la carte mémoire. Si vous effaciez par mégarde un dossier de la carte mémoire utilisé par une application existante, cette dernière recréerait alors les fichiers et dossiers requis (dans le meilleur des cas !), mais vous perdriez probablement quelques éléments de contexte liés à l'application elle-même (par exemple, un score, un niveau dans un jeu, des créations pour un logiciel de retouche d'images…). Si une application ne fonctionne plus, désinstallez-la puis réinstallez-la !

- **Supprimer les données :** permet de supprimer de la carte mémoire certaines informations liées au fonctionnement intrinsèque de l'application, par exemple : ne plus afficher les conditions générales d'utilisation, mémoriser un identifiant et un mot de passe afin de ne pas avoir à les ressaisir à chaque utilisation de l'application, mémoriser des choix ou des options que vous auriez cochés et qui sont propres à l'application elle-même, mémoriser les historiques de navigation et/ou de recherche de l'application, mémoriser la personnalisation d'une application, des paramètres, des

messages… Si, par exemple, vous *supprimez les données* de l'application Facebook, lors de la prochaine utilisation, vous devrez accepter *le Contrat de licence de l'utilisateur final*, saisir votre e-mail et votre mot de passe Facebook, et lire les conseils promulgués par l'application.

- **Vider le cache** : certaines applications mettent du contenu en « mémoire cache » pour charger plus rapidement les données. C'est le cas du navigateur natif d'Android, par exemple. Vous pouvez donc effacer, sans danger, le cache d'une application.

- **Supprimer les valeurs par défaut :** appuyez sur ce bouton pour effacer les actions par défaut qui ont été associées à une application (voir « Supprimer les valeurs par défaut » un peu plus loin dans ce chapitre).

 Depuis Android 2.2 (Froyo), il était possible de déplacer les applications sur la carte mémoire additionnelle afin de libérer la mémoire interne qui peut arriver à saturation. Déplacer une application sur la carte SD n'est plus possible sous Android 4.0.4 ! L'application **APP 2 SD** (Sam Lu) vous permet de gérer très simplement vos applications et de vider la mémoire cache, si nécessaire.

Désinstaller une application depuis Google Play

Si la boutique en ligne Google Play en version Web (depuis un ordinateur) vous permet d'installer des applications à distance, elle permet aussi de les désinstaller très simplement : https://play.google.com

❶ Depuis votre navigateur, appuyez sur le menu **Mes applis Android**.

② Si vous disposez de plusieurs smartphones Android ou tablettes, sélectionnez votre Galaxy SIII (GT-I9300). La liste des applications installées sur ce dernier vous est alors présentée à l'écran par ordre alphabétique.

③ Cliquez sur l'icône ⊡ pour désinstaller une application. Confirmez alors la suppression de l'application.

④ Vous pouvez ainsi gérer les applications de votre Galaxy SIII et de votre tablette très facilement et à distance !

Désactiver une application Google

Certaines applications développées par Google peuvent être désactivées, mais pas pour autant désinstallées du téléphone. Si vous le souhaitez, désactivez une application Google si vous êtes sûr de ne pas vouloir l'utiliser. Ne désactivez une application que si vous avez une bonne raison de la faire. Dans l'exemple ci-après, nous désactiverons la **Recherche Google**.

① Appuyez sur le bouton **Menu** du téléphone ▸ **Paramètres** ▸ **Gestionnaire d'applications** ou ouvrez l'onglet **Tout**. Recherchez l'application **Recherche Google**.

② Appuyez sur **Désactiv.** pour désactiver l'application.

③ Si vous souhaitez réactiver l'application, retournez dans l'écran **Applications** ▸ onglet **Tout** et dirigez-vous en fin de liste, c'est à cet endroit que se trouvent les applications désactivées. Appuyez sur l'application et réactivez-la.

NOTE La barre de recherche Google est un widget, installez-la en tant que tel (*Recherche Google 4*1*). La barre de recherche Google permet de rechercher une application de votre Galaxy SIII, un contact, un favori Web, une musique, un message, *etc*. Le type de document recherché est paramétrable dans les options de l'application (appuyez sur la loupe puis le bouton **Menu** du téléphone ▶ **Paramètres** ▶ **Sources**).

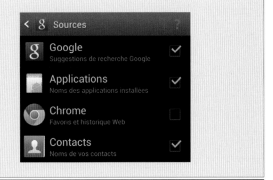

Supprimer les valeurs par défaut

Dans certains cas, Android ne sait pas avec quelle application ouvrir un document (une photo, une musique, une page Web, un PDF, *etc*.).

❶ Vous parcourez, par exemple, votre carte mémoire avec l'application **Mes fichiers** et appuyez sur une photo pour la visualiser. Android ne sait pas nécessairement quelle application utiliser, aussi vous pose-t-il la question :

❷ Selon le cas, vous pourriez souhaiter ouvrir la photo avec l'application **Galerie**, l'imprimer avec **Cloud Print**, l'ouvrir avec une application de retouche d'images, *etc*.

❸ Si vous cochez l'option **Utiliser par défaut pour cette action** et que vous appuyiez sur l'application **Galerie** (par exemple), Android ne vous posera plus la question : la prochaine fois que vous ouvrirez une image, il utilisera l'application **Galerie** automatiquement, ce qui peut s'avérer finalement ennuyeux !

❹ Pour remédier à ce problème, il convient d'ouvrir le menu **Gestionnaire d'applications**, puis de rechercher l'application en question (**Galerie** dans cet exemple) et d'appuyer sur le bouton **Supprimer les valeurs par défaut** (voir « Désinstaller une application depuis les menus Android »).

Mettre à jour les applications

Les développeurs n'ont de cesse de maintenir, corriger, améliorer les applications qu'ils ont conçues. Une application est donc régulièrement mise à jour. Il est conseillé d'installer les dernières versions disponibles. Android vous avertit, dans la barre de notifications, de la disponibilité d'une mise à jour ▣, mais vous pouvez aussi vérifier et mettre à jour vos applications par vous-même :

❶ Lancez l'application Play Store et appuyez sur le bouton **Menu** du téléphone ▸ **Mes applications**. Les éventuelles mises à jour disponibles sont alors regroupées dans deux zones distinctes : **Mises à jour** et **Mises à jour manuelles**.

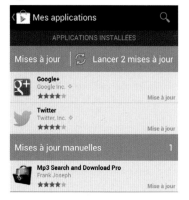

❷ Les *mises à jour manuelles* concernent les applications qui nécessitent des permissions nouvelles. Il vous appartient alors de confirmer ou non l'installation de la mise à jour. Les *mises à jour* (sans la mention manuelles) concernent les applications qui peuvent être mises à jour sans de nouvelles permissions.

❸ Appuyez sur l'application à mettre à jour puis **Mettre à jour** pour installer sa dernière version disponible. Vous pouvez cocher l'option **Autoriser mise à jour auto** de sorte que les prochaines mises à jour

pour cette application soient installées automatiquement, sans intervention de votre part (exception faite des mises à jour manuelles !).

❹ Les options de l'application **Play Store** permettent, entre autres, de mettre à jour vos applications seulement si vous disposez d'une connexion Wi-Fi. Nous vous invitons à parcourir l'ensemble des options disponibles.

Que sont les permissions des applications ?

Installer une application sur son téléphone ne doit pas être un geste anodin. Il convient de s'assurer du comportement de l'application, tout comme l'on se méfie d'une application sous Windows, Mac ou Linux.

Certaines applications ont la faculté d'accéder à des fonctionnalités avancées d'un téléphone mobile, comme les appels téléphoniques, l'envoi de SMS ou la géolocalisation. Cela peut potentiellement conduire des développeurs à mettre au point des logiciels capables d'appeler n'importe quel numéro ou d'envoyer des SMS surtaxés. Google Play Store n'étant qu'une plateforme mise à la disposition des développeurs pour la commercialisation de leurs applications, il n'est pas exclu qu'il contienne des applications malveillantes.

Aussi, lors de l'installation d'une application, prenez le temps de lire scrupuleusement les permissions système de cette dernière. Cela ne signifie pas pour autant que toutes ces demandes sont suspectes. Reconnaissons qu'il serait mal venu de mettre en doute une application Google…

Google peut être amené à retirer des applications de Google Play Store quand elles violent l'accord de distribution des développeurs, ou leur politique du contenu. Lorsqu'une application met en danger la sécurité des utilisateurs, Google peut, à distance, la supprimer de leur téléphone.

L'application **Permission Watchdog** (Mojodroid) permet de connaître l'ensemble des permissions requises par vos applications.

Qu'est-ce que Google Portefeuille ?

L'achat d'applications Android passe nécessairement par la création d'un compte **Google Portefeuille**.

Google Portefeuille est un service de paiement en ligne qui permet à l'utilisateur d'envoyer et de recevoir des paiements par Internet, sans avoir à communiquer ses coordonnées bancaires à chaque transaction. Ce service, créé par Google, est l'un des principaux concurrents du célèbre service de paiement en ligne PayPal, propriété d'eBay. L'un des reproches formulés à l'encontre de Google Play Store est justement de ne pas accepter les paiements PayPal.

Les applications que vous achetez sont liées à votre compte Google. Vous pourrez donc installer et désinstaller autant de fois que nécessaire les applications achetées, vous ne les payerez qu'une seule fois. De même, vous pourrez les installer sur votre Galaxy SIII et sur votre tablette Android, dès lors que vous utilisez le même compte Google sur ces deux appareils.

Vous pouvez créer votre compte Google Portefeuille depuis Internet (https://wallet.google.com/manage), ou lors du premier achat d'une application, depuis le Galaxy SIII.

Définir le compte Google à utiliser dans Play Store

Si vous disposez de plusieurs comptes Google, vous pourrez alors créer autant de comptes **Google Portefeuille**. En réalité, même avec plusieurs comptes Google, il est probable que vous n'ayez besoin que d'un seul compte Google Portefeuille.

Il convient donc de choisir, une bonne fois pour toutes, le compte Google qui sera rattaché à votre compte Google Portefeuille. Si vous ne disposez que d'un seul compte Google, passez directement à « Acheter une application ».

❶ Lancez l'application **Google Play** puis appuyez sur le bouton **Menu** du téléphone ▶ **Comptes**.

Mes applications
Comptes
Paramètres
Aide

❷ Sélectionnez le compte Google avec lequel vous installerez vos applications, qu'elles soient gratuites ou payantes. Toutes vos applications seront donc associées à ce compte. Vous pouvez désormais acheter vos applications comme indiqué ci-après !

 Si vous disposez de plusieurs comptes Google et que vous changiez ponctuellement de compte pour installer une application, cette dernière sera installée sur le téléphone et accessible à l'utilisateur, quel que soit le compte Google sélectionné.

Acheter une application

Nous l'avons vu précédemment, l'achat d'une application nécessite la création d'un compte Google Portefeuille. Peut-être l'avez-vous créé au moment de la création de votre compte Google ? (voir chapitre 4 « Créer ou ajouter un compte Google »). Si tel n'est pas le cas, Ice Cream Sandwich vous permet de créer votre compte Google Portefeuille au moment de l'achat de votre première application.

❶ Lancez **Google Play** et recherchez l'application que vous souhaitez acquérir. Cliquez sur son prix pour continuer.

❷ Si votre compte Google n'est associé à aucune carte bancaire, il vous est proposé d'en ajouter une. Appuyez sur le bouton **Continuer**.

❸ Saisissez les coordonnées de votre carte bancaire. Ces données ne seront saisies qu'une seule fois, au moment de la création de votre compte Google Portefeuille, et non lors de vos futurs achats d'applications.

❹ Confirmez la création de votre compte Google Portefeuille en appuyant sur **Enregistrer**, puis acceptez les conditions d'utilisation de Google Play relatives aux paiements pour procéder à l'achat en tant que tel.

❺ Le téléchargement de l'application se déclenchera alors automatiquement et vous recevrez un e-mail de Google Portefeuille qui confirmera votre achat.

NOTE Vérifiez que les informations de votre carte de paiement sont à jour en vous connectant à votre compte Google Portefeuille. Vous pouvez à tout moment modifier vos moyens de paiement depuis l'interface d'administration de votre compte Google Portefeuille : https://wallet.google.com/manage

Le paiement *in-app* (« à l'intérieur de l'application ») permet d'acheter du contenu supplémentaire sans pour autant installer une nouvelle version de l'application. Vous pourrez ainsi, moyennant finances, débloquer de nouvelles fonctionnalités ou de nouveau niveaux pour un jeu, par exemple. Ce nouveau mode de paiement annonce peut-être la fin des applications déclinées en versions gratuites et payantes.

Interdire l'achat d'applications

Si vous souhaitez interdire à vos enfants d'installer des applications payantes depuis votre Galaxy SIII ou depuis leur propre smartphone Android, procédez comme suit :

❶ Lancez l'application **Google Play** puis appuyez sur le bouton **Menu** du téléphone ▶ **Paramètres**.

❷ Cochez l'option **Définir ou modifier le PIN**, et choisissiez un code PIN de 4 chiffres (il ne s'agit pas du même code PIN utilisé pour déverrouiller votre carte SIM !).

❸ Cochez ensuite **Utiliser PIN pour achats** pour demander la saisie du code PIN.

❹ Lors de l'achat d'une application, il sera demandé à l'acheteur de saisir le code PIN que vous aurez défini !

Filtrer les applications téléchargées

Certaines applications ne sont pas appropriées à un certain public, on pensera notamment aux enfants. Pour interdire le téléchargement de certaines applications, appliquez un filtrage de contenu.

❶ Lancez l'application **Google Play** puis appuyez sur le bouton **Menu** du téléphone ▶ **Paramètres**.

❷ Appuyez sur **Filtrage de contenu** et sélectionnez le niveau souhaité, du plus sécurisé (*Pour tous*) au moins sécurisé (*Afficher toutes app*).

- **Pour tous** : les applications de cette catégorie ne doivent pas collecter les données de localisation de l'utilisateur ni afficher du contenu potentiellement choquant

- **Niveau 3** : les applications de cette catégorie peuvent comporter des images d'une violence modérée, ainsi que d'autres contenus potentiellement choquants. Ces applications peuvent collecter les données de localisation de l'utilisateur pour lui

fournir des informations personnalisées en fonction de sa position.

- **Niveau 2** : les applications de cette catégorie peuvent comporter des contenus à caractère sexuel, des images extrêmement violentes de fiction ou réelles, des grossièretés ou de l'humour cru, des contenus faisant référence à la consommation de drogues, d'alcool et de tabac, des fonctionnalités de réseau social, ainsi que des simulations de jeux d'argent et de hasard.

- **Niveau 1** : les applications de cette catégorie peuvent être axées sur ou comporter de nombreuses références à caractère sexuel et du contenu suggestif, des images violentes, des fonctionnalités de réseau social, des simulations de jeux d'argent et de hasard, ainsi que de nombreuses références aux drogues, à l'alcool et au tabac. Ces applications peuvent collecter les données de localisation de l'utilisateur à des fins de partage ou de publication avec l'accord de l'utilisateur.

- **Afficher toutes app.** : aucun filtrage.

❸ Pensez à définir un code PIN de sorte à interdire la modification de cette configuration ! Attention, un filtrage trop restrictif peut vous empêcher de télécharger certaines applications très appréciées, telles que Facebook par exemple !

Se faire rembourser une application

Les utilisateurs ayant acquis une application sur Google Play Store ont 15 minutes pour se la faire rembourser au cas où cette dernière ne leur conviendrait pas. Au-delà de ce délai, l'application est considérée comme

définitivement acquise et ne peut faire l'objet d'aucun remboursement. Le compte bancaire est alors débité. Pour vous faire rembourser une application, retournez sur Google Play.

❶ Lancez **Google Play**, appuyez sur le bouton **Menu** du téléphone ▸ **Mes applications** et recherchez l'application fraîchement acquise.

❷ Appuyez sur **Rembourser**. Vous recevrez alors un nouvel e-mail de Google Portefeuille confirmant l'annulation de la commande. L'application sera alors automatiquement désinstallée de votre Galaxy SIII.

> Vous ne pouvez vous faire rembourser qu'une seule fois la même application. Si vous décidiez d'acheter une applica- tion pour laquelle vous avez déjà été remboursé, vous n'auriez d'autres choix que de l'acquérir de façon définitive.

Contacter l'éditeur d'une application

En cas de problème de téléchargement, d'installation, ou simplement si vous souhaitez vous faire rembourser une application une fois le délai de 15 minutes écoulé, vous pouvez formuler votre requête directement auprès du vendeur, par l'intermédiaire de votre compte Google Portefeuille :

❶ Connectez-vous à votre compte Google Portefeuille : https://wallet.google.com/ manage

❷ Appuyez sur le lien **Afficher la commande** de l'application concernée, puis appuyez sur le nom du vendeur (juste après la phrase « *Vous avez des questions ?* »).

❸ Remplissez le formulaire et prenez soin de sélectionner l'objet en rapport avec votre demande. Notez que la décision est laissée à la libre appréciation du vendeur. Il convient de ne pas contacter ce dernier autrement que par le formulaire Google.

Louer des films

Google Play Movies est un service de VOD (*Video On Demand*) disponible pour la France. Le catalogue propose des films en VF, adaptés à la taille des smartphones. Ces films peuvent aussi être visionnés depuis un ordinateur : https://www.youtube.com/movies

❶ Lancez **Google Play Store** et appuyez sur la catégorie **Films**.

❷ Parcourez les onglets *Catégories, Sélection, Meilleures Ventes, Nouveautés* en déplaçant les écrans de gauche à droite. Sélectionnez le film que vous souhaitez louer. Certains films, mais pas tous, sont déclinés en deux versions : normal et HD (Haute Définition), la qualité HD étant préférable sur tablette.

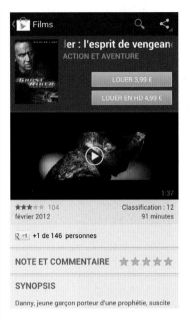

❸ Les films ainsi loués sont disponibles 30 jours à partir de la date d'achat. Dès lors que vous commencez le visionnage du film, vous disposez de 48 heures pour en voir la fin. Durant ces 48 heures, vous pouvez le voir autant de fois que vous le souhaitez.

❹ Une fois un film loué, vous pouvez le visionner immédiatement depuis Google Play Store. Si vous souhaitez le voir plus tard, quittez simplement Google Play Store.

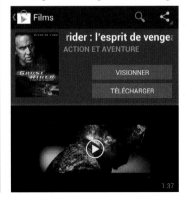

Comment visionner les films loués ?

Une fois un film loué sur Google Play Store, vous disposez de 30 jours pour le visionner.

❶ Lancez l'application **Play Films** représentée par l'icône suivante :

❷ L'onglet **Mes Films** liste les films que vous avez loués. Cliquez sur un film pour le visionner.

❸ Appuyez sur le bouton *Play* au centre de l'écran pour voir le film ou bien sur pour le télécharger. Vous n'aurez ainsi pas besoin d'une connexion *data* pour le visionner ultérieurement.

❹ Le téléchargement d'un film peur durer plus d'une heure, privilégiez une connexion Wi-Fi ! Enfin, sachez que vous pouvez commencer à regarder un film en cours de téléchargement, mais vous ne visionnerez que la partie téléchargée.

❺ Depuis le bureau d'Android, appuyez sur le bouton **Menu** du téléphone ▸ **Paramètres** ▸ **Comptes et synchronisation**, sélectionnez votre compte Google et cochez l'option **Google Play Films** pour synchroniser les films loués sur le Play Store avec votre Galaxy SIII. Procédez de même si vous utilisez une tablette Android !

> **NOTE**
> Si votre Galaxy SIII est *rooté*, vous ne pourrez pas accéder au service Google Play Movies. Pour contourner cela, installer **OTA RootKeeper** (supercurio - Project Voodoo) sur Google Play Store.

Se faire rembourser un film

Vous avez la possibilité de vous faire rembourser un film dans les 7 jours après la date d'achat, sous réserve que vous n'ayez pas débuté son visionnage.

❶ Connectez-vous à Google Portefeuille pour un remboursement : `https://wallet.google.com/manage/`

❷ Ouvrez la page relative à la commande de votre film et cliquez sur **Cliquez ici pour récupérer votre achat.**

Message de YouTube :

> Cliquez ici pour récupérer votre achat

✓ **Votre commande est terminée.** Vous avez des questions ? ›
- 20 juil. YouTube a débité votre carte VISA xxx-3511 de 3,99 €. "GOO(
  facturation.
- 20 juil. YouTube a reçu votre commande.
- 20 juil. Vous avez effectué une commande auprès de YouTube le 20 ju
  reçu à beuzit@gmail.com.

❸ Sur la page Web, cliquez dans la colonne de gauche tout en bas sur le lien *Si vous rencontrez un problème avec votre achat*. Puis remplissez le formulaire. Pensez à cocher l'option en bas de formulaire pour demander à vous faire rembourser !

Acheter un livre numérique

Google Play Store propose désormais un véritable catalogue de livres numérisés (*e-books*) en langue française. Google Play Store propose plusieurs centaines de milliers de livres issus des plus grandes maisons d'édition françaises. Une large partie est même consacrée à Android !

Le service Google Play est accessible depuis n'importe quel smartphone ou tablette Android et nécessite l'application **Google Play Livres**.

Un système de protection est intégré aux livres numériques (DRM d'Adobe) et à l'application Google Play Livres, pour éviter le partage entre utilisateurs.

❶ Lancez **Google Play Store** et appuyez sur la catégorie **Livres**.

❷ Parcourez les onglets *Catégories*, *Sélection*, *Meilleures ventes*, *Nouveautés* et *Top gratuit* qui propose des ouvrages gratuits ! Appuyez sur la loupe pour procéder à une recherche.

❸ Une fois votre livre trouvé, appuyez sur son prix pour l'acquérir ou sur **Extrait gratuit** pour prendre connaissance de son contenu.

❹ Lancez ensuite l'application **Google Play Livres** représentée par cette icône !

❺ Sélectionnez le livre que vous souhaitez lire. Appuyez sur le bouton **Menu** du téléphone ▸ **Afficher sous forme de liste** pour afficher les ouvrages en liste.

❻ Lors de la lecture, appuyez sur le bouton **Menu** du téléphone pour accéder à davantage d'options :

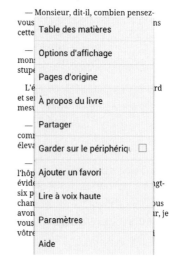

- **Table des matières** : affiche la table des matières et la liste de vos pages « favorites ».

- **Options d'affichage :** permet de régler la police de caractères, l'alignement du texte, la lecture sur fond noir, *etc.*

- **Pages d'origine :** affiche le livre tel qu'il se présente dans sa version papier.

- **À propos du livre** : renvoie à la description du livre sur Google Play Store.

- **Partager :** permet de partager le lien Google Play Store du livre**.**

- **Garder sur le périphérique** : permet de lire le livre en mode hors ligne (sans connexion *data*).

- **Ajouter un favori** : marque la page actuellement affichée comme page favorite. Vous accédez à vos pages favorites depuis le menu **Table des matières**.

- **Lire à haute voix** : lit le livre avec la synthèse vocale configurée sur le téléphone (voir chapitre 5 « Qu'est-ce que la synthèse vocale ? »).

❼ Vous avez la possibilité de demander le remplacement ou le remboursement d'un livre numérique si celui-ci n'est pas conforme aux descriptions, ou s'il comporte une erreur ou un défaut. Votre demande de remboursement ou de remplacement doit être envoyée dans un délai de 7 jours à compter de la date d'achat. Pour demander un remboursement, dirigez-vous vers la page Web https://support.google.com/googleplay/ puis cliquez sur **Livres**.

❽ Pour lire vos livres numériques sur un ordinateur de bureau, dirigez-vous vers Google Play Store (https://play.google.com) et cliquez sur l'onglet **Mes livres**.

❾ L'installation de l'application Google Play Livres crée un compte de synchronisation **Play Livres**. Depuis le bureau d'Android, appuyez sur le bouton **Menu** du téléphone ▶ **Paramètres ▶ Comptes et synchronisation**, sélectionnez votre compte Google et cochez ladite option pour synchroniser les livres acquis sur Play Store avec votre Galaxy SIII. Procédez de même si vous utilisez une tablette Android !

Chapitre 13

Les meilleures applications Android

. . . .

Dans ce chapitre :

▶ Divertissement

▶ Réseaux sociaux

▶ Multimédia

▶ Outils

. . . .

Dans ce chapitre, nous avons recensé les applications indispensables à tout Galaxy SIII digne de ce nom ! Vous retrouverez une sélection d'applications regroupées en quatre grandes sections. Ces applications constituent une excellente base de départ pour bien débuter sur Android : les outils indispensables, les applications les plus utiles… ou futiles, les plus connues et appréciées ! Ce chapitre 13 est une véritable boîte à outils pour votre Galaxy SIII.

Pour chaque application, nous mentionnons l'éditeur, de sorte que vous les retrouviez facilement sur le Play Store, sans risque de vous tromper.

Nous vous invitons à parcourir *Le guide des meilleures applications Android* (Éditions First) pour obtenir davantage d'idées d'applications à télécharger.

DIVERTISSEMENT

ABE (GPS communautaire)

Gratuit/Didier Girard

ABonEntendeur (ABE) est un assistant d'aide à la conduite. Une fois l'application lancée, ABE affiche un écran composé de 6 icônes, parmi lesquelles **Carte** qui vous géolocalise et affiche les points dits « chauds » (zones de danger, accident, station d'essence à bas prix).

À l'approche d'une zone à risque, **ABE** émet un signal sonore et indique le nombre de mètres qui vous séparent du danger. **Eco/Minimiser** plonge le smartphone en veille, mais l'application reste active. Pour retourner dans l'application, passez par la zone de notifications Android. Les icônes **Aide** et **Forum** vous permettront d'en savoir plus sur l'application. L'icône **Paramètres**

vous permet de personnaliser l'application : de bloquer la mise en veille du téléphone, de régler le volume du son (important !), de sélectionner le type de notification sonore, d'utiliser le vibreur, de choisir le mode de rafraîchissement.

ABonEntendeur est une application qui se nourrit de sa communauté : vous pourrez ainsi vous aussi signaler les accidents, les ralentissements et les stations d'essence. La page **Score**, accessible depuis le bouton **Menu** du téléphone, vous permet de connaître votre niveau (entre 0 et 4). Plus le niveau est élevé, plus nombreuses sont les fonctionnalités auxquelles vous avez accès, et meilleure est supposée la qualité des données récoltées par les utilisateurs. Pour passer les niveaux, il faut utiliser l'application !

Le ministère de l'Intérieur et les fabricants d'avertisseurs de radars sont parvenus à un accord en juillet 2011. Les avertisseurs de radars doivent dorénavant s'appeler « assistant d'aide à la conduite » et n'ont plus le droit de signaler la localisation précise des radars. Désormais, ne peuvent être annoncées que des « zones de danger ». Leurs distances seront de 300 mètres en ville, 2 km sur route et 4 km sur autoroute.

FrAndroid

Gratuit/Humanoid

FrAndroid (Humanoid) est la référence de l'actualité Android ! Les options de l'application permettent de synchroniser les articles automatiquement, lorsque vous êtes en Wi-Fi ou à une heure prédéfinie.

Dans le même esprit, signalons les applications **Android-France** (Cyril Hernandez) et **Smartphone France** (CordoWEB) qui traitent aussi l'actualité Android, ainsi que **Cnet France** (CBS Interactive France), **Gizmodo.fr** (NetMediaEurope) et **Cubic** (M6 Web), applications plus généralistes qui traitent de high-tech et de loisirs numériques.

 Notons le webzine `http://www.galaxyS2.fr/` et `http://www.galaxyS3.fr/` spécialement dédié à la gamme Galaxy de Samsung, accessible depuis un site Web mobile !

Chirurgie esthétique lite

Gratuit/1,30 € en version complète/Kaeria

Voilà une petite application amusante, qui vous permettra de rendre plus gros ou plus minces vos amis, ou de simuler une intervention de chirurgie esthétique sur leur personne. Poster vos œuvres sur les réseaux sociaux grâce à cet outil absolument indispensable !

Flikie Wallpapers HD (Fond d'écran)

Gratuit/Wallpapers

Flikie Wallpapers HD vous permet de sélectionner et d'installer des fonds d'écran pour votre smartphone. Recherchez votre fond d'écran préféré parmi un vaste choix de catégories.

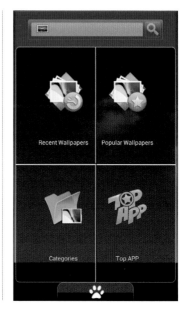

Les fonds d'écran ne sont heureusement pas stockés sur le mobile, mais sur un site Web, exception faite de ceux que vous téléchargez. Appuyez sur le bouton **Menu** ▶ **Set as** pour définir une photo en tant que fond d'écran.

Les options de l'application permettent de demander le changement automatique du fond d'écran à intervalle régulier !

L'application pioche ces fonds d'écran parmi ceux proposés par l'application, ceux qui ont été sauvegardés, ou depuis un dossier donné de la carte mémoire. Enfin, l'option **Enable family filter** masque les fonds d'écran inappropriés aux enfants.

Zedge Ringtones & Wallpapers (Zedge) est une alternative à Flikie, qui est compatible avec les tablettes Android !

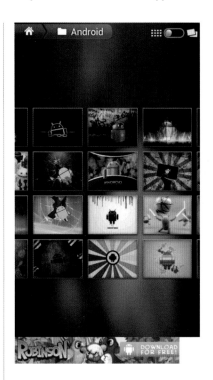

 Attention, **Flikie Wallpapers HD** utilise Air Push pour afficher des publicités dans la zone de notifications Android ! Voir l'application **AirPush Detector** dans le présent chapitre.

Free Apps 365 : 1 App par Jour

Gratuit/Free Apps 365

Free Apps 365 se propose de vous faire connaître une nouvelle application gratuite par jour ! L'application, simple et plutôt bien réalisée, a le mérite de proposer une vraie sélection d'applications Android intéressantes !

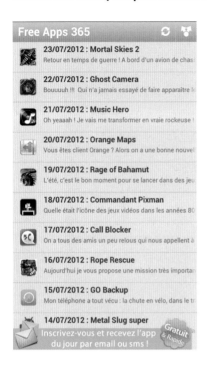

 Dans la même catégorie d'applications, citons **AppBrain App Market** (Swiss Codemonkeys), **AppAware** (42matters AG), **Droid of the Day** (Wolf-Software), **Appsfire pour Android** (AppsFire) et AppXold (Humanold).

Glympse

Gratuit/Share your where

Glympse est une application amusante, qui vous permet de partager votre position (vos déplacements) en temps réel avec un ami, et ce durant un laps de temps défini.

Au lancement de l'application, **Glympse** vous propose d'activer le GPS, si nécessaire.

Appuyez ensuite sur le bouton **Menu** du téléphone ▶ **Send Glympse** pour envoyer un e-mail, un SMS ou pour poster sur Facebook un lien qui permettra à vos amis de suivre vos déplacements en temps réel !

Ces derniers n'ont pas nécessairement besoin de disposer de l'application **Glympse**, ils suivront votre parcours depuis le site Web de Glympse. Dans la zone « **Send this Glympse** », spécifiez le/les amis à qui envoyer l'e-mail ou appuyez sur le + situé à droite pour poster le lien sur Facebook par exemple. Indiquez ensuite la durée durant laquelle vous autorisez vos amis à suivre vos déplacements. Ajoutez éventuellement un message additionnel puis confirmez le tout en appuyant sur **send Glympse**.

Vos amis recevront alors un e-mail qui les dirigera sur le site Web de Glympse ou sur l'application Glympse elle-même s'ils disposent eux aussi de cette application.

Le paramétrage de l'application permet notamment de modifier votre pseudo, d'ajouter un avatar et de paramétrer vos comptes Twitter et Facebook. Notons la présence d'un widget qui permet d'envoyer sa position à un ami, directement depuis le bureau d'Android !

La Chaîne Météo

Gratuit/Meteo Consult

La **Chaîne Météo** est certainement l'application météo la plus aboutie.

L'application propose les prévisions nationales et régionales à douze jours pour le matin, l'après-midi, le soir et la nuit. L'onglet **Mes Favoris** permet d'enregistrer ses villes préférées, en France comme à l'étranger.

L'onglet **Vidéos** diffuse des bulletins vidéo des prévisions nationales et régionales (images satellite, radars de pluie).

 Installez le widget (4 x 1) pour connaître les conditions météorologiques directement depuis votre bureau Android.

News Republic

Gratuit/MobilesRepublic

News Republic vous propose d'accéder à différentes sources d'informations depuis une seule et unique application. L'application présente des thèmes d'actualité qu'il est possible de personnaliser.

Appuyez sur l'icône + pour ajouter un nouveau thème qui vous intéresse, ou maintenez une pression longue sur l'un d'entre eux pour le supprimer.

 Citons aussi les applications **Flux** (Google), **Pulse News** (Alphonso Labs), **Taptu** (Taptu) et **Flipboard** (Flipboard) qui, tout comme **News Republic**, disposent d'une superbe interface utilisateur.

Send Position, with Google Maps

Gratuit/0,72 € sans publicité/6thday

Send Position vous permet d'envoyer à vos amis une carte Google Maps de votre position actuelle. L'application vous géolocalise sur une carte Google Maps, qu'il est alors possible d'envoyer sur les réseaux sociaux ou par e-mail.

Contrairement à nombre d'applications similaires, **Send Position** envoie une vraie carte Google Maps (carte ou vue satellite) au sein de l'e-mail ou sur Facebook, et non les coordonnées GPS ou un lien hypertexte seulement.

Positionnez la carte là où vous souhaitez être précisément géolocalisé, appuyez ensuite sur le bouton **Menu** du téléphone, puis sur **Send My Location**. L'image se fige. Il est alors possible de dessiner à main levée sur la carte (par exemple, pour entourer un bâtiment). Postez enfin l'image sur Facebook ou par e-mail *via* le même bouton **Menu** du téléphone ▸ **Send**.

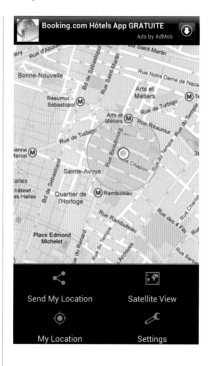

Sonneries Effrayant

Gratuit/Aura Ringtones

Scary Ringtones, traduit maladroitement par **Sonneries Effrayant**, est certainement l'application la plus glauque et mortifère qui soit ! Pas moins de 40 sonneries effrayantes sont proposées : Evil, Exorcist, Vendredi 13, sons de fantômes, femme effrayée, *etc*. Une pression longue sur une sonnerie permet de l'affecter en tant que sonnerie par défaut, sonnerie de contact, sonnerie de notification, sonnerie d'alarme.

Cette application pourrait ressembler à tant d'autres applications de sonneries, mais il convient vraiment de la tester, car les sons sont excellents !

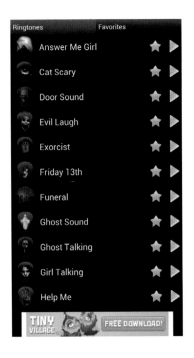

YouTube

Gratuit/Google Inc.

L'application **YouTube** est un incontournable sur Android ! Au lancement de l'application, déplacez la fenêtre vers la droite pour faire apparaître les options disponibles, parmi lesquelles la recherche de vidéos par thèmes.

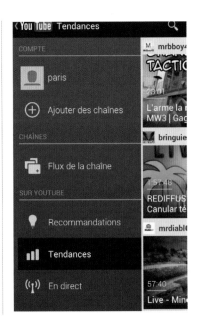

Lors de la visualisation d'une vidéo, basculez le téléphone pour passer en plein écran. Touchez une fois l'écran pour stopper la lecture de la vidéo.

Vous pouvez poster sur YouTube vos propres vidéos : ouvrez le volet contenant les options et appuyez sur votre compte YouTube. Appuyez enfin sur l'icône en forme de flèche (en haut à droite), recherchez une vidéo de votre **Galerie**, et précisez la nature de la vidéo, à savoir publique ou privée.

RÉSEAUX SOCIAUX

Facebook pour Android

Gratuit/Facebook

On ne présente plus le réseau social Facebook. **Facebook pour Android** est l'application officielle de Facebook.

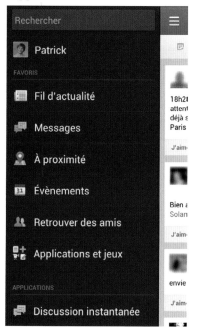

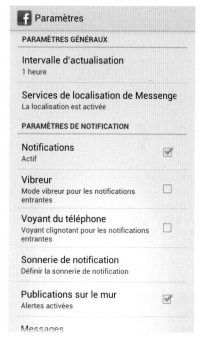

Appuyez sur l'icône la plus à gauche, en forme de **terre**, pour afficher les dernières notifications. Au centre, l'icône en **bulle** vous permet de lire vos messages privés. L'icône la plus à gauche vous permet d'accéder à votre propre profil, au fil d'actualité, à vos messages, *etc.*

Le paramétrage de l'application, accessible depuis le bouton **Menu** du téléphone, permet notamment d'activer ou non les notifications (type de notification, vibreur, sonnerie, *etc.*).

Lors de la première utilisation, Facebook pour Android propose de synchroniser vos contacts Facebook avec votre carnet d'adresses Google. Vous pouvez synchroniser tous les contacts Facebook, seulement ceux déjà présents dans votre carnet d'adresses ou aucun. Facebook crée alors un compte de synchronisation qui vous permet de synchroniser vos contacts Facebook dans votre carnet d'adresses.

Facebook propose aussi, sur le Play Store, l'application **Facebook Messenger** qui vous permet de communiquer en direct avec vos contacts Facebook.

Notez l'existence d'applications concurrentes, **FriendCaster for Facebook** (Onelouder Apps), **FBM for Facebook** (Syndroid Apps) et **Social ME** (Locomo Labs) qui offrent une vraie alternative à l'application officielle.

 Facebook for Android dispose d'un widget fort utile : il vous permet de poster une information sur votre mur sans même ouvrir Facebook. Suivez en toutes circonstances l'actualité de vos amis grâce à ce widget !

Google+

Gratuit/Google Inc.

Face à la domination de Facebook, Google a développé **Google+**, sa propre vision du réseau social. Google+ fonctionne sur la base de cercles, qui correspondent à des groupes de contacts dans lesquels vous placez vos amis. Il est ainsi aisé de s'adresser à un cercle plutôt qu'à un autre, plus généralement de contrôler ses publications plus facilement que ne le propose Facebook.

Appuyez sur **Accueil** pour accéder aux fonctionnalités : **Profil** (votre « mur » façon Google), **Chat+** (chat avec les membres d'un cercle ou un ami seul), **Bulle** (vidéoconférence sur Internet limitée à quelques membres), **Photos** (les photos disponibles, mais pas forcément publiées), **Cercles** (gestion de vos cercles).

Lors de l'installation de Google+, il vous est demandé d'activer ou non **Instant Upload** qui permet le transfert automatique sur Picasa des photos et vidéos prises avec votre téléphone ou tablette. Ces photos ne sont pas publiées, mais disponibles à vous seul depuis Picasa et de fait, sur Google+.

 À noter la présence d'un widget 4 x 1, qui permet, un peu à l'image du widget Facebook, de poster une information ou une photo en un clin d'œil...

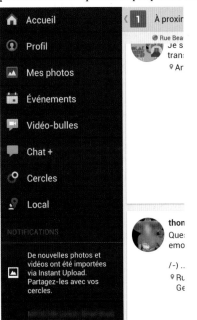

Hotmail

Gratuit/Microsoft + SEVEN

Hotmail, application officielle, vous permettra de lire et d'envoyer des e-mails depuis votre messagerie **Hotmail** ! Au lancement de l'application, saisissez votre e-mail et mot de passe **Hotmail/MSN**, puis indiquez si vous voulez synchroniser vos contacts **Hotmail** (ainsi que le calendrier) avec le carnet d'adresses du Galaxy SIII.

L'application se présente sous la forme de quatre onglets : **Accueil** (qui permet de gérer plusieurs comptes Hotmail), **Tous les messages**, votre **boîte de réception** et **Rechercher**.

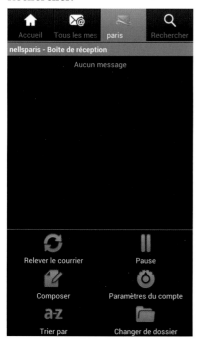

Depuis le troisième onglet, appuyez sur le bouton **Menu** du téléphone ▸ **Composer** pour envoyer un nouvel e-mail ou sur **Changer de dossier** pour accéder à la boîte d'envoi, aux éléments envoyés, brouillons et corbeille.

La configuration des notifications de nouveaux messages s'effectue depuis l'onglet **Accueil**. Il est aussi proposé de verrouiller l'application avec un mot de passe !

Installez le widget pour lire à tout moment et directement depuis le bureau d'Android les derniers e-mails reçus !

Imo

Gratuit/mo.im

Imo est un chat multiprotocole. Il permet de se connecter aux messageries instantanées Skype, Facebook Messenger, MSN, AIM Google Talk, Skype, Windows Live Messenger (MSN), ICQ/AIM, Yahoo Messenger.

Une option intéressante de l'application permet d'envoyer de courts messages audio plutôt que du texte !

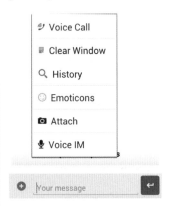

Citons les applications **eBuddy Messenger** (Ebuddy), **Nimbuzz Messenger** (Bimbuzz Bv) et **Trillian** (Cerulean Studios, LLC) qui s'avèrent être de vraies alternatives à **Imo**.

Skype

Gratuit/Skype

Skype est l'une des messageries les plus utilisées dans le monde. L'application Android permet de passer des appels vidéo ou vocaux, d'envoyer des messages gratuitement et de communiquer sur la messagerie Skype avec vos amis Skype, *via* Internet (3G/Wi-Fi).

Si vous n'avez pas encore de compte Skype, vous pourrez en créer un à partir de votre téléphone la première fois que vous lancerez l'application. Moyennant un abonnement spécifique (en créditant son compte Skype), vous pourrez aussi passer des appels à des tarifs avantageux sur des téléphones fixes ou mobiles.

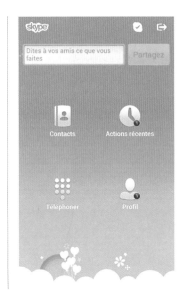

Twitter

Gratuit/Twitter Inc.

Twitter est l'application Twitter officielle, multicompte. L'application se compose de quatre onglets et d'une barre de menus bleue à partir de laquelle écrire vos propres *tweets*, accompagnés ou non de votre géolocalisation, photo ou vidéo prise depuis le Galaxy SIII. **Accueil** vous permet d'accéder aux *tweets* auxquels vous êtes abonné. **Comptes** vous permet de gérer différents comptes Twitter, vos abonnements, et les personnes abonnées à vos *tweets, etc*.

Une pression longue sur un *tweet* vous donne la possibilité de répondre à l'auteur, de *retweeter* l'article ou de le partager sur les réseaux sociaux.

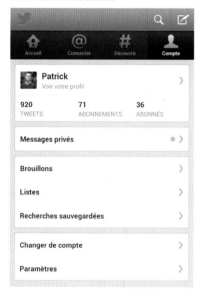

Il existe de nombreux clients Twitter, parmi lesquels **HootSuite** (Hootsuite), **TweetDeck** (TweetDeck Inc.), **Plume for Twitter** (LevelUp Studio), **Seesmic** (Seesmic), **TweetCaster for Twitter** (Onelouder App), **Twidroyd for twitter** (UberMedia Inc).

> **NOTE** Tout compte avec un insigne *Vérifié* est un client certifié (cercle bleu) qui vous assure que vous vous adressez à la bonne personne. Twitter utilise ce symbole pour établir l'authenticité des comptes connus.

MULTIMÉDIA

airTV

Gratuit/0,79 € sans publicités/ chubby75

airTV est une application qui regroupe des flux HLS des principales chaînes TV disponibles en France : *France2/3/4/5/Ô, LCP, NRJ12, Direct 8, Direct Star, BFM, iTELE, etc.* Recherchez aussi sur le Play Store les applications des chaînes de télévision, parmi lesquelles nous pouvons citer : **MyTF1**, **FranceTv**, *etc.*

 HTTP Live Streaming (HLS) est un protocole de streaming basé sur le protocole HTTP. Il est capable de traverser les pare-feu ou serveurs proxy qui laissent passer le trafic HTTP standard.

DrOID3tagger

Gratuit/Boolean Tech.

Cette application vous permet de corriger automatiquement les tags ID3 de vos musiques. À chaque fichier audio est associé un « tag » dit ID3. Le tag ID3 permet d'indiquer au sein du fichier MP3 qui est l'auteur, à quel album le titre est rattaché, le genre (jazz, hip-hop, classique, *etc.*), l'année de sortie, et même la couverture de l'album (ID3 version 2).

Toutes ces informations ne sont pas nécessairement correctement renseignées, aussi **Droid3tagger** vous permet-il de les

corriger automatiquement. Mieux, cette application est en mesure de renommer vos fichiers de façon conventionnelle : par exemple, un fichier que vous auriez nommé **barbara.mp3** sera automatiquement renommé en **Barbara – L'aigle Noir.mp3**.

Au lancement de l'application, sélectionnez l'onglet **MusicFiles**, recherchez le dossier contenant vos musiques (il 'agit souvent de **Music** sous Android) et cochez la/les musiques à corriger, puis appuyez sur le bouton **Auto Tag** pour ajouter ces titres au deuxième onglet, **Auto Tag Q**.

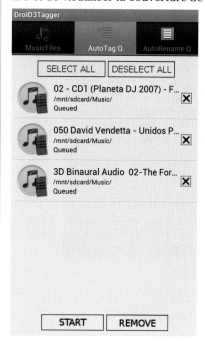

musicale de vos musiques avec une base de références et met à jour les tags ID3 et la pochette de l'album associée. Une pression longue sur l'une de vos musiques vous permettra de modifier vous-même les tags ID3 et de visualiser la couverture de l'album.

Cet onglet liste les fichiers qui seront traités : sélectionnez-les tous ou seulement ceux que vous souhaitez réellement corriger puis appuyez enfin sur **Start**. Le traitement dure une vingtaine de secondes pour chaque musique, il convient donc d'être patient. L'application compare l'empreinte

Instagram

Gratuit/Instagram

Instagram est un service de partage de photos. Les photos prises avec **Instagram**

sont particulièrement réussies grâce aux filtres proposés pour en changer l'apparence. L'application nécessite de créer un compte **Instagram**.

Partagez vos plus belles photos sur Facebook, Twitter, Foursquare ou Tumblr !

 Foursquare est un outil de réseau social, de jeu et de *microblogging* qui permet à l'utilisateur d'indiquer où il se trouve et de rencontrer ainsi ses contacts. **Tumblr** est aussi une plate-forme de *microblogging* qui permet à l'utilisateur de poster du texte, des images, des vidéos, des liens et des sons sur son *tumblelog*. Ces deux services disposent de leur application Android.

JustPictures!

Gratuit/Kounch

JustPictures! est une alternative à l'application **Galerie**, nativement installée sur le Galaxy SIII. Mieux, **JustPictures!** propose surtout de parcourir les photos de votre smartphone, mais aussi et surtout celles issues des albums Facebook, Picasa, Flickr, Smugmug, Photobucket, Tumblr, *etc.*

Au lancement de l'application, seules les photos du smartphone sont disponibles. Il convient donc d'ajouter votre compte Facebook par exemple : appuyez sur le bouton **Menu** du téléphone ▶ **Ajouter un compte** puis appuyez ensuite sur le bouton **Gérer les autorisations** sans remplir les champs proposés.

Appuyez sur + et sélectionnez **Facebook** et saisissez votre identifiant et mot de passe. Une fois l'autorisation accordée par Facebook, revenez au menu principal de l'application (sans remplir les champs proposés) puis appuyez sur votre nouveau compte **Facebook** pour accéder à vos albums !

Lorsque vous visualisez une photo d'un album distant, appuyez sur le bouton **Menu** du téléphone pour notamment sauvegarder localement l'image si nécessaire ! Les photos

ainsi sauvegardées localement sont stockées dans **/sdcard/Android/data/com. justpictures/caches/saved**.

Notez qu'habituellement, lorsqu'une application (peu importe laquelle) vous demande de sélectionner une photo, vous utilisez par défaut l'application native Galerie, préinstallée sur votre téléphone. Vous pourrez désormais utiliser **JustPictures!** de sorte à récupérer une photo distante : une fois la photo en plein écran, appuyez sur le bouton **Menu** du téléphone ▶ **Sélectionnez la photo**, vous reviendrez alors à l'application originelle.

Keoli TV

Gratuit/Keoli Team

Keoli TV liste le programme TV de plus de 500 chaînes : TNT, CanalSat, Canal+, ainsi que les chaînes étrangères !

Appuyez sur le bouton **Menu** du téléphone ▸ **Modifier la liste des chaînes** puis appuyez sur l'icône + pour ajouter les chaînes en provenance de CanalSat, FreeBox, Orange ou les chaînes étrangères. L'interface est belle et la navigation intuitive.

Mp3 Search and Download Pro

Gratuit/Frank Joseph

Mp3 Search and Downloader Pro vous permet de rechercher des MP3 _via_ plusieurs moteurs de recherche et de les télécharger sur votre Galaxy SIII. Vous saisissez un mot-clé, le titre d'une musique ou le nom d'un auteur, et l'application vous propose de télécharger le MP3 correspondant.

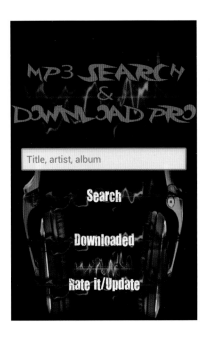

Bien évidemment, certains titres peuvent ne pas être disponibles. Si la recherche est infructueuse, n'hésitez pas à tester une application similaire ! Les titres téléchargés sont stockés sur la carte SD dans **/sdcard/ Music**.

Les applications de téléchargement de musique MP3 ne perdurent pas sur le Play Store, aussi est-il possible qu'à la lecture de ces lignes, l'application soit introuvable. N'hésitez pas alors à tester plusieurs applications à l'aide des mots-clés « download mp3 ». Vérifiez aussi que les droits requis par ces applications sont légitimes et en adéquation avec le service rendu. Enfin, nombre de ces applications affichent des publicités dans la barre de notifications, téléchargez l'application **AirPush Detector** pour détecter ces applications.

musiXmatch Paroles de chanson

Gratuit/musiXmatch

musiXmatch vous permet de découvrir les paroles de plus de 5 millions de chansons. L'application propose la base la plus large au monde des paroles officielles des chansons distribuées par les grands studios de musique (*BMG, Universal Music Publishing Group, Sony ATV Music, EMI Publishing, Warner Music…*).

Au lancement de l'application, **musiXmatch** scanne les musiques stockées au sein du Galaxy SIII et vous propose d'accéder à leurs paroles respectives. L'application propose aussi un lecteur de musique intégré.

Pixlr-o-matic

Gratuit/Autodesk Inc.

Pixlr-o-matic est sans doute l'une des meilleures applications dans sa catégorie ! **Pixlr-o-matic** vous permet de modifier vos photos en leur apportant des effets de toutes sortes : 26 effets de couleurs, 31 effets de lumière (*morning, Métal, Gaze, Bubble, Wave…*) et pas moins de 31 encadrements !

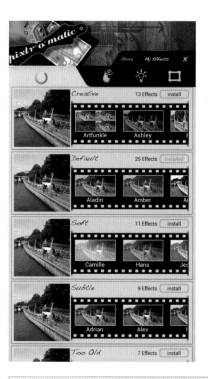

> **NOTE**
> Citons aussi **SnapBucket** (Photobucket Corporation) et **PicsArt - Studio Photo** (PicsArt) qui permettent de créer des images stylisées et personnalisées. Ces applications sont gratuites et plutôt bien réalisées !

De nombreux effets spectaculaires sont proposés, le tout avec une ergonomie bien pensée ! Sauvegardez vos œuvres ou transférez-les sur les réseaux sociaux en cliquant sur l'icône disquette.

Radio FM

Radio FM est une application préinstallée par défaut sur le Galaxy SIII. Elle permet d'écouter la radio *via* le tuner FM intégré au Galaxy SIII. Au lancement de l'application, appuyez sur le bouton **Menu** du téléphone ▸ **Analyser** pour rechercher les stations radio. L'utilisation d'écouteur est nécessaire dans la mesure où ils font office d'antenne. L'application permet d'associer aux 4 icônes du bas vos 4 stations préférées.

Radio FM permet aussi et surtout d'enregistrer sur la carte mémoire du téléphone une radio en cours d'écoute ! Appuyez sur le bouton **Rouge** (en haut à gauche) pour procéder à l'enregistrement.

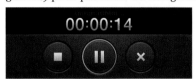

Ringtone Maker

Gratuit/Big Bang INC.

Certainement la meilleure application du genre, **Ringtone Maker** permet de

créer vos propres sonneries (appels, notifications, alarmes) en éditant vos MP3 ou enregistrements sonores.

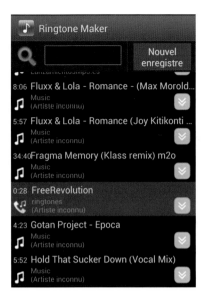

Vous pouvez ainsi couper/coller/rogner les musiques au format MP3, WAV, AAC et AMR pour n'en garder que des extraits, par exemple. Sélectionnez une musique de votre

mobile, puis créez votre propre échantillon à l'aide de l'éditeur. Sauvegardez ensuite votre création en tant que musique, alarme, notification ou sonnerie.

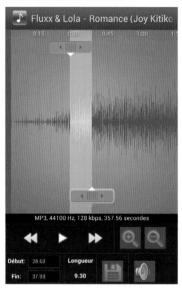

Songify

Gratuit/Smule

Songify est une application qui transforme tout ce que vous dites en chanson. Vous parlez dans votre Galaxy SIII et **Songify** transforme vos paroles en chanson, en utilisant un fond musical prédéfini.

Ce fond sonore est modifiable ; certains sont gratuits, et il vous est possible d'en acheter de nouveaux depuis l'application. Les musiques ainsi créées peuvent être partagées sur Facebook, Twitter ou sur le site de l'éditeur.

SoundHound

Gratuit/3,99 € en version sans publicité/SoundHound Inc.

SoundHound est un logiciel de reconnaissance musicale : il permet de retrouver le titre et l'interprète d'une musique à l'aide d'un échantillon audio capturé grâce au micro de votre smartphone. Appuyez sur le bouton **SoundHound** et enregistrez (ou chantez) durant quelques secondes la musique.

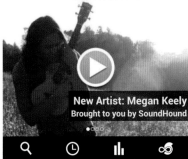

Cette dernière est envoyée à des serveurs distants qui vous renvoient alors le titre et le nom de l'interprète. Il est aussi possible de procéder à une recherche en dictant le titre d'une musique ou le nom d'un artiste.

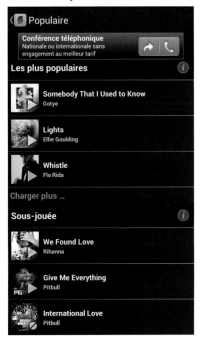

Shazam (Shazam Entertainment Limited) et **TrackID** (Sony Mobile) sont des alternatives à **SoundHound**.

TuneIn Radio

Gratuit/0,70 € en version pro/ TuneIn Inc

TuneIn Radio permet d'écouter la radio sans utiliser le tuner FM natif du Galaxy SIII. La connexion passe en effet par la 3G ou le Wi-Fi. L'application propose d'accéder aux radios par liste alphabétique, par langue ou par lieu, mais aussi par thème (radios musicales, émissions, radios sportives, *etc.*).

Lors de l'écoute d'une radio, appuyez sur l'icône en forme de cœur pour l'ajouter à vos favoris. **TuneIn Radio Pro** vous permet d'enregistrer, de mettre en pause ou de revenir en arrière pendant l'écoute. Installez le widget pour écouter vos radios préférées directement depuis le bureau d'Android !

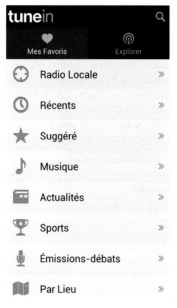

OUTILS

Adobe Reader

Gratuit/Adobe Systems

On ne présente plus **Adobe Reader**, application indispensable sur tout smartphone Android digne de ce nom, qui permet la lecture de fichiers PDF. Au lancement de l'application, appuyez sur **Documents**, **Adobe Reader** listera alors tous les documents PDF présents sur votre téléphone. On notera l'existence de l'application **Adobe CreatePDF** (Adobe systems, 7 €) qui permet la création de fichiers PDF. Notez que **CamScanner -Phone PDF Creator** (Intsig Information Co. Tld) permet aussi, d'une certaine façon, la création de fichiers PDF.

AirPush Detector

Gratuit/Dan Bjorge

AirPush Detector liste les applications utilisant le « framework AirPush » qui permet d'afficher des publicités dans la barre de notifications ou d'installer à votre insu des raccourcis vers des sites Web publicitaires. Une fois ces applications identifiées, il vous appartient alors de les désinstaller si vous le souhaitez.

Mieux, la société **AirPush** elle-même met à votre disposition l'application **AirPush Permanent Opt-out** (AirPush, Inc.), téléchargeable sur le Play Store, qui permet de se désabonner de leur service (« I don't want AirPush Ads »), sans pour autant désinstaller les applications concernées !

Alarm antivol

Gratuit/Atlantic Web Concept

Alarm Antivol est une petite application qui génère une alarme dès lors que l'on déplace ou soulève votre Galaxy SIII, ce qui peut s'avérer utile au restaurant ou à son travail, voire à son domicile ! L'alarme fonctionne même si le son est coupé.

Appuyez sur le verrou pour déclencher l'alarme immédiatement (**OFF**) ou après un délai de 5 secondes (**5s**).

Au lancement de l'application, appuyez sur le bouton **Menu** du téléphone ▶ **Sensibilité** et réglez cette dernière à 15 au lieu de 5 (sinon le téléphone est trop sensible et sonne sans arrêt). Profitez-en pour définir un mot de passe, utile pour stopper l'alarme.

AppMonster

Gratuit/2,96 € version complète/Think Android

AppMonster est un gestionnaire d'applications qui permet, à ce titre, de

gérer les applications de votre téléphone. Une pression sur une application donnée permet sa désinstallation, son lancement, sa sauvegarde (fichiers .apk) sur la carte mémoire.

L'application affiche aussi la capacité de stockage de la mémoire du mobile et de la carte SD, propose un tri des applications par tailles, par noms ou par dates d'installation, affiche les applications protégées contre la copie.

AppMonster liste par défaut les applications dans l'ordre des derniers téléchargements, ce qui s'avère pratique pour supprimer une application récemment installée.

L'option **Backup**, accessible depuis la touche **Menu** du téléphone, vous permet de sauvegarder l'ensemble de vos applications

(fichiers *.apk*) sur la carte mémoire. Si vous manquez de place ou qu'une application n'existe plus sur le Play Store, il peut être intéressant d'en faire un *backup*, afin de pouvoir la réinstaller ultérieurement en cas de réinstallation complète de votre téléphone.

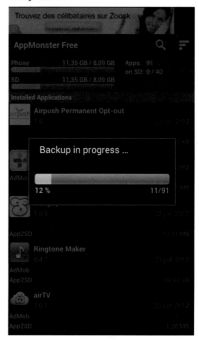

Seules les applications non protégées contre la copie peuvent être sauvegardées. Les fichiers *.apk* des applications sauvegardées sont stockés sur la carte mémoire, dans /**sdcard/appmonster2/backup/<le nom de l'application>/rev**.

Dropbox

Gratuit/Dropbox, Inc.

Dropbox est une alternative à Google Drive, et permet, à ce titre, de synchroniser

n'importe quel fichier entre votre ordinateur et votre smartphone (et accessoirement entre plusieurs ordinateurs), sans le moindre câble USB !

Une fois l'application installée sur votre smartphone Android, créez un nouveau compte si vous n'en avez pas déjà un. **Dropbox** offre un espace disque gratuit de 2 Go. Vous pouvez dès à présent transférer vos fichiers entre votre ordinateur et votre smartphone.

Vous souhaitez par exemple transférer une photo (ou une musique) de votre téléphone vers votre ordinateur. Recherchez ladite photo depuis l'application **Galerie**, appuyez sur le bouton **Menu** du téléphone ▶ **Partager** ▶ **Dropbox**. L'application Dropbox s'ouvre ; confirmez en cliquant sur le bouton **Charger**.

Le téléchargement s'effectue alors automatiquement ; vous pouvez contrôler l'état d'avancement dans la barre des notifications Android. Les fichiers sont alors accessibles depuis le site Web de Dropbox ou copiés sur votre ordinateur dans le dossier **Mes Documents/My Dropbox** si vous avez installé le programme Windows *ad hoc*.

Pour récupérer un document **Dropbox** sur votre Galaxy SIII, lancez l'application **Dropbox** et maintenez une pression longue sur le fichier à récupérer ▶ **Exporter** ▶ **Enregistrer sur une carte SD**.

ES Explorateur de Fichiers

Gratuit / Estrongs Inc.

ES Explorateur de Fichiers un gestionnaire de fichiers et d'applications très réputé sur Android. **ES Explorateur de Fichiers** permet de copier, coller, supprimer, renommer, consulter les propriétés de vos documents et envoyer n'importe quel fichier par e-mail... Une pression longue sur un fichier ou un répertoire permet d'accéder à ces fonctionnalités.

ES Explorateur de Fichiers permet de créer de nouveaux dossiers, notamment des dossiers cachés dans lesquels vous pourrez copier vos photos et vidéos, et qui n'apparaîtront pas dans l'application **Galerie** d'Android.

Pour créer un nouveau dossier caché, appuyez sur le bouton **Menu** du téléphone ▸ **Nouveau** ▸ **Dossier** (ou **Fichier**), puis attribuez-lui un nom, précédé d'un point (exemple **.mondossier**).

Attention : veillez à configurer **ES Explorateur de fichiers** de façon à rendre visibles les fichiers cachés (fichiers qui commencent par un point) : appuyez sur le bouton **Menu** du téléphone ▸ **Réglages** @@> **Paramètres fichiers**, et cochez **Montrer les fichiers cachés**.

GTasks: To Do List

Gratuit/3,99 € sans publicité/ Dato

Gtask est un petit gestionnaire de tâches, un « pense-bête » qui vous permet de noter du texte, des événements, d'établir une *to-do list*, *etc.*

Au lancement de l'application, autorisez **Gtask** à se synchroniser avec votre compte Google.

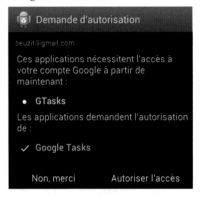

Appuyez sur + pour créer une nouvelle tâche. L'intérêt de cette application est de pouvoir synchroniser vos tâches sur Gmail : appuyez sur l'icône de synchronisation (deux flèches inversées).

Depuis votre ordinateur, ouvrez **Gmail** puis **Liste de tâches** pour retrouver ou modifier les tâches créées sous l'application Android. Toute tache créée ou modifiée sur Gmail sera synchronisée sur le téléphone. Pratique !

Hide It Pro

Gratuit/Anuj Tenani

Hide It Pro permet de protéger vos fichiers, musiques, photos, vidéos et applications des regards indiscrets !

L'icône de **Hide It Pro** est celle d'une application « Audio Manager » qui laisse croire que c'est un outil pour gérer le volume des différents sons du téléphone.

Au lancement de l'application, maintenez une pression longue sur le logo pour accéder à la page d'authentification.

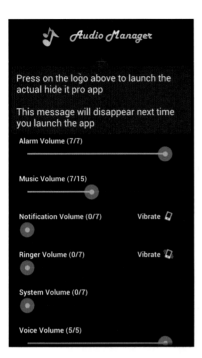

L'originalité de cette application tient au fait qu'il est possible d'encrypter certains documents, ils ne seront donc pas lisibles, même en analysant la carte mémoire ou le téléphone depuis un ordinateur (cryptage AES 256 bits).

Appuyez sur l'icône **Encryption** puis recherchez les fichiers à encrypter. Maintenez une pression longue sur le fichier ▸ **Encrypt**. L'onglet **Encrypted Files** liste les fichiers ainsi encryptés. N'encryptez que vos documents les plus sensibles, car pour les utiliser, il faut au préalable les décrypter !

NOTE

Advanced Encryption Standard ou AES est un algorithme de chiffrement symétrique. Il est le nouveau standard de chiffrement pour les organisations du gouverne-ment des États-Unis. Il a été également approuvé par la NSA (*National Security Agency*) pour les informations top secrètes.

History Eraser

Gratuit/1,99 € en version complète/Infolife Lcc

History Eraser efface l'historique de vos recherches Play Store, les recherches Google Maps, les recherches Gmail, YouTube, Google Earth, l'historique de navigation du navigateur natif Android ainsi que les appels reçus/émis/manqués et SMS/MMS reçus, envoyés, brouillons, *etc.*

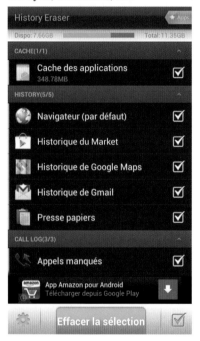

Appuyez sur le bouton **Menu** du téléphone ▶ **Paramètres** pour personnaliser l'application.

Notez la présence d'un widget et la possibilité de lancer automatiquement l'application au démarrage du smartphone !

Save my Attach

Gratuit/Lexa

Save my Attach permet de sauvegarder n'importe quelle pièce jointe reçue par Gmail (ou K9-Mail) sur la carte mémoire de votre téléphone, ce qui n'est pas toujours autorisé selon le type de pièce jointe reçue.

L'application ne se lance pas en tant que telle. Pour l'utiliser, il suffit d'ouvrir l'application Gmail et de prévisualiser la pièce jointe en question. Un menu contextuel s'ouvre, vous permettant alors de sauvegarder le document sur votre carte mémoire (*Save my Attach*).

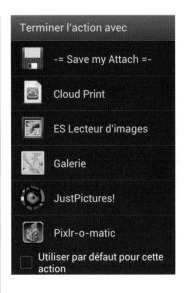

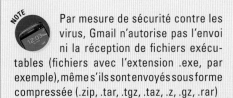 Par mesure de sécurité contre les virus, Gmail n'autorise pas l'envoi ni la réception de fichiers exécutables (fichiers avec l'extension .exe, par exemple), même s'ils sont envoyés sous forme compressée (.zip, .tar, .tgz, .taz, .z, .gz, .rar)

Screen Filter

Gratuit/haxor industry

Screen Filter est une application qui permet de réduire considérablement la luminosité de l'écran, bien plus que ne le permet le réglage standard d'Android.

Lancez l'application et réglez la luminosité souhaitée. Pour accéder au paramétrage de l'application, passez par les notifications Android. Appuyez sur **Enable Screen Filter** pour activer l'application. Si vous tentez un réglage trop bas, l'application vous demande de confirmer votre choix. À défaut de confirmation, ledit réglage est automatiquement annulé. Veillez néanmoins à ne pas confirmer un réglage qui ne vous permettrait plus de voir votre écran !

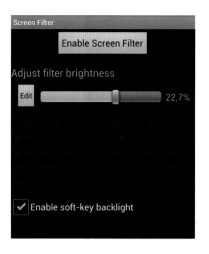

SymbolsKeyboard (trial)

1,15 €/Mobisters

SymbolsKeyboard est un clavier alternatif, à l'image de **Go Keyboard** présenté dans cet ouvrage, à la différence près que ce clavier permet aussi et surtout d'illustrer ses écrits par des symboles : étoile, cœur, note de musique, smiley, *etc.*

Installez l'application comme n'importe quel clavier alternatif (sélectionnez **Clavier Symbols**).

Une fois le clavier installé, maintenez une pression longue sur la touche **S1** pour passer d'un écran de symboles à l'autre. La version Trial propose une période d'essai de 10 jours.

Chapitre 14

Les applications Google

*D*ans ce chapitre, vous apprendrez à utiliser les applications Google essentielles, à savoir vous orienter avec Google Maps et Google Street View, à géolocaliser vos amis avec Google Latitude, à rester en contact et échanger des messages avec eux grâce à Google Talk, enfin à gérer vos documents dans le Cloud *via* Google Drive !

Qu'est-ce que Google Maps ?

Google Maps est un service de cartographie vectorielle, de plans en ligne et d'informations sur les commerces et les services de proximité. Les fonctionnalités les plus connues et utilisées de Google Maps sont la recherche et le positionnement d'une adresse ou de commerces, le calcul d'itinéraires, Street View (pour se déplacer virtuellement dans la rue), le trafic routier en temps réel et Google Navigation (système de navigation GPS à pied ou en voiture).

Google Maps sur Android est une application incontournable, sans laquelle d'autres services Google ne seraient pas disponibles : Street View, Latitude, Adresses, Navigation, *etc.*

Activer le GPS

Google Maps vous géolocalise, à condition que le GPS soit en fonction et/ou qu'une connexion Wi-Fi soit activée. Assurez-vous que les services de géolocalisation sont effectivement cochés :

❶ Déroulez la barre de notifications et assurez-vous que le GPS est effectivement actif.

❷ D'autre part, appuyez sur le bouton **Menu** du téléphone ▶ **Paramètres** ▶ **Services de localisation**.

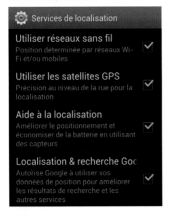

- **Utiliser les réseaux sans fil** : ce service utilise une combinaison des réseaux cellulaires Wi-Fi et GPS, pour déterminer votre emplacement géographique. Avec cette option, votre géolocalisation est susceptible d'être bien plus précise.

- **Utiliser les satellites GPS** : permet d'activer le GPS. Nous avons vu précédemment comment l'activer depuis le raccourci de la barre de notifications. En l'absence de raison valable, cette option devrait rester cochée.

- **Aide à la localisation** : utilise les capteurs du Galaxy SIII afin d'améliorer le positionnement à pied lorsque le signal GPS ne passe pas. Il peut y avoir des écarts entre les estimations du capteur et votre localisation réelle.

- **Localisation et recherche** : autorisez Google à utiliser votre position afin de vous proposer des services adaptés.

Premiers pas avec Google Maps

1 Après vous être assuré que le GPS est effectivement en fonction, vous pouvez alors lancer l'application **Google Maps**, installée nativement sur tout smartphone Android, représentée par l'icône suivante :

2 L'interface de **Google Maps** est composée de plusieurs icônes placées à différents endroits de l'écran ainsi que dans une barre d'état, en bas. Nous reviendrons en détail sur l'ensemble de ces fonctionnalités au cours de ce chapitre.

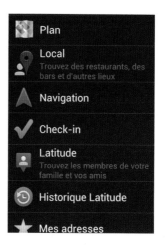

permet de vous géolocaliser. Appuyez successivement sur cette icône pour basculer en mode boussole puis en mode normal (voir « Afficher un plan en mode boussole »).

permet de rechercher une adresse afin de la localiser sur un plan (voir « Rechercher une adresse »).

permet de calculer un itinéraire (voir « Calculer un itinéraire »).

ouvre l'application Google Adresses.

affiche davantage d'informations sur la carte **Google Maps** (voir « Comment afficher des données géographiques ? »).

3 La circonférence du cercle bleu d'un plan Google Maps indique le degré de précision de votre géolocalisation : plus le cercle est petit, plus votre géolocalisation est précise !

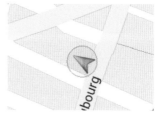

permet de basculer vers une autre application Google (Google Adresses, Google Navigation, Check-in, Latitude, Historique Latitude et Mes adresses).

④ Appuyez sur le bouton **Menu** du téléphone pour afficher un menu supplémentaire.

Effacer résultats
Rendre disponible hors conn‹
Paramètres
Aide

- **Effacer résultats** : supprime les éventuelles info-bulles affichées sur une carte, qui peuvent masquer des noms de rues, par exemple.

- **Rendre disponible hors connexion** : télécharge une portion de la carte au sein du téléphone (voir « Utiliser Google Maps hors ligne »).

- **Paramètres** : accès au paramétrage de l'application.

⑤ Appuyez à un endroit quelconque de la carte et déplacez votre doigt dans une direction donnée pour afficher des zones non visibles de la carte. Pour zoomer, pincez l'écran de l'intérieur vers l'extérieur (et inversement pour prendre du recul).

Dans certaines grandes villes du monde, vous pourrez visualiser les bâtiments en 3D si le zoom est suffisamment puissant.

Pour orienter une carte dans une direction donnée, placez deux doigts diamétralement opposés et dessinez un cercle pour que la carte pivote.

Pour incliner la carte, posez deux doigts alignés et distants et glissez-les simultanément sur l'écran vers le bas.

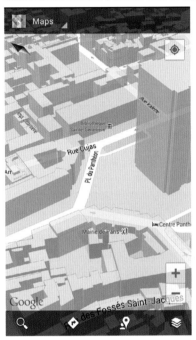

Afficher un plan en mode boussole

❶ **Google Maps** dispose d'un mode boussole, qui permet d'orienter automatiquement la carte en fonction de votre position physique. Appuyez sur l'icône ❀ pour activer le mode boussole, ❀ (l'icône est légèrement penchée).

❷ Déplacez-vous physiquement, la carte se positionne alors en fonction de votre position.

❸ Le côté rouge de la boussole indique alors systématiquement la direction du nord.

❹ Appuyez de nouveau sur ❀ pour revenir au mode normal.

Afficher des données géographiques

Les données géographiques vous permettent d'afficher sur un plan **Google Maps** différents types d'informations complémentaires, telles que l'info trafic, une vue satellite, les reliefs, vos contacts Latitudes, *etc.*

❶ Ouvrez l'application **Google Maps** puis appuyez sur l'icône ❧.

❷ Cochez les données géographiques que vous souhaitez afficher, par exemple **vue Satellite**.

❸ La carte **Google Maps** s'affiche alors en mode *vue satellite*. La fonctionnalité **Mes Cartes** de Google donne accès à vos cartes personnalisées, sur lesquelles vous avez apporté des annotations personnelles (voir ci-après).

Créer une carte personnalisée

Google Maps en version Web (depuis votre ordinateur de bureau) vous permet de créer vos propres cartes, dites « personnalisées ».

Vous pouvez ainsi annoter ces cartes, marquer des endroits, restaurants et lieux à visiter, dessiner à main levée, *etc.*

❶ Ouvrez **Google Maps** depuis votre ordinateur et connectez-vous avec votre compte Google. Affichez le quartier, la ville ou la région que vous souhaitez personnaliser. Cliquez sur **Mes adresses**.

❷ Cliquez ensuite sur **Créer une carte**. Donnez un nom à votre carte, une description et indiquez si cette carte est privée ou publique. Confirmez le tout en cliquant sur **OK**.

❸ Toujours dans la rubrique **Mes Adresses**, votre nouvelle carte apparaît. Cliquez dessus.

❹ Cliquez ensuite sur [MODIFIER]. Zoomez si nécessaire et cliquez sur les différents outils proposés pour ajouter des repères, du texte, des lignes, des formes, des photos et même des vidéos !

Cliquez sur l'icône *repère* et placez un repère sur votre carte pour identifier un lieu, écrire du texte ou placer une photo (sélectionnez l'option **Texte Enrichi** pour ajouter des photos).

❺ Une fois votre carte personnalisée, appuyez sur **OK** pour sauvegarder votre travail. De retour sur votre Galaxy SIII, appuyez sur [icône] ▶ **Mes cartes** et sélectionnez vote carte personnalisée.

Mes cartes

Créées par moi

Avignon
Vacances à Avignon

Cotignac
Vacances en famille

Mes adresses

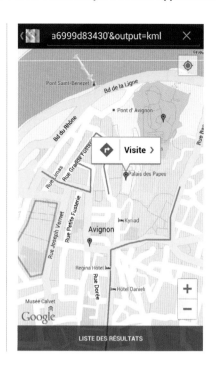

❻ Touchez les repères pour faire apparaître vos commentaires.

Consultez l'aide en ligne de Google pour de plus amples informations sur la création de cartes personnalisées dans Maps : `http://support. google.com/maps/bin/topic. py?hl=fr&topic=1687289`

Rechercher une adresse

❶ Ouvrez l'application **Google Maps**, appuyez sur l'icône 🔍 puis saisissez l'adresse ou le nom de la vile à rechercher.

❷ Google Maps situe alors l'adresse sur la carte.

❸ Appuyez sur l'info-bulle de l'adresse pour accéder à un nouvel écran (ou sur la flèche pour calculer un itinéraire) :

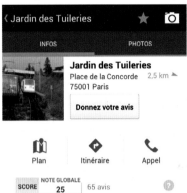

 l'étoile permet de marquer cette adresse en tant que favori. Elle devient blanche lorsqu'on clique dessus (voir « Accéder aux adresses favorites »).

📷 permet de soumettre une photo à **Google+ Local**.

Les icônes grises permettent de revenir sur le plan Google Maps, de calculer un itinéraire, de composer un appel (pour un commerce, par exemple).

❹ L'info-bulle qui apparaît sur un plan Google Maps peut parfois s'avérer gênante dans la mesure où elle peut masquer le nom des rues. Pour la supprimer, appuyez sur le bouton **Menu** du téléphone ▸ **Effacer résultats**.

❺ Une autre façon de rechercher une adresse est de maintenir une pression longue sur la carte elle-même, à l'endroit voulu. Une info-bulle affiche alors l'adresse la plus proche du point sélectionné.

> **NOTE** Avec **Google+ Local**, vos avis et photos sont visibles par tous sur le Web. Le nom de votre compte Google+ sera associé à vos avis et photos et visibles aux personnes visitant votre profil Google+, à celles qui vous ont ajouté à leurs cercles et à celles qui consultent un avis que vous auriez écrit.

Accéder aux adresses favorites

Google Maps vous permet de mémoriser les adresses ou lieux dans lesquels vous vous rendez régulièrement ; il s'agit donc d'une sorte de gestionnaire de favoris pour les adresses Google Maps. Nous avons vu précédemment que pour ajouter une adresse aux favoris, il suffit de cliquer sur l'étoile.

❶ Ouvrez l'application **Google Maps** puis appuyez sur **Maps ▶ Mes Adresses** pour accéder à la liste de vos adresses préférées.

❷ Appuyez simplement sur une adresse de la liste pour l'afficher sur un plan Google Maps. L'onglet **Enregistrées** liste vos adresses préférées (« favorites ») tandis que **Récentes** affiche vos dernières recherches.

❸ Pour supprimer une adresse de la liste, appuyez sur l'adresse afin d'accéder à sa fiche et touchez l'étoile blanche de sorte qu'elle apparaisse grise, elle ne figurera ainsi plus dans vos favoris.

❹ Les adresses **Google Maps** enregistrées depuis un ordinateur, *via* un navigateur Web (http://maps.google.fr/), seront synchronisées automatiquement dans la rubrique **Mes Adresses** de l'application Google Maps d'Android. Ainsi, en appuyant sur l'étoile jaune (voir ci-après) depuis votre ordinateur, vous enregistrerez puis retrouverez l'adresse dans **Mes Adresses** de l'application Android **Google Maps**.

❷ Cochez les options qui vous conviennent.

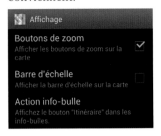

❸ L'option **Action info-bulle**, vous permet de personnaliser l'icône à gauche des

info-bulles d'un plan Google Maps, à savoir afficher l'icône de *calcul d'un itinéraire*, *Google Navigation*, *Appel d'un numéro* ou *Street View*.

Utiliser Google Maps hors ligne

Google Maps permet de sauvegarder, au sein du Galaxy SIII, une zone et d'en sauvegarder la carte, qui pourra être visionnée, même sans connexion Internet (à l'étranger, par exemple) :

❶ Lancez l'application **Google Maps** puis appuyez sur le bouton **Menu** du téléphone ▸ **Rendre disponible hors connexion**.

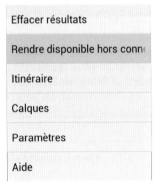

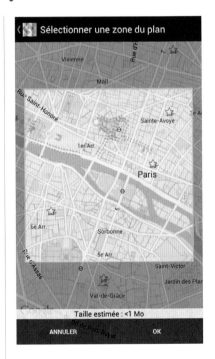

❷ Zoomez plus ou moins en fonction de la zone à conserver. Plus vous reculez, plus l'espace disque occupé dans la mémoire du téléphone est important.

❸ Appuyez sur **OK** pour confirmer le téléchargement de la carte. Vous pouvez suivre cette opération dans la zone de notifications Android. Vous pourrez ainsi accéder à cette partie de plan même en l'absence de connexion réseau.

❹ Pour gérer les portions de cartes ainsi sauvegardées au sein de votre téléphone, sélectionnez l'option **Mes Adresses**, onglet **Hors connexion.** Cette fonctionnalité est limitée pour le moment à 150 pays et il n'est pas possible de stocker plus de 6 grandes métropoles.

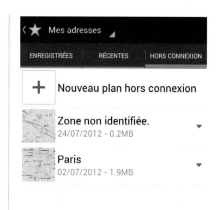

Changer de compte Google sous Google Maps

Rappelons qu'il est possible de configurer sur Android plusieurs comptes Google. Vous pourrez ainsi utiliser **Google Maps**, mais aussi et surtout **Google Latitude** (application de géolocalisation) avec un compte différent.

❶ Lancez l'application **Google Maps** puis appuyez sur le bouton **Menu** du téléphone ▸ **Paramètres** ▸ **Changer de compte**.

Google Earth est un service de cartographie proposé par Google. Google Earth et Google Maps sont deux technologies similaires, qui fournissent sensiblement les mêmes services, mais de façon différente. Google Maps est un service accessible depuis un navigateur Web, Google Earth nécessite l'installation d'une application *ad hoc* pour les environnements PC, Mac ou Linux. Tous deux existent sous la forme d'une application Android. Google Earth fournit des photographies de meilleure qualité et exploitables avec des fonctionnalités améliorées, et offre ainsi une expérience utilisateur plus agréable. Google Earth est une excellente application multimédia pour découvrir le monde. Vous pourrez voyager en visualisant images satellite, cartes et reliefs de notre belle planète. Saisissez une adresse ou un lieu et Google Earth vous y emmène !

Qu'est-ce que Google Street View ?

Google Street View est un service Google qui permet d'explorer les villes et les sites touristiques du monde entier en bénéficiant d'images des rues à 360. Grâce à l'application Android **Street View**, il est aisé de se repérer dans une ville et de la visiter virtuellement depuis Google Maps. Pour connaître la liste des pays où Google Street est disponible, consultez `http://maps.google.fr/help/maps/streetview/learn/where-is-street-view.html`

❶ Téléchargez l'application **Street View** dans Google Maps depuis le Play Store.

❷ Street View se lance à partir d'une carte Google Maps. Ouvrez Maps et maintenez une pression longue sur l'endroit que vous souhaitez visiter.

❸ Ouvrez l'info-bulle et appuyez sur **Street-View**. Notez que l'option peut parfois être grisée, cela signifie qu'il n'est pas possible de visiter virtuellement la zone. Déplacez-vous à 360° dans le paysage pour explorer l'endroit où vous vous trouvez virtuellement, zoomez en pinçant l'écran.

❹ Appuyez sur le bouton **Menu** du téléphone ▸ **Mode boussole**. L'image affichée sera calquée automatiquement sur votre position physique : si vous pivotez physiquement à gauche, l'image se déplace à gauche et inversement. Appuyez sur **Passer en mode Plan** pour revenir au plan Google Maps.

❺ Utilisez *PegMan*, le petit bonhomme situé en bas à gauche de l'écran pour vous déplacer virtuellement : placez-le sur la route pour avancer ou reculer ou pour visiter un endroit précis de l'écran.

❻ Depuis votre ordinateur, visitez les lieux incontournables proposés par Google : `http://maps.google.fr/help/maps/streetview/gallery.html`

 Le petit personnage symbolisant la position de l'utilisateur se prénomme PegMan, du fait de sa forme de pince à linge (vient de *clothes peg* en anglais).

PagesJaunes a développé son propre système navigation 3D : **UrbanDive.com**. Il s'agit d'un site Web qui propose une expérience originale de navigation en 3D dans plusieurs grandes villes de France et du monde. UrbanDive.com est relativement similaire à Google StreetView. Il permet de se promener à l'aide de la souris à 360 degrés. UrbanDive.com couvre désormais de nombreuses villes françaises.

Qu'est ce que Google Latitude ?

Google Latitude est le système de géolocalisation de personnes de Google. Ce service permet de géolocaliser vos amis et de vous rendre vous-même géolocalisable. **Google Latitude** est accessible sur un ordinateur depuis https://www.google.com/latitude/ et sur smartphone Android grâce à l'application Google Maps.

Google Latitude fait partie intégrante de Google Maps, elle n'est donc pas téléchargeable sur Google Play en tant qu'application autonome. De fait, **Google Latitude** utilise le compte Google défini dans Maps (voir « Comment changer de compte Google sous Google Maps ? »).

Google Latitude permet de géolocaliser toute personne disposant d'un compte Google, mais pas nécessairement sur un smartphone Android : l'application existe sur iPhone, par exemple. Il est donc tout à fait possible d'inviter à votre liste d'amis Latitude une personne qui ne possède pas un smartphone Android.

 Assurez-vous que les services de géolocalisation sont en fonction avant d'utiliser Latitude. Reportez-vous à la section « Activer le GPS ».

Découverte de Latitude

❶ Lancez l'application **Latitude** représentée par l'icône suivante ou bien depuis Google Maps :

❷ Latitude affiche alors les amis dont la position est connue. Si vous utilisez Latitude pour la première fois, il est probable que vous n'ayez encore aucun ami, la liste sera donc vide ! Les flèches ▶ indiquent la direction dans laquelle se situent vos amis par rapport à vous.

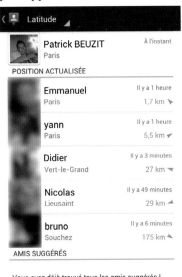

![PLAN] affiche un plan Google Maps sur lequel sont positionnés vos amis.

![icon] ajoute un nouvel ami à votre liste Latitude.

![icon] permet de partager votre *check-in* avec vos amis connectés à Latitude (voir « Comment faire un check-in ? »).

![icon] rafraîchit la liste de vos amis et leur dernière position connue.

❸ Appuyez sur le bouton **Menu** du téléphone pour accéder aux options de l'application.

❹ Appuyez sur l'un de vos amis pour accéder à sa fiche Latitude. Appuyez sur **Plan** pour voir où il se situe ou **Itinéraire** pour calculer un itinéraire entre vous et votre ami.

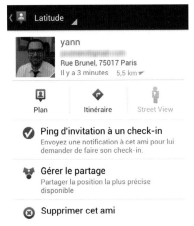

❺ **Ping d'invitation à un check-in** envoie une notification à votre ami lui incitant à faire son *check-in*. Si vous recevez vous-même trop de demandes de *check-ins* de la part de vos amis, vous pouvez désactiver les notifications dans les options de l'application **Latitude**.

❻ **Gérer le partage** permet d'afficher ou de masquer votre position à cet ami.

❼ L'option **Supprimer cet ami** permet de renoncer définitivement à une géolocalisation réciproque avec cet ami.

Ajouter un ami Latitude

Vous ne pouvez géolocaliser un ami que si ce dernier a accepté de figurer dans votre liste d'amis Latitude. Invitez un ami à rejoindre Latitude :

❶ Lancez l'application **Latitude** puis appuyez sur ⊞. Ajoutez un ami en le sélectionnant dans vos contacts ou en saisissant son adresse e-mail (Google ou non).

- Si votre ami ne dispose pas d'une adresse e-mail Google, il sera invité à en créer une pour vous rejoindre sur Latitude.

- Si votre ami dispose d'une adresse e-mail Google, mais n'utilise pas encore Latitude, il recevra par e-mail une demande de partage, mais devra se connecter au préalable à Latitude avec son compte Google avant de pouvoir accepter votre demande.

- Si votre ami utilise déjà Latitude, il recevra un e-mail ainsi qu'une demande de partage de ses informations de localisation.

❷ L'ami que vous aurez convié devra cliquer, depuis le Latitude de son propre smartphone, sur le bouton **1 nouvelle de demande de partage.**

❸ Votre ami a la possibilité :

- d'accepter de figurer dans votre liste d'amis Latitude et d'être ainsi géolocalisé ;

- d'accepter de figurer dans votre liste d'amis, mais en masquant sa position ;

- de refuser votre offre.

Comment faire un check-in ?

Un check-in est un concept initié par Foursquare (un outil de réseau social qui permet à l'utilisateur d'indiquer où il se trouve), qui consiste à inciter les internautes à faire part le plus souvent possible du lieu où ils se trouvent (« check-in »). Facebook et Google proposent eux aussi cette fonctionnalité de *check-in* qui vous permet donc d'indiquer où vous êtes à vos amis Latitude et, éventuellement, à vos cercles Google+.

❶ Lancez l'application **Latitude** et appuyez sur ✅.

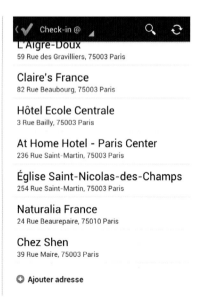

❷ Google Maps vous affiche alors les établissements, restaurants, musées, commerces, *etc.* proches de votre localisation. Appuyez sur l'adresse de la liste dans laquelle vous vous situez ou sélectionnez **Ajouter Adresse** (en fin de liste) si votre adresse ne s'y trouve pas.

❸ Ajoutez éventuellement un commentaire à votre check-in. Appuyez sur + pour sélectionner les personnes autorisées à voir votre géolocalisation (Amis Latitude ou cercles Google+).

❹ Enfin, précisez si vous souhaitez faire un *check-in* automatique, sans votre intervention, à chaque fois que vous êtes proche de l'endroit indiqué. Notez que dans les options de configuration de **Latitude**, vous pouvez stopper les *check-ins* automatiques et/ou voir les lieux pour

lesquels vous avez demandé des *check-ins* automatiques.

Modifier les règles de confidentialité

Google Latitude offre la possibilité de modifier à tout instant les règles de confidentialité de l'application : il est parfois souhaitable de masquer sa position à l'ensemble de ses amis Latitude.

❶ Lancez l'application **Latitude**, appuyez sur l'icône vous représentant, puis sur l'option **Paramètres de localisation**.

❷ Appuyez sur **Mise à jour de la position**.

❸ Sélectionnez l'option qui vous convient.

- **Détecter ma position** : pour que votre position soit connue de vos amis et mise à jour automatiquement.

- **Définir ma position** : pour être géolocalisé à un endroit précis d'une carte Google Maps, mais pas nécessairement à l'endroit où vous vous trouvez réellement.

- **Ne pas mettre à jour ma position** : pour masquer votre position à tous vos amis Latitude.

Masquer sa position à un ami

Vous souhaiterez peut-être masquer votre position à un ami en particulier, mais pas nécessairement à l'ensemble des amis de votre liste. Aussi, pour procéder à ce paramétrage, appuyez sur l'ami en question dans la liste de vos amis Latitude.

❶ Lancez l'application **Latitude** et appuyez sur l'ami à qui vous souhaitez masquer temporairement votre position. Appuyez sur **Gérer le partage**.

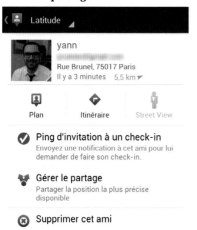

❷ Sélectionnez la règle de confidentialité qui vous convient, à savoir *Partager la*

position la plus précise disponible, *Partager uniquement le nom de la ville* ou *Masquer pour cet ami*.

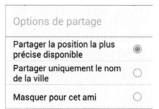

❸ Lorsque vous masquez votre position à un ami, une icône en forme l'œil barré apparaît dans la liste d'amis :

❹ Pour réintégrer à votre liste un ami que vous aviez supprimé, appuyez sur le bouton **Menu** du téléphone ▸ **Paramètres de localisation** ▸ **Gérer mes amis**.

Gérer mes amis
Modifier la liste des amis avec lesquels vous souhaitez partager votre position

❺ Assurez-vous que cet ami n'est pas masqué ! Si tel est le cas, appuyez dessus et modifiez les paramètres de partage comme indiqué à l'étape 1.

 NOTE Si vous rencontrez des difficultés à réintégrer un ami de votre liste Latitude, procédez comme suit : supprimez-vous réciproquement de vos listes, puis connectez-vous depuis un ordinateur de bureau sur https://www.google.com/latitude.

Ajoutez votre ami et demandez-lui qu'il vous ajoute à son tour. Acceptez sa demande, que vous recevrez par e-mail, *via* votre ordinateur de bureau. Ouvrez l'application Android, et vérifiez que vous n'avez pas une demande d'ajout en attente.

Désactiver Latitude

Pour désactiver Latitude, option radicale pour ne plus être géolocalisé, lancez Google Latitude puis appuyez sur le bouton Menu du téléphone ▶ **Paramètres de localisation**.

Appuyez enfin sur **Déconnexion de Latitude**. L'application se réactivera dès son prochain lancement !

Qu'est-ce que Google Talk ?

Google Talk est la solution de messagerie instantanée de Google. Cette application permet d'échanger en temps réel des messages avec d'autres utilisateurs de Google Talk, depuis un ordinateur ou un smartphone Android. Google Talk est accessible à n'importe quel utilisateur disposant d'une adresse e-mail Google, sur smartphone Android ainsi que sur d'autres systèmes d'exploitation mobiles tels qu'iOS

(iPhone) ou BlackBerry. Les versions de Talk sur Ice Cream Sandwich permettent la visioconférence pour peu que le smartphone dispose d'une caméra frontale.

Les messages envoyés ne sont pas des SMS, ils transitent par Internet. Votre forfait SMS téléphonique n'est ainsi donc pas sollicité. Il convient par contre de disposer d'une connexion au réseau (EDGE, 3G, Wi-Fi, *etc.*).

Découverte de Google Talk

❶ Lancez l'application **Google Talk**, préinstallée sur tout smartphone Android, et représentée par l'icône suivante :

❷ Google Talk vous affiche alors la liste de vos amis, selon leur statut. Appuyez sur le bouton **Menu** du téléphone ▶ **Options d'affichage** pour trier vos amis selon d'autres critères. Au premier lancement de Google Talk, vous n'aurez probablement pas encore d'amis, mais nous verrons dans ce chapitre comment en rajouter. Les amis placés en tête de liste sont ceux avec lesquels vous avez des discussions en cours.

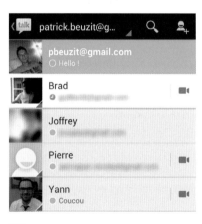

● représente un ami en ligne et disponible pour des chats.

● représente un ami en ligne qui ne souhaite pas être dérangé.

🔵 représente un ami, mais qui est inactif.

❌ représente un ami déconnecté de Google Talk.

❸ D'autre part, certaines icônes placées à droite de vos amis indiquent la possibilité de converser en audio 🎤 ou en vidéo 🔵. Appuyez sur cette icône pour initier une telle communication.

❹ En touchant la photo d'un ami, vous pouvez l'appeler (*via* votre forfait téléphonique), lui envoyer un SMS, un e-mail ou accéder à son adresse postale pour peu que sa fiche contact soit renseignée (touchez les différentes icônes).

❺ Enfin, la barre d'icônes en haut de l'écran permet respectivement de changer de compte Google, de rechercher un message dans l'historique de vos conversations, d'ajouter de nouveaux amis.

Ajouter un ami Google Talk

❶ Lancez l'application **Google Talk**, appuyez sur l'icône 👤 et saisissez son adresse e-mail. Google Talk n'est compatible qu'avec les utilisateurs disposant d'un compte Google.

❷ Votre ami recevra alors un e-mail contenant une URL sur laquelle cliquer pour accepter votre invitation.

❸ Vous pouvez toutefois saisir une adresse qui ne soit pas un e-mail Google : votre ami recevra un courrier l'invitant à créer un compte Google pour vous rejoindre sur Google Talk.

Converser avec un ami

1 Lancez l'application **Google Talk** et appuyez simplement sur le pseudo de votre ami pour engager une conversation avec lui (pour peu qu'il soit en ligne).

2 Si vous discutez avec plusieurs amis simultanément, basculez d'un chat à l'autre en faisant glisser la fenêtre de la droite vers la gauche (et inversement). Le nom du correspondant précédent ou suivant apparaît dans la barre de statut noire.

3 Appuyez sur le bouton **Menu** du téléphone pour accéder à de nouvelles options :

- **Arrêter le chat** : ferme la discussion en cours.

- **Passer en mode privé/Ne plus chatter en mode privé** : vous permet de passer ou non en mode privé (voir plus loin).

- **Infos sur l'ami** : permet de bloquer ou de supprimer un ami.

- **Ajouter au chat** : invite un ami à rejoindre le chat actuel (conversation à plusieurs).

- **Effacer l'historique du chat** : supprimer l'historique des conversations.

- **Paramètres** : permet d'accéder aux options de l'application.

> **NOTE** Les conversations Google Talk peuvent être enregistrées et accessibles depuis le libellé « **Tous les chats** » de Gmail. Passer en « mode privé » vous permet de ne pas enregistrer vos conversations. Néanmoins, si vous avez configuré Google Talk depuis Gmail en version Web (onglet *chat*) pour ne pas enregistrer vos conversations, l'option « *Passer en mode privé* » ou « *Ne plus chatter en mode privé* » n'a pas d'incidence, les messages ne seront jamais enregistrés !

Afficher un pop-up Google Talk

Par défaut, lorsque l'application Google Talk est fermée et que l'un de vos amis vous envoie un message, vous recevez une notification Android.

① Déroulez la barre de notifications Android et appuyez sur la notification Google Talk pour ouvrir l'application et lire le message dans son intégralité.

② Si vous ne souhaitez pas recevoir de notifications Android, ouvrez **Google Talk**, appuyez sur le bouton **Menu** du téléphone ▶ **Paramètres** et sur votre adresse e-mail Google ▶ **Notifications**.

- **Ouvrir une boîte de dialogue** : affiche un *pop-up* dans lequel figure le message que l'on vous envoie.

- **Afficher une notification** : affiche une notification Android.

- **Désactiver** : aucune notification visuelle n'est affichée.

③ L'option « *Ouvrir une boîte de dialogue* » ci-dessus vous permet de ne manquer aucun message que l'on vous envoie, c'est dernier sont affichés en premier plan.

Un *pop-up* (de l'anglais *pop-up window* ou *pop-up* tout court), parfois appelé fenêtre surgissante ou fenêtre intruse est une fenêtre secondaire qui s'affiche, parfois sans avoir été sollicitée par l'utilisateur (fenêtre intruse), devant la fenêtre de navigation principale lorsqu'on navigue sur Internet (source Wikipédia).

Converser en visioconférence

Les versions de Google Talk sur Ice Cream Sandwich permettent la visioconférence au travers de votre réseau Wi-Fi ou 3G, pour peu que vous et votre correspondant disposiez d'une caméra frontale. Notez que votre interlocuteur peut aussi converser sur Google Talk depuis un ordinateur équipé d'une webcam (il faut que l'option webcam ait été installée dans **Google Talk** : http://www.google.com/talk/).

❶ Lancez l'application **Google Talk** puis appuyez sur l'icône ■◀ pour initier un chat en visioconférence. Si cette icône est absente, votre interlocuteur ne dispose pas de caméra frontale ou d'une version suffisamment récente d'Android (à partir de Gingerbread). S'il est sur un ordinateur sous Windows, il n'a peut-être pas installé le module de visioconférence (www.google.com/chat/video?hl=fr).

❷ Votre interlocuteur reçoit alors une demande de chat vidéo à laquelle il doit répondre favorablement.

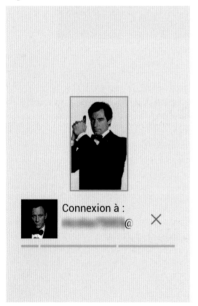

❸ Le chat est alors initié. Votre propre image est affichée en petit à droite tandis que votre interlocuteur est visible en plein écran.

❹ Touchez l'écran pour faire apparaître la barre d'outils :

🎤 permet d'activer ou de désactiver le micro.

🔊 active ou désactive le haut-parleur du téléphone, de sorte que vous puissiez entendre votre interlocuteur sans écouteur.

📷 bascule entre la caméra frontale ou la caméra arrière du téléphone.

Modifier votre statut Talk

Vous pouvez apparaître sous différents statuts : *Disponible, Ne pas déranger* ou *Invisible*. Cette dernière option, *Invisible*, permet de rester connecté à Google Talk tout en laissant croire à vos amis que vous n'êtes pas connecté au chat. Vous recevrez malgré tout les messages que l'on vous enverra. Voilà une option intéressante qui évite de se déconnecter du chat.

❶ Lancez l'application **Google Talk** puis appuyez sur votre profil en haut de l'écran. Sélectionnez vos options de disponibilité.

❷ Saisissez ou sélectionnez dans la liste (historique) un message personnel. Appuyez sur votre photo pour la modifier ou la supprimer.

Bloquer ou supprimer un ami

Google Talk, comme nombre de messageries instantanées, permet de bloquer ou supprimer un ami envahissant :

❶ Lancez l'application **Google Talk** et appuyez sur l'ami en question, comme si vous engagiez une nouvelle discussion.

❷ Appuyez sur le bouton **Menu** du téléphone ▸ **Infos sur l'ami**.

❸ Sélectionnez ensuite l'option **Bloquer** ou **Supprimer** selon l'humeur du moment !

Pour débloquer un ami ou simplement consulter la liste de vos amis mis en quarantaine, lancez Google Talk et appuyez sur le bouton **Menu** du téléphone▶ **Paramètres**, sélectionnez votre compte Google puis

Amis bloqués. Vous pourrez alors débloquer votre ami en appuyant simplement sur son pseudo.

 Brad

Quelles sont les options de Google Talk ?

Les options de l'application permettent, entre autres, une connexion automatique de Google Talk au lancement de l'application, d'indiquer à vos amis que vous discutez depuis la version mobile, de basculer en mode *Absent* lorsque l'écran est éteint ainsi que de supprimer l'historique des recherches Google Talk. Vous pouvez aussi associer à la réception d'un message Google Talk une sonnerie particulière et/ou faire vibrer le téléphone.

❶ Appuyez sur le bouton **Menu** du téléphone ▶ **Paramètres** et appuyez sur votre adresse e-mail Google. Nous vous

invitons à parcourir les différentes options proposées par Google Talk.

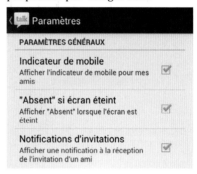

Modifier la notification Google Talk

❶ Appuyez sur le bouton **Menu** du téléphone ▶ **Paramètres** et appuyez sur votre adresse e-mail Google (ces réglages sont aussi disponibles pour les chats audio).

❷ Assurez-vous que le Galaxy SIII n'est pas en mode silencieux avant de procéder à ces réglages, sinon vous n'entendriez pas les notifications sonores au moment où vous les sélectionnez !

- **Notifications** : spécifie comment vous avertir de la réception d'un chat.

- **Sonnerie de notification** : spécifie la sonnerie à utiliser à la réception

d'un nouveau message Google Talk (le téléphone ne doit pas être en mode silencieux !).

- **Vibreur** : active ou désactive le vibreur à la réception d'un nouveau message.

Se déconnecter de Google Talk

Depuis l'écran principal de Talk, appuyez
sur le bouton **Menu** du téléphone ▶ **Se
déconnecter**.

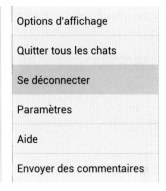

Qu'est-ce que Google Drive ?

Google Drive est un service de stockage
dans le cloud de Google. Offrant 5 Go de
stockage gratuit à tous les utilisateurs, ce
dernier est un concurrent direct de Dropbox,
SkyDrive, Box et iCloud d'Apple.

Google Docs a été fusionné dans **Google
Drive**. Rappelons que **Google Docs** permet
de créer et de partager des documents
sur le Web : traitement de texte en
ligne (équivalent de Microsoft Word),
tableur (équivalent de Microsoft Excel),

Présentation (équivalent de Microsoft
PowerPoint), *etc.* De fait, vous retrouverez
l'ensemble de vos documents **Google Docs**
dans **Google Drive**.

Google Drive vous permettra donc de
sauvegarder dans le Cloud n'importe quel
fichier et de consulter et modifier à partir de
n'importe quel ordinateur ou smartphone
vos documents **Google Docs**.

Découverte de Google Drive

Dans un premier temps, nous explorerons
rapidement les possibilités de Google Drive
depuis un ordinateur de bureau. Nous vous

invitons à parcourir l'aide en ligne de Google
Drive pour en savoir plus sur ce service :
`http://support.google.com/drive`

❶ Connectez-vous à `https://drive.google.com` et saisissez votre identifiant et mot de passe Google. Le lecteur habitué à **Google Docs** s'y retrouvera dans l'interface de Google Drive, cette dernière n'ayant que très peu évolué.

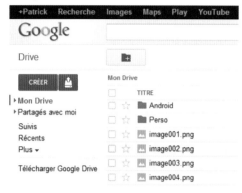

❷ Appuyez sur **Créer** pour créer un nouveau document (texte, présentation, calcul, *etc.*). Créez des dossiers et sous-dossiers pour organiser votre « bureau en ligne ».

❸ Copiez n'importe quel fichier de votre ordinateur vers Google Drive, grâce à un glisser-déplacer : cliquez sur un document, une image par exemple, et déplacez-la dans Drive pour l'importer.

❹ La nouvelle image apparaît alors parmi les autres documents.

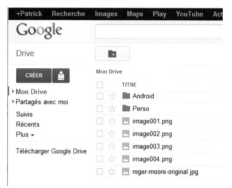

❺ Cochez le document et cliquez sur **Organiser** pour le ranger dans un dossier spécifique.

❻ Parcourez l'ensemble des menus pour bien comprendre toutes les fonctionnalités proposées par Google Drive.

Installer le logiciel « client »

Bien que vous puissiez utiliser **Google Drive** uniquement en mode Web (depuis un navigateur), Google Drive offre la possibilité d'installer un logiciel « client » sur votre ordinateur (Mac ou PC).

Ce logiciel crée un dossier *Google Drive* dans *Mes documents*. Tout ce que vous copiez dans *Mes documents/Google Drive* sera automatiquement synchronisé dans Drive. Vous n'aurez ainsi plus besoin de glisser/déplacer vos fichiers.

De même, vous accédez à vos documents Google Drive depuis ce même dossier *Mes documents/Google Drive* : vous retrouverez la même arborescence et les mêmes fichiers que depuis votre navigateur.

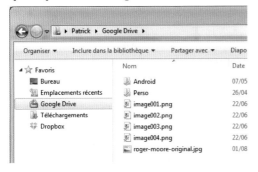

❶ Depuis l'interface Web, cliquez sur **Téléchargez Google Drive** pour installer sur votre ordinateur le logiciel client.

❷ Acceptez les conditions d'utilisation de Google puis ouvrez le fichier *googledrivesync.exe* pour installer et lancer automatiquement Google Drive sur votre PC.

❸ Saisissez le nom d'utilisateur et le mot de passe de votre compte Google. Ce compte sera associé à Google Drive sur votre ordinateur. Suivez ensuite l'ensemble des instructions d'installation.

❹ Dans la barre des tâches de votre ordinateur apparaît une icône **Google Drive** à partir de laquelle régler finement les options de synchronisation.

❺ Nous vous invitons à parcourir l'ensemble des options de synchronisation de Google Drive.

Qu'est-ce que Google Drive sur Android ?

L'application Android Google Drive vous permet d'accéder à l'ensemble de vos documents. Vous pourrez consulter et modifier vos documents Google Docs et importer de nouveaux fichiers de votre Galaxy SIII dans Google Drive.

❶ Téléchargez l'application **Google Drive** depuis le Play Store. Lancez l'application représentée par l'icône suivante :

❷ Tout en haut de la fenêtre, sélectionnez un compte Google, si tant est que vous en ayez plusieurs. Appuyez sur **Mon Drive** pour accéder à l'ensemble de vos documents.

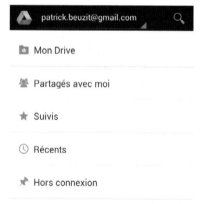

❸ Les *dossiers* sont affichés tout en haut de l'écran, tandis que les *documents* sont affichés par ordre alphabétique.

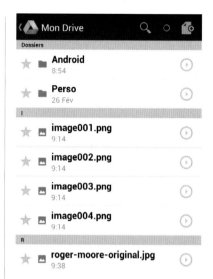

❹ Appuyez sur ⊙ pour afficher davantage d'options relatives au fichier sélectionné..

permet de « partager » le fichier avec vos contacts, au sens « travail collaboratif ».

En effet, vous pouvez autoriser une tierce personne à accéder en lecture ou en lecture/écriture à vos fichiers.

 vous permet d'envoyer le document par e-mail, sur Facebook, par SMS, *etc.*

permet de supprimer ou de renommer le document.

✕ permet de revenir à l'écran d'accueil.

• **Disponible hors connexion** : cochez l'option pour rendre le document

accessible hors connexion, c'est-à-dire en l'absence de connexion 3G ou Wi-Fi. Vous pourrez consulter ces documents, mais pas les modifier.

> **NOTE**
> Pour en savoir plus sur Google Drive, consultez l'aide en ligne : https://support.google.com/drive/

Envoyer un document du Galaxy SIII dans Google Drive

Pour transférer un document de votre téléphone dans le Cloud de Google, procédez comme suit :

❶ Ouvrez l'application **Google Drive** et appuyez sur le bouton **Menu** du téléphone ▶ **Nouveau**.

• **Document texte** : permet de créer un nouveau document texte (Google Docs).

• **Feuille de calcul** : permet de créer une nouvelle feuille de calcul (tableur).

• **À partir d'une photo** : permet d'importer une photo depuis l'appareil photo du Galaxy SIII.

• **Importer** : importe des photos ou vidéos issues de l'application Galerie ou des fichiers MP3 dans Google Drive.

❷ Pour importer dans Google Drive tout autre document que ceux mentionnés précédemment, lancez l'application **Mes fichiers** (voir chapitre 4 « Découverte du gestionnaire de fichiers »). Maintenez une pression longue sur le fichier ▶ **Partager** *via* ▶ **Drive**.

❸ S'il s'agit d'un document Microsoft Word par exemple, cocher ou ne pas cocher l'option **Convertir le fichier en document Google** a un impact non négligeable :

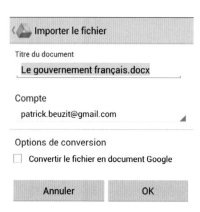

Si vous cochez l'option, le document sera converti en document **Google Docs**, vous ne pourrez plus l'ouvrir autrement qu'avec Google Docs/Drive (importer un document dans Google Drive ne supprime pas l'original qui reste dans votre Galaxy SIII).

Si vous ne cochez pas cette option, le document sera importé dans Google Drive

en tant que fichier classique, comme tout autre document. Vous pourrez donc l'éditer dans Microsoft Word et/ou Google Drive (Google Drive sait en effet lire des documents Word, mais l'inverse n'est pas possible).

Dans cet exemple, on distingue aisément les documents Word des documents Google Docs/Drive.

Google Drive ne convertit que les seuls documents Word inférieurs à 2 Mo. Au-delà, importez le document sans conversion.

Dropbox vs Google Drive

Dropbox, application présentée au chapitre 13, est une alternative à Google Drive. Alors, quel service en ligne utiliser ?

Il vous appartient de tester ces deux applications et les services associés qu'ils apportent, néanmoins, nous vous livrons notre sentiment…

Google Drive est particulièrement bien adapté pour gérer les documents Google Docs, ceci est d'autant plus vrai que Google Docs fait partie intégrant de Drive. Vous utiliserez donc Google Drive pour accéder à vos documents en ligne et vous pourrez vous constituer un « bureau virtuel » accessible de partout, par lequel consulter vos documents, gérer votre budget, stocker vos lettres et documents administratifs, *etc.*

Dropbox est particulièrement bien adapté pour stocker tous types de fichiers, mais aussi et surtout pour échanger des fichiers entre votre Galaxy SIII et votre ordinateur. Dropbox est la solution idéale pour l'échange de fichiers sans utiliser de câble USB.

Dropbox offre la possibilité de créer des dossiers partagés avec vos amis qui utilisent aussi Dropbox. Tous les fichiers que vous placerez dans ces dossiers dits « partagés » se synchroniseront sur l'ordinateur de vos amis, et réciproquement ! https://www.dropbox.com/shar

Index

H

T